本书受河北省社会科学基金项目"京津冀城市群建设中河南同发展研究"（项目批准号：HB2OTY013）支持

# 京津冀一体化背景下
# 青少年体育协同发展研究

韩立明　程　洁　著

北京工业大学出版社

图书在版编目（CIP）数据

京津冀一体化背景下青少年体育协同发展研究 ／ 韩
立明，程洁著 ． — 北京：北京工业大学出版社，2021.5
　ISBN 978-7-5639-8005-5

　Ⅰ．①京… Ⅱ．①韩… ②程… Ⅲ．①青少年－体育
工作－研究－华北地区 Ⅳ．① G812.45

中国版本图书馆 CIP 数据核字（2021）第 111789 号

# 京津冀一体化背景下青少年体育协同发展研究

JINGJINJI YITIHUA BEIJING XIA QINGSHAONIAN TIYU XIETONG FAZHAN YANJIU

**著　　者：**韩立明　程　洁
**责任编辑：**张　贤
**封面设计：**知更壹点
**出版发行：**北京工业大学出版社
　　　　　　（北京市朝阳区平乐园 100 号　邮编：100124）
　　　　　　010-67391722（传真）　bgdcbs@sina.com
**经销单位：**全国各地新华书店
**承印单位：**涿州汇美亿浓印刷有限公司
**开　　本：**710 毫米 ×1000 毫米　1/16
**印　　张：**14.75
**字　　数：**295 千字
**版　　次：**2022 年10月第 1 版
**印　　次：**2022 年10月第 1 次印刷
**标准书号：**ISBN 978-7-5639-8005-5
**定　　价：**89.00 元

**作者简介**

　　韩立明，男，1978 年 12 月出生，河北省定州市人，毕业于河北师范大学，硕士，副教授，现任职于邢台学院。研究方向：体育教育与管理。主持并完成河北省社会科学基金项目一项，河北省教育厅人文社会科学研究项目一项，河北省教育学会项目一项，邢台市社会科学基金项目一项，发表论文十余篇。

　　程洁，女，1978 年 4 月出生，河北省邢台市人，毕业于河北大学，硕士，讲师，高级职业指导师，现任职于邢台学院。研究方向：教育与管理。主持并完成河北省人力资源和社会保障研究课题两项，邢台市社会科学基金项目一项，发表论文十余篇。

# 前　言

　　京津冀是我国首都所在的区域和代表中国形象的标志性区域，京津冀协同发展是未来一个时期我国区域发展的战略重心之一。京津冀一体化发展是目前我国区域全方面、多领域协同发展的典范之一。深刻剖析京津冀一体化发展的背景与发展格局，有助于京津冀三地的共同与可持续发展，同时推进京津冀青少年体育一体化发展，对推动京津冀青少年体育产业结构优化升级和提高京津冀体育产业的综合竞争力都有重要的战略意义。青少年体育活动在青少年身心成长过程中发挥着重要作用，扮演着重要角色。青少年的身心健康问题历来也是党和政府高度关注的问题。

　　伴随我国经济社会的快速发展，青少年体质健康问题日益成为社会各界关注的焦点。客观来看，受传统思想及思维方式影响，当前部分学校、家长对青少年体育的认识存在误区，这直接影响其对青少年体育的重视程度。随着我国经济社会的快速发展和进步，人们的生活水平得到了极大的改善和提高。但是饮食结构的变化、生活方式的改变以及学习压力的增加使我国青少年的体质指标出现下滑态势，肥胖、营养不良的青少年在全体青少年中所占的比例不断增加。这些问题已经严重影响到青少年的健康成长，影响到我国对未来人才的培养。在如今这个高强度、高效率、快节奏的社会环境中，青少年如果没有健康的体魄、充沛的精力，他们将难以适应这个时代。离开了健康，任何宏图大志都可能成为水中之月、镜中之花。全社会正在形成一种强烈共识——青少年是祖国的未来、民族的希望，是中华民族伟大复兴的后备军，青少年体质健康事关民族之兴亡，进一步促进青少年的体育发展，刻不容缓。

　　本书共五章。第一章为青少年体育发展状况，包括青少年体质健康与体育锻炼、我国青少年体育发展存在的问题及对策、我国青少年体育可持续发展、青少年体育发展的国际借鉴等内容。第二章为我国青少年体育教育发展探索，包括我国青少年体育教育的现状及功能、我国青少年体育教育创新路径、全纳教育理念下的青少年体育教育等内容。第三章为我国青少年体育教育中的复合教育，包括青少年体育教育中的德育、青少年体育教育中的智育、青少年体育教育中的美育、青少年体育教育中的个性教育等内容。第四章为京津冀一体化环境下的体育发展，包括京津冀区域一体化发展、京津冀体育产业一体化发展、京津冀一体化环境下体育人才的培养等内容。第五章为京津冀青少年体育协同发展，包括协同理论、京津冀青少年体育协同发展的背景与意义、京津冀青少年体育赛事协同发展等内容。此书共计 29 万字，韩立明负责 15 万字，程洁负责 14 万字。

为了保证内容的丰富性与研究的多样性，笔者在撰写的过程中参考了大量的相关文献，在此谨向相关文献的作者表示衷心的感谢。

最后，由于笔者水平有限，加之时间仓促，书中难免存在不足之处，在此恳请广大读者批评指正。

# 目　录

# 第一章　青少年体育发展状况

## 第一节　青少年体质健康与体育锻炼

### 一、青少年体质健康

#### （一）青少年体质健康的概念与内涵

##### 1. 体质的概念、内涵

体质是人类生命过程中独有的特性。体质的原始定义为"某一个体的一切生物学特征的总和"。我国是一个具有悠久文化历史的文明古国，体质研究也是其中一个部分。中医强调"形神合一"是生命存在的基本特征；形即形体，神即生命机能，神生于形，形主宰于神，神依附于形，神明则形安。随着历史的演变和科学文化的发展，体质的概念也在不断完善和发展。体质的范围甚广，各学科均有涉及。中国学术界对体质思想的形成和理论体系的建立做了不懈的努力，形成了具有中国特色的体质思想和理论体系。

（1）体质人类学

人类学作为研究人的科学，一直致力于研究人类的起源与发展，以及人类所创造的物质文化和精神文化的起源与发展。体质人类学是人类学的重要组成部分，体质人类学是从生物和文化结合的视角来研究人类体质特征在时间和空间上的变化及其发展规律的科学。体质人类学主要涉及三个方面：第一，研究人类的起源；第二，研究人类不同体质特征的形成与分布的原理；第三，研究人类的生长和发育、人体的结构与机能的关系，以及人类遗传和变异的关系等。

（2）医学界的体质观

医学界对体质的认识起源于对病因等问题的探讨，医学界认为体质对于人类来说，其研究范畴就是人体结构和功能之间的相互关系。

体质指群体和个体在遗传和环境的影响下，有机体在生长、发育和衰老过程中形成的结构、机能和代谢上相对稳定的特殊状态。这种特殊性决定了机体生理反应的特异性、机体对某种致病因素的易感性和所产生病变的倾向性。

医学界对体质的认识，强调了体质研究的重点是个体的特殊状态，带有共性特征的群体体质是建立在个体特征基础之上的；人体的体质特征在受精卵阶段就开始形成，并伴随个体的生长、发育和衰老的全过程；体质的形成是遗传和环境共同作用的结果。但是，这里忽略了心理状态对体质的影响，认为心理特征属于心理学范畴和气质问题，不应该纳入人体体质学研究范畴。

（3）体育界的体质观

体育界于 20 世纪 80 年代，将体质定义为："体质是人体的质量，它是在遗传性和获得性的基础上表现出来的人体形态结构、生理功能和心理因素等综合的、相对稳定的特征。"此定义下体质主要包含以下五个方面的内容：

①身体的发育水平；

②身体的机能水平；

③身体的素质和运动能力水平；

④心理的发育水平；

⑤适应能力。

体育界的体质观，第一，比较注重机体是一个统一的、相互联系的整体。第二，强调了体质是人体身心两个方面密切联系的结果。第三，在承认遗传因素对机体作用的同时，强调了后天塑造的重要性。不同种族、民族、地域，以及不同性别、年龄的群体和个体，其体质发展既有规律性，又有特殊性，不应该是一个模式的。第四，强调群体和个体的体质评价，特别是青少年群体的体制评价。第五，既强调身体素质和运动能力是体格发育与生理功能水平的主要外在表现，又强调科学合理的体育锻炼是增强体质最有效的能动手段。第六，充分说明了体质研究是一个复杂的系统工程，就其研究内容上看，各学科之间的相互交叉、相互联系非常密切。体质是个体或群体在身体形态、生理机能、身体素质、心理状况等方面的一切生物学特征的总和。这些特征大部分取决于遗传，同时又受到周围环境的影响。所以不同种族、性别和年龄间体质所属特征都将以一个完整的生物单元表现出差异，且一旦越界，个体或群体的生物特性将向病理状态转变。由此可见体质是人类维持健康的基础。一个体质水平高的个体或群体应具备以下条件：身体发育良好、体格健壮、体型匀称，心血管系统、呼吸系统和运动系统功能良好；具有较强的身体活动能力，能够轻松自如地应付日常生活和工作中的体力劳动等；心理发育健全、情绪乐观、意志坚强；有较强的抗干扰能力，对自然、社会环境中发生的各类突发或灾难事件有较强的抵御能力。

"体质"是我国体育界关注和研究健康问题的一个独特视角。体质和健康属于人类自身所拥有的基本属性，人类具有的先天遗传和后天生存环境均会对其产生影响。从社会发展的角度看，国民体质的强弱，既是每个人身体健康的问题，也是关系一个国家前途的战略性问题。加强对国民体质和健康的研究，用科学的指标评价国民体质和健康状况，进而不断改善和增强国民体质，是每一个体育工作者义不容辞的责任。总之，体育界对体质的认识是建立在实践的基础上的，也是建立在解剖学、生理学、生物化学、医学、心理学和社会学等学科基础理论之上的。几十年来我国体育界在增强国民体质这一目标的指引下，孜孜不倦地实践，体会着"体质"的实质。

2. 体质健康的概念

关于"体质健康"的概念说法不一，但都与当前普遍认同的概念有密切的联系。20 世纪 80 年代中期，世界卫生组织（WHO）提出："体质健康指生理、精神和社会上的完全良好的状态而不仅仅是不生病。"1998 年 WHO 又提出了"身体健康、心理健康、道德健康、社会适应良好"四个方面的体质健康新标准。WHO 给体质健康下的正式定义："体质健康指生理、心理及社会适应三个方面全部良好的一种状况，而不仅仅是没有生病或者体质较好。"体能锻炼是促使青少年改善他们自身体质的有效途径。青少年体能锻炼促进体质健康的目标就是要尽一切可能让青少年的精神和身体保持在最优状态，宗旨是使青少年知道如何保持体质健康，在身心健康的生活方式下生活，并有能力做出健康的选择。体质健康既是每个人面对生活各种挑战从容应对的基础，又是帮助个人潜能充分发挥的一种资源。体质健康不仅仅是四肢健全、无病，而是人的各器官系统发育良好、功能正常，体质健壮，精力充沛，以及有较高的劳动能力，有良好的心理状态和社会适应能力。体质健康会受到生活环境、营养卫生、体育锻炼等因素的影响。我国高校体育保健学中谈到体质健康标准时提出应从以下五个方面对体质健康进行评价：

　　①身体形态的发育水平；

　　②生理生化功能水平；

　　③身体素质和运动能力水平；

　　④对环境条件的适应能力和对疾病的抵抗能力；

　　⑤心理发育和发展水平。

　　体质健康所包含的各个方面是互相联系和互相促进的，形成了一个完整统一的整体。但这一整体各种功能的实现均需在人体物质代谢的基础上进行。为此，增强体质健康的含义便是"促进身体形态的发展，提高生理生化功能水平，全面发展身体素质，提高运动能力和对外界环境的适应能力，促进人体心理发展"。我们应依据《国家学生体质健康标准》从身体形态、身体机能、身体素质和运动能力等方面综合评定学生的体质健康水平。

　　3. 青少年体质与健康的关系

　　查阅有关文献资料可以发现，很少有专门论述体质与健康关系的，《实用体质学》中也没有关于体质与健康关系的论述，这不能不说是一种遗憾。对于体质与健康关系研究的薄弱，应该说是当前人们对体质与健康关系认识不清，两词混用，甚至有人提出用"健康"一词代替"体质"现象出现的主要原因。因此，在人们对健康和生活质量的需求日益增长的今天，在健康观念和医学模式发生重大改变的今天，进一步加强体质学科基础理论方面的研究，加强体质与健康关系的研究将具有新的时代意义。笔者认为体质与健康的关系应该包括以下两个方面。

　　①体质是健康的物质基础，健康是体质的外在表现，二者是紧密联系、不可分割的。

　　②体质与健康是一种"特质（质量）"与"状态"之间的关系。任何物质都有质量，人体的质量就是体质。而健康则是这种质量的外在表现，是一种状态。

　　同样是健康的人，体质可能千差万别。有规律的体能锻炼对青少年体质和健康的益处在许多方面被证实。

　　4. 青少年体质健康与体能锻炼之间的关系

　　体质涉及人体形态结构、生理机能和心理因素等多个方面，体能是个体生理机能的外在表现，是体质的重要组成部分，是衡量体质健康水平的重要因素。体质和体能二者之间的真包含关系使体能锻炼和体质健康辩证统一密不可分。

单纯的体能锻炼并不能代表体质健康，但是要想体质健康就必须进行体能锻炼，体能锻炼是促进体质健康的前提和基础。因此，有计划、有目的地参加适宜的科学体能锻炼不仅能使青少年体魄健美，而且对神经系统、呼吸系统、循环系统、消化系统、泌尿系统、生殖系统、内分泌系统、运动系统和感觉器官系统等具有直接影响，对提高青少年智育、德育、美育具有间接影响，从而使青少年能够精力充沛和高效率地完成各项学习与工作任务。体质健康的提高反过来又促进青少年体能锻炼积极性的提高，有利于形成青少年热爱体育、崇尚运动、健康向上的良好风气和全社会珍视健康、重视体育的浓厚氛围，从而将我国青少年体育工作推上一个新的台阶，使我国青少年体质健康水平切实得到提高。

## （二）青少年体质健康发展需求

### 1. 青少年体质健康发展需求的本质

众所周知，青少年体质健康发展需求的本质是增强身体的适应能力。但目前小学生的体育锻炼大都在学校安排的体育课和课间操时间进行，下课不能乱跑，回家作业不多，但是家长担心孩子安全问题，大都让孩子在家看电视或者在家玩。而初中学生做体育运动看自己的兴趣，目前存在体育课不合理、运动器材少、体育项目少等问题。高中生为高考而锻炼，学习紧张，体育活动主要是在体育课上进行的，有时体育课还用来补其他学科的课，所以体能锻炼时间几乎没有。应试教育之下，高中生为了考大学不断迫使自己学习。因此，青少年体质健康发展需求关系到青少年体质健康服务体系能否真正发挥作用，它是青少年体质健康服务体系构建的前提条件，我们需要对这一概念进行分析。需求指"因需要而产生的要求"；心理学上指"引起个体行为的内在动力"。青少年体质健康发展需求可视为因青少年体质健康发展需要而产生的要求。在很大程度上，体质健康发展需求规定了人们追求体质健康的行为方式和内容。青少年体质健康水平尽管可能存在某种先天因素，但后天的干预更是弥足重要。客观事物总要遵循某种因果规律，如果缺少体质健康的"因"，就不可能产生所谓的"果"。"因"在何处？我们认为，青少年体质健康发展需求就是"因"。需求决定供给，如果不能明确体质健康发展需求的具体指向，就不可能有明确的体质健康服务供给。对青少年的体质健康服务必须以满足他们的有效需求为前提，只有这样才能调动青少年参与体质健康活动的兴趣，从而促进他们将这种兴趣转化为行动。

2.青少年体质健康发展需求的内容

人的动机和需要因个体、环境的差异而不同，即便对于同一个体而言，人的动机和需要也可能随着内外因素的改变而改变。从某种程度而言，青少年的体质健康发展需求是可以塑造的。也就是说，就青少年体质健康发展需求的内容而言，确实存在着一定差异，但这并不意味着对其束手无策，我们可以通过体质健康教育合理引导、刺激青少年的体质健康发展需求，这种外在的干预，不仅可以使一些潜在的或不存在的体质健康发展需求转化为显性的或实在的体质健康发展需求，还可以把一些不合理的体质健康发展需求（个别青少年在体质健康的认识及行为上存在着误区）转化为科学的体质健康发展需求。鉴于青少年以及人的需求动机的规律特点，我们认识到，青少年体质健康发展需求不可能是完全自发形成的，它是对青少年施加体质健康教育从而引导他们正确认识和了解自己的体质健康状况的结果。就人类目前对健康的认识水平看，人们认识到影响体质健康的因素是多方面的，如遗传、自然环境、教育、生活习惯、个性心理、营养、体能锻炼以及社会文化环境等，在众多的影响因素中，体能锻炼是最能积极促进体质健康的因素，甚至可以说，体能锻炼在提高青少年体质健康水平中的作用中无以替代。因此，我们必须以体能锻炼作为提高青少年体质健康水平的核心手段。事实上，任何一种需求均是一个复杂的体系。以体能锻炼为例，根据体能锻炼的特点可知，青少年体能锻炼的顺利开展，离不开必要的场地设施、体育组织、健康信息指导和体育资金等条件。进一步考察可知，还需要一些必要的体育政策法规、体质健康监测反馈和体育舆论氛围等。因而，就青少年体质健康发展需求中的体能锻炼需求而言，包括了体育活动、体育组织、体育场地设施、体育资金、信息指导与舆论宣传、体育制度法规和体质健康监督反馈等需求要素（如图 1-1）。

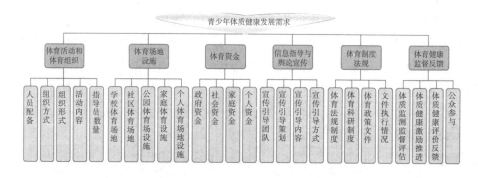

**图 1-1　青少年体质健康发展需求**

### （三）影响青少年体质健康的因素

　　青少年身心健康、体魄强健、意志坚强、充满活力，是一个民族生命力旺盛的体现，是社会进步的标志，是国家综合实力的重要方面。改革开放以来，青少年体育事业蓬勃发展，学校体育工作取得很大成绩，青少年营养水平和形态发育水平不断提高，极大地提升了全民健康素质。但是，我们必须清醒地看到，一方面由于片面追求升学率，社会和学校存在重智育、轻体育的倾向，学生课业负担过重，休息和锻炼时间严重不足；另一方面由于体育设施和条件不足，学生体育课和体育活动难以保证。近期体质健康监测表明，青少年耐力、力量、速度等体能指标持续下降，视力不良率居高不下，城市超重和肥胖青少年的比例明显增加，部分农村青少年营养状况亟待改善。这些问题如不切实加以解决，将严重影响青少年的健康成长，乃至影响国家和民族的未来。从影响省青少年体质健康的因素来看，主要分为内部因素和外部因素（见图1-2）。

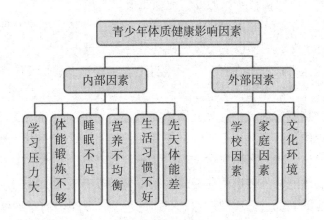

**图1-2　影响青少年体质健康的因素**

#### 1.影响青少年体质健康的内部因素

　　从影响青少年体质健康的内部因素看，有调查显示，"学习压力大"成为首要因素，其后依次为体能锻炼不够、睡眠不足、营养不均衡、生活习惯不好和先天体能差。在我国现阶段考试制度下，大多数青少年为了应付文化课考试，将大部分精力投入文化课学习中，忽视体能锻炼促进健康活动或在升学考试关键时期（初三、高三）被迫中止体能锻炼促进健康活动的现象比比皆是。长此以往，随着青少年年龄的增长、身体的发育和心理的发展，他们对体能锻炼促进健康的态度、情感、兴趣等也会发生消极变化。笔者通过访谈发现，其实大多数青少年知晓体能锻炼对于体质健康的重要性，但是，为了提升体质健康水平，有目的地进行经常性体能锻炼者越来越少。加之社区符合青少年体能锻炼的设施与器材的局限性，使得多数青少年自我淡化了体能锻炼促进体质健康的意识。另外，遗传因素也很重要，生物学家认为，身体的机能有60%—70%是遗传因素决定的，从父母遗传的先天机能是身体发展的基础。先天遗传指标中的肺活量、立定跳远、台阶指数等都对体质健康起着作用，上楼乘电梯、体力劳动减少、喜吃快餐、喝碳酸饮料等现代生活方式正快速改变着青少年的日常生活，也导致青少年体能锻炼促进体质健康习惯不够规律、营养不均衡。生活习惯因人而异，良好的生活习惯对于促进青少年健康成长具有重要作用。

2. 影响青少年体质健康的外部因素

（1）学校因素

首先，地方政府衡量学校的办学业绩主要以重点中学、重点大学的上线率、录取率为指标；学校考核教师的教育、教学效果主要依据的是其所教学生的升学率；家长对子女的期望也主要聚焦在其是否考上重点中学、重点大学。社会、学校和家庭的压力最终落在青少年学生身上。青少年无暇顾及体能锻炼，忽视自身体质，体质日渐羸弱似乎成了必然之势。其次，教学存在偏差。体育教师本应通过运动技能的教授更好地开展体能锻炼，促进学生健康发展，但部分教师对指导思想的片面理解和不作为，使新课程的实施存在一些问题。他们所教的学生在小学该初步掌握体能锻炼促进体质健康活动的基本方法没有掌握，到初中应该发展体能锻炼促进体质健康的基本能力没有发展。他们忽略了学生吃苦耐劳等体能锻炼促进体质健康意志品质的培养，学生没有掌握体能锻炼促进体质健康赖以锻炼的技能，何以有兴趣锻炼。

（2）家庭因素

家长的体育价值观念对于青少年参加体能锻炼促进体质健康至关重要。当前，许多青少年的家长（包括父母、祖父母、外祖父母）把对他们的教育、关心和照顾局限于生活上和物质上，而对青少年的意志品质、吃苦耐劳精神的培养有所忽视，致使这些群体缺乏刻苦锻炼的意志，怕苦、怕累的思想较为普遍。在体力劳动明显减少的同时，体能锻炼促进体质健康的时间也在减少，这造成体能锻炼促进体质健康的运动强度不够。同时，独生子女的家长对他们过于偏爱，加之体能锻炼存在着危险性，家长怕孩子受到意外伤害，限制孩子参加体能锻炼，导致青少年体能锻炼促进体质健康活动的效果不佳。另外，随着我国经济文化生活水平的提高，家庭交通工具的提升，青少年体能锻炼促进体质健康活动相对减少了。特别是电脑的出现，致使很多青少年的课外活动就是坐在电脑前打游戏、聊天等，他们一坐就好几个小时，很少参加有关体能锻炼促进体质健康的活动。

（3）文化环境

在我国文化快速发展的大背景下，青少年体能锻炼促进体质健康受到文化的影响，根深蒂固的传统文化中很少有重视青少年体能锻炼促进体质健康的内容，人们体能锻炼促进体质健康的意识淡薄，大众体能锻炼促进体质健康活动减少的现象也影响着青少年参与体能锻炼促进体质健康活动的积极性。中国互联网青少年用户占到总用户的54%。网络文化的兴起使青少年将室外的健身活动转入室内，提高手眼能力，退化身体腿脚能力，体能锻炼效果差，这影响了青少年体质健康的发展。

## 二、青少年体育锻炼

体育锻炼（也称"身体锻炼"，简称"锻炼"）指运用各种身体练习方法，结合自然环境和卫生因素，以健身、防病、娱乐为目的的身体活动。体育锻炼的作用在于：促进人体正常的生长发育；提高人体机能和身体基本活动能力；达到推迟衰老、延年益寿的效果；能够调节情绪、振奋精神和使人进行积极的休息；提高人体适应外界环境的能力；能够预防疾病和恢复人体自身功能等。体育锻炼的方法多种多样，锻炼者可根据锻炼的目的进行不同的选择。

体育锻炼是增强体质与促进健康的主要途径。体育锻炼不仅可以增强体质，还是不断提高健康水平的有效手段。因为人体的形态结构、生理机能、身体素质和运动能力的发展水平都与体育锻炼有着直接关系，人们只有通过科学的体育锻炼，才能增强自身的体质，达到预防疾病、提高工作学习效率以至延年益寿的目的。有调查显示：健身跑时的供氧量比静坐时的多8—12倍；锻炼者的有氧代谢能力比没有锻炼者的高37%，最大摄氧量高33%；体育锻炼能增强人体系统的功能，一般人的肌肉重量只占体重的40%左右，而经常系统锻炼的人，他们的肌肉重量为体重的45%—50%。为此，我们应培养青少年坚持终身体育锻炼的好习惯，体育锻炼对增强青少年体质，以及促进青少年的身心健康具有积极的影响作用。

## （一）体育锻炼对循环系统的影响与作用

循环系统由一系列连续封闭式的管道系统组成，包括心血管系和淋巴系。循环系统的主要功能是不断地向全身各器官、组织和细胞输送营养物质、氧和激素，并将各器官、组织和细胞的代谢物排出体外，以保证人体维持正常的生理活动。循环系统中的心血管系由心脏和血管组成。心脏和遍布全身各个角落的血管形成血液循环，人体通过血液循环把氧和营养物质输送到身体各器官、组织和细胞，然后把组织细胞产生的二氧化碳和尿素、尿酸等代谢物质运输到排泄系统。循环系统在人体内持续地运动，人体的锻炼将有利于循环系统功能的提高。体育锻炼对循环系统的影响主要表现在以下几个方面。

1. 可完善心脏的动力功能

坚持体育锻炼的人其心脏的每一次跳动更强劲而有力，搏出血量也要比一般人的多。这是因为长期进行锻炼其心脏体积要比不参加锻炼的人的大。除此之外，其心脏壁厚度、心脏容积也要好于不参加锻炼的人。对不同年龄段进行健身锻炼与不参加健身锻炼人群的对比调查表明：进行健身锻炼的人群每次心脏收缩的搏出血量要比不进行健身锻炼的人群的高出 10% 左右。由于每搏出血量增多，因此心脏每分钟跳动的次数相对要减少一些。例如，一个普通人每次搏出血量是 70mL，每分钟心跳 70 次才能够满足身体各器官代谢的需求，经过一段时间的健身锻炼后，他的心脏每次搏出血量达到 80mL，其心脏每分钟跳动 62 次就可以满足各器官代谢的需求。心脏跳动的减慢，使舒张时间延长，心脏就能够得到充分的休息，这样就更有利于心脏的健康。另外，健身锻炼时，身体运动所需要的能量比静止状态时增加，为了保证肌肉、内脏所需能量的供应，心脏跳动频率增加，每次跳动的搏出血量增加，血管舒张，血液循环加速。当心跳达到每分钟 100 次左右，并且这种心率保持 10 分钟以上时，则可以很好地锻炼心脏，这大大提高了心肌和血管的韧度，从而能够有效地降低各种心脏病的发生概率。研究表明，长期从事健身锻炼的人其血液循环的质量提高，这样有效地避免了人体血液供应不足的发生，健身锻炼可以增强血管的舒张和收缩能力，使血液循环更加畅通。

2. 可使心血管系统的功能得到明显的改善

健身锻炼对改善心血管系统的功能有着积极的作用。因为健身锻炼可以使血管的收缩和舒张度加大，毛细血管增多，从而能够使血液更通畅地到达全身各个部位的组织细胞。各个组织细胞获得的氧和营养物质就更加充分和充足。与此同时，组织细胞代谢产生的物质也能够更迅速地运输到排泄系统的各个器官。这对增强肌肉的耐力和延缓肌肉疲劳更为有利。健身锻炼还可以改善心脏本身的血管功能，使心脏细胞的供血供氧充分，从而可减少冠心病和心肌梗死的发病概率。

### 3.可使组织和细胞的活力不断加强

健身锻炼可以使血液中的红细胞、白细胞的数量增多。红细胞中含有血红蛋白，血红蛋白具有很好的携氧能力。红细胞越多表明血液循环中血液所能够携带的氧也就越多。当氧供应充足时，人进行健身运动就比较轻松，否则人体会产生疲劳感。白细胞主要是具有免疫能力，它可以产生抗体并将侵入人体内部的各种细菌或病毒消灭，以保证人体的健康。因此，健身锻炼可使组织和细胞的活力不断得到加强。事实证明，健身锻炼不仅可以提高血液的运氧能力，降低运动疲劳感，还可以提高人体的免疫力。

### 4.可提高人体新陈代谢的速度

常言道，"吐故"才能"纳新"。人体要想维持正常的生理功能状态，就要不断地向外界排出体内的代谢物，并从外界吸收人体所必需的营养物质，以保证机体新陈代谢的正常进行。因为代谢物质主要是通过血液循环被运送到排泄系统的各个器官的，所以说体育锻炼在改善心血管系统功能的同时，也增强了人体新陈代谢的能力。研究表明，人体在正常的情况下，每天健身走1—2小时，行走速度保持在每小时3—5km，可以提高人体的代谢率，并能有效地防治糖尿病等代谢性疾病的发生。

## （二）体育锻炼对机体代谢的影响与作用

机体需要能量以形成新的生物并维持其生命。机体通过分解葡萄糖、氨基酸、脂肪酸等营养物质来获得能量，新分子的生成和旧分子的凋亡必须是同时进行的，机体需要提供能量来维持这些生化反应的进行。

### 1.体育锻炼对糖代谢的影响

糖代谢是糖在体内合成与分解的过程。人体体内的能量首先来源于糖，糖是人体最经济的供能物质。糖类物质是人体所需的六大营养物质之一，同时也是人体运动时能量的主要来源。糖类分为多糖和单糖。平时我们所吃的食物中的糖分大多是以多糖形式存在的。在唾液酶等生物酶的作用下，多糖被分解为人体可以直接吸收利用的单糖。这些糖类物质有80%左右储存在肌肉中，叫作肌糖原；有20%左右储存在肝脏中，叫作肝糖原；还有少量分布在血液中，即血糖。正常人体静止状态下的血糖含量为100mL的血液中含80—120mg的血糖。血糖不足会加重运动时的疲劳感而影响到人的身体健康。人体在进行体育锻炼时，首先分解的是肌糖原，当肌糖原分解不足时，血糖进行补充，同时肝脏会不断释放出肝糖原补充到血液中。肌糖原在氧供应不足时会发生无氧分解，提供能量并产生大量的乳酸。但是当人体进行一般性的身体锻炼时，由于活动的强度小，氧供就充足，这时肌糖原可以充分地氧化分解为水和二氧化碳，释放大量的能量。

2. 体育锻炼对脂肪代谢的影响

脂肪代谢是脂肪在体内合成与分解的过程。脂肪是人体内最大的能源库。当人体从外界获得的能量超过所需量时，多余的能量物质就会以脂肪的形式储存起来，等到需要时再进行分解。在进行时间长而强度较小的体育锻炼时，脂肪所提供的能量会超过糖类所提供的能量，成为人体耐力素质锻炼能量的最主要来源。脂肪除了可以储存积累能量外，还可以帮助人体保持体温、保护内脏器官等。一般人的脂肪量是其体重的 20% 左右，但是摄取过剩或者运动不足，会引起脂肪的大量堆积；当脂肪占到体重的 50% 时，脂肪含量大大超出了正常范围，即人患上肥胖症。肥胖症患者指身体脂肪积聚过多，超过同年龄、同身高标准体重 20% 以上者。导致肥胖症的主要原因是长期摄入量超过消耗量。该症状除了影响青少年的正常发育外，还会诱发糖尿病、动脉硬化等一系列疾病。脂肪代谢的途径有以下四个：①以储存性脂肪的形式存留下来；②构建人体的组织；③再分解为甘油和脂肪酸；④被各种腺体利用而生成其特殊的分泌物。从脂肪的代谢途经可以知道，在能量物质摄取量一定的情况下，只要机体对能量的需求量大，脂肪的储存就会相应减少。也就是说，身体锻炼可以使人体内的脂肪储存量减少而达到减肥的目的。显而易见，身体锻炼是最科学而简便易行的且是最有效的减肥方法。

3. 体育锻炼对胆固醇代谢的影响

胆固醇是固醇类的一种，因从胆石中发现而得名。血浆胆固醇在体内的存在方式有两种：一种是低密度脂蛋白，另一种是高密度脂蛋白。两种胆固醇在体内的作用是不同的。低密度脂蛋白可以以大块形式附着在动脉血管壁上，促使动脉硬化的形成；而高密度脂蛋白对前者有对抗作用，它可以清除附着在血管壁的低密度脂蛋白，减少其在血管壁的沉积，有效地防止动脉硬化的产生。心血管系统在人体系统中具有举足轻重的作用，但是越来越多的心血管系统疾病，如动脉硬化、心肌梗死、冠心病等，不断地困扰着人类的身体健康，这些疾病均与血浆中血脂含量有关。因此，临床医学常把血液中胆固醇的含量作为衡量血脂的指标。

实验研究证明，体育锻炼在分解脂肪提供能量的同时，还可以提高体内脂蛋白酶的活性，加速低密度脂蛋白的分解，从而降低血脂总量，对心血管系统疾病能够起到积极的预防作用。

### （三）体育锻炼对呼吸系统的影响与作用

呼吸系统是人体完成气体交换的所有器官的总称。机体在进行新陈代谢的过程中，经呼吸系统不断地从外界吸入氧，由循环系统将氧运送到全身的组织和细胞，经过氧化，产生组织、细胞活动所必需的能量，同时在氧化过程中产生二氧化碳，再通过循环系统将其运送到呼吸系统，排出体外，以保证机体活动的正常进行。体育锻炼可以增强人体呼吸系统的功能，其主要表现有以下几个方面。

#### 1. 使呼吸肌更加发达

呼吸肌包括膈肌、肋间肌、腹肌等肌肉。众所周知，人体在进行身体锻炼时，肌肉对氧气的需求量比静止状态下要大得多。人体运动时的呼吸节奏与动作相配合，可以使呼吸肌随着动作进行有节奏的运动。这种有节奏的运动方式使膈肌、肋间肌、腹肌等肌肉在内的呼吸肌得到锻炼，肌力增强，呼吸肌也变得更加发达。随着呼吸肌的发达，肌肉收缩与舒张也就更有力，呼吸时肌肉的运动幅度也随之增大。呼吸差指尽力吸气和尽力呼气的胸围大小变化的差额，它是衡量呼吸运动幅度大小的常用标准。经常进行身体锻炼的人的呼吸差为8—16cm，比一般人的5—8cm增加了近1倍。这样人每次呼吸都可以吸入或者排出更多的气体，使更多的气体得到交换，从而能更好地满足人体运动时组织细胞对氧的需求。

#### 2. 使肺活量得到提高

肺活量指尽力吸气后，做最大呼气所能呼出的气量。肺活量是人体肺部可以容纳空气量的最高限度，能够反映呼吸系统的工作能力。因此，肺活量的大小通常被作为衡量体质强弱的重要标准之一，其与性别、年龄、锻炼程度等都有关系。一般来说，正常成年人肺活量的平均值：男子在3500—4000mL之间，女子在2500—3500mL之间。老年人和儿童的肺活量要比成年人的平均值小。经常进行身体锻炼的人，其肺活量有明显的增加，一般增值可达到20%左右。

有研究数据显示，身体锻炼对青少年人群肺活量的增加有着更为明显的效果，经常进行锻炼的人比不进行锻炼的同龄人的肺活量要高 35% 左右。

### 3. 使呼吸频率明显降低

呼吸频率指人体每分钟呼吸的次数。一般正常成年男性的呼吸频率为 12—18 次，女性的呼吸频率要比男性的稍快。身体锻炼能促进呼吸肌的发达，从而使每次正常呼吸的气体量比锻炼前增加，呼吸深度加大，呼吸的频率也随之降低。呼吸频率降低反映了呼吸系统功能的增强。

## （四）体育锻炼对神经系统的影响与作用

神经系统由脑和脊髓组成的中枢神经以及遍布全身各处的周围神经所组成。神经系统主导人体的各个器官系统，控制和调节人体的活动，使人体成为一个有机的整体。这个有机的整体能适应外界环境的变化。神经系统的活动都是由各种各样的简单或复杂的反射活动组成的，它在形态和机能上都是完整的、不可分割的整体。因此，身体锻炼对神经系统的影响主要有以下几个方面。

### 1. 体育锻炼使神经系统的反应更灵敏、更准确

神经系统由脑、脊髓和周围神经构成，人体在锻炼时，各种动作都是肌肉、骨骼和关节在神经系统的支配下完成的。神经系统能控制和调节运动过程，体育锻炼能使神经系统的反应更加灵敏和准确。

### 2. 体育锻炼使神经系统的调节作用得到进一步的加强

人体在进行身体锻炼时，左、右侧身体的相互配合可以促进大脑左、右半脑的均衡发展。身体锻炼时所遇到的一些刺激可以提高神经系统的反应能力，使神经系统对外界变化能够更迅速、更准确地做出判断，并进行相应的调整和支配。例如，锻炼者由于外界气温升高或者运动时体内积累的热量达到一定程度时，神经系统会及时做出调节性的反应，并将命令传达到相应的器官，使皮肤的血流量增大，皮肤表面毛孔张开，汗液排出，进行散热。同样，当人体受到寒冷的刺激时，神经系统会对寒冷的刺激做出反应，使肌肉紧张，皮肤血管和毛孔收缩，血流量减少，减少体内热量的挥发。

## （五）体育锻炼对预防身心疾病的影响与作用

体育锻炼作为一种时尚的休闲活动，因其普及性强和对促进人体身心健康的效果显著，而得到了广泛的推广。就体育锻炼对预防身心疾病的影响与作用而言，具体表现在以下几个方面。

1. 体育锻炼对预防高脂血症的作用

现代物质生活水平提高，人们的饮食结构发生了改变。各种肉食（动物脂肪类食物）已在餐桌上常见，这造成人体内脂肪大量堆积，血液中胆固醇的含量增高，导致高脂血症人群大量增加。高脂血症是诱发动脉硬化、血栓、冠心病等疾病的主要病因之一。

体育锻炼是防治高脂血症的最有效的方法。长期坚持适度的锻炼，可以有效地降低锻炼者血浆胆固醇和血清甘油的浓度，增强动脉血管壁的弹性，减少血管硬化。同时，体内的血浆纤维蛋白的活性受到身体运动的刺激而增强，它可以调节自主神经系统的功能，防止血液凝结，保证血流的通畅。此外，体育锻炼还能刺激人体产生高密度脂蛋白，这种蛋白自由进出动脉血管壁，清除掉已经沉积在血管壁上的血脂。除此之外，体育锻炼对降低心脏病的发病率有着明显的效果。心脏病是现代社会中人们的常见病之一，国内外心脏病的发病率呈上升趋势。现代医学研究显示，心脏病患者的年龄有明显年轻化的发展趋势，尤其是脑力劳动者。身体锻炼不仅可以改善冠状动脉循环，增加冠状动脉的供血量，降低血脂浓度，而且可以大大减少心肌缺氧缺血的发生，从而达到完善心脏的功能、有效地防治心脏病的目的。

2. 体育锻炼对预防骨骼关节疾病的作用

人在进行身体锻炼时，总会与全身的骨骼关节活动有关。如上下肢关节会经历屈伸、旋转等的动作过程。这些动作将会使肩关节、肘关节、髋关节、膝关节和踝关节得到全面的锻炼。身体锻炼在增强肌肉韧带强度的过程中，也提高了关节的灵活性，从而对风湿性关节炎起到一定的预防和治疗作用。此外，身体锻炼还可以有效地防治和延缓骨质疏松症的发生。关节炎是由免疫功能障碍引起的结缔组织胶原纤维的炎症反应。关节炎的种类很多，引发关节炎病症的因素也较复杂，其中膝关节炎是最常见的一种。治疗关节炎的传统方法是服用药物、关节注射和切除发炎的关节囊内膜。这些方法虽然在一定程度上可以缓解关节的疼痛，但并不能从根本上恢复关节的活动功能。身体锻炼是恢复关节功能最好的方法之一，如健身走锻炼，一定节奏的行走对关节的刺激性小，可以加速关节部位的血液循环，使关节部位获得更多的营养物质，同时还可以使关节周围肌肉和肌腱得到锻炼，增强其收缩的力量，从而达到逐步恢复骨骼关节活动功能的效果。

3. 体育锻炼对防治癌症的作用

癌症是威胁人类生命的最大"杀手"之一。就目前而言，我们至今还没有找到一种有效治疗癌症的方法。不过现代医学、体育学等多学科研究成果表明，体育锻炼对癌症防治是最有效的。实验研究表明，经常进行科学而适度的身体锻炼，可以改善体内免疫细胞的组织结构，同时也可以增加血液免疫细胞的含量和细胞膜上受体的活性。因为受体是免疫细胞膜上的一种特殊物质，它的主要作用是发现并消灭病变的癌细胞或其他侵入人体的细菌、病毒等。除此之外，长期进行身体锻炼还可以刺激胸腺分泌更多的胸腺素。胸腺素可以提高免疫细胞的活性，使病人已经退化的免疫系统得到恢复，完善免疫系统的功能。身体锻炼还可以调节人体内分泌系统的机能水平，从而使体内的各种激素保持在正常的水平，这为降低各种癌症的发生概率提供了可能。

4. 体育锻炼对预防心理疾病的作用

随着社会的快速发展，人们的生活节奏越来越快，工作压力也越来越大。这一社会现状将直接影响人们的精神生活和生理活动，使得人们极易产生心理上的疾病。心理疾病在精神上主要表现出精神空虚、情绪低落、经常郁闷、缺乏自信和紧张焦躁等症状；在生理上主要表现出体质下降、食欲缺乏、嗜睡、失眠等症状。心理上的疾病对我们正常的工作和生活都会造成不良的影响。现代科学研究证明，身体锻炼可以刺激一种叫作内啡肽的化学物质的分泌。这种物质具有振奋精神，抑制低落情绪，使人产生欣快感的作用。因此，在身体运动之后，人们会感觉轻松愉快，在良好的精神状态下病症在生理上的反应将会减轻，从而达到防治心理疾病的效果。

5. 体育锻炼对缓解心理紧张和舒缓情绪的作用

人作为社会成员都会在工作、生活、学习等方面承受不同程度的压力，这种压力会使人在精神上经常处于紧张状态。体育锻炼可以使人在运动过程中感到轻松愉悦，因此，体育锻炼对缓解紧张和愉悦身心均有着积极的促进作用，能够使人感觉更加轻松和愉快。除此之外，体育锻炼对舒缓情绪也有良好的效果，如健身操、健美操等健身运动是随着有节奏的步伐和上肢配合有节奏的摆动而进行的体育锻炼，它会使紧张的肌肉和神经随着节奏而逐渐地舒缓下来，从而使锻炼者的情绪都变得和缓起来。健身锻炼时，人的身体肌肉得到放松，精神也随之变得放松。因此，健身锻炼是一种科学有效的休息方式，对舒缓情绪有着重要作用。

# 第二节 我国青少年体育发展存在的问题及对策

## 一、青少年体育发展存在的问题

### （一）青少年体育道德问题及产生的原因

1. 青少年体育道德问题

（1）体育道德定义清晰，内容浅薄

知其然，不知其所以然。青少年时常以应付考试的态度对待思想道德教育，其具有死记硬背、囫囵吞枣的显著特点，教育的主客体大多注重分数而忽视知行统一，学生对道德要求停留在"是什么"的层面，没有深入高层次的"为什么、怎么做"，没有思考认识和行动之间的联系。学校体育课中，道德教育表现为道德准则灌输多，只是将道德知识进行文化传授，学生清楚知道团结互助、虚心学习、思想纯正、作风端正、语言文明等道德概念，却没有将其与体育实际训练、竞赛进行有机结合，学生对道德的理解停留在表面。

（2）自我意识强烈，集体观念淡薄

"一根筷子易折断，十根筷子抱成团。"青少年学生自我意识强烈，追求自我价值，信奉个人主义。竞技场上常发生以下几种现象：一是，团体成员中每个人的技术水平都很高，但是在团队比赛中他们总是输；二是，比赛过程中某个人强烈的表现欲望和获胜心使得比分距离拉大，造成同队成员相互指责和埋怨，最终输掉比赛。这到底是什么原因导致的呢？简单来说，就是他们自我意识太强烈，集体观念淡漠。就好比拔河比赛，一个队的五个人每人朝各自的方向用力，另一个队的五个人朝一个方向用力，输赢可想而知。再比如，排球比赛中一个人的专业技术水平再高，没有其他队员的辅助，他也很难获得比赛的胜利。青少年在体育比赛中表现出强烈的自我意识，集体观念淡漠严重。

（3）竞争意识强烈，责任意识淡化

齐头并进，协同发展。社会主义市场经济的不断发展导致社会竞争激烈，使得青少年学生的竞争意识不断增强，这对提升青少年的智能水平起到了一定的促进和激励作用。竞争性是体育的本质属性，不存在没有竞争性的体育，它以其强烈的竞争性，吸引青少年参与体育运动或竞赛。体育尤其是竞技体育表现出强烈的竞争性，竞技体育运动员竞争意识强烈，比赛的胜负甚至胜过幸福、快乐、健康等因素。过度求胜欲，必定导致青少年忽视体育活动或竞赛过程中应尽的义务和应负的责任，如遵守体育法制法规、体育道德规范和尊重裁判、尊重对手等。

（4）体育道德认知到位，道德行为缺失

明知不可为而为之。学校的体育教学活动使青少年学生个体具有比较正确的道德认识，他们可以不假思索地说出集体主义、爱国主义、尊师重教、遵纪守法、顽强拼搏、谦虚谨慎等道德要求，知道道德的要求和规范，但违背道德要求的行为时有发生，而且愈演愈烈，体育道德失范现象层出不穷。第一，篡改年龄。利用特殊的手段对运动员的参赛年龄造假，以此来适应各种年龄段的比赛，达到"以大打小，以小胜大"的目的，变相获取优异的比赛成绩，取得比赛胜利。第二，赛场异常行为。如运动员在严重的拜金主义和功利主义下，为了获得较高的物质收益而故意输球，造成假球事件；裁判员收受贿赂，对运动员采用不同的判罚标准，造成比赛结果缺乏公平性。第三，运动员自损行为，如兴奋剂事件等。青少年道德认识与道德行为反差较大。

2.青少年体育道德问题产生的原因

（1）学校原因

体育竞赛一味地追求名次和成绩，重视专业技能的培养和规训，道德教育的站位失重，利益主体对体育伦理失范现象熟视无睹，道德教育流于形式。道德教育的根本在于情感和意识等社会道德规范和准则的内化，教师应由内向外自觉引导和规范青少年学生的行为。目前，体育道德教育的重心过度偏离，强调青少年的运动技能和专项训练，忽略了其思想和职业道德教育。体育道德教育内容僵化，使得人们不能合理地进行道德判断和行为评定。体育道德教育重心过度偏离是体育道德缺失的重要原因之一。

（2）家庭原因

家长作为青少年人生的第一个启蒙老师，其言行对青少年有很直接的影响。家长的言行不妥会对孩子产生消极影响，误使孩子多走弯路。如父母反对孩子参加体育运动和活动，认为体育运动无用，在教育孩子的过程中贬低与体育相关的人和事物，父母穿西装和皮鞋参与体育运动，父母在集体运动活动中对人以恶语相向，在竞赛运动项目中缺乏坚强的意志品质常常半途而废，甚至在运动场所打架斗殴等不良言行，都会对孩子的体育道德认识造成影响。部分家长所拥有的素质水平对指导教育孩子来说显得有些不足。温良的性格、高文化教育水平、充盈的生活阅历是教育和指导青少年个体健康成长的前提。现实生活中，部分父母性格暴躁，教育子女没耐心，对于孩子提出的与体育运动相关的问题漠不关心，孩子不能从父母身上解惑，从而丧失体育运动兴趣；部分父母文化水平低，孩子认为其给予的体育运动专业方面的知识可信度值得商榷，对父母的建议和忠告持怀疑和不认可的态度，自认为见多识广的孩子认为父母的建议和意见从某种程度上还不及自身的认知，对父母的观点、行为方式不接受。

（3）体育道德自主性缺失

体育道德自主性是体育主体有效地发挥主导性和能动性，自觉遵循体育规则，协调和保持行为与规制则相一致。青少年体育道德自主性缺失主要体现在以下两个方面。第一，青少年处于生长发育的黄金时期，生理、心理尚未发育完全，心智不成熟，不能正确、合理、有效地对外部刺激和各类事件做出回应，过分地依赖亲近的身边人，受外界的人或事物的影响颇为深刻。为人处世之道、个人情感表现、体育竞技思想受教练的影响尤为突出，对个人的行为不能进行合理、客观的道德反思，导致现有的青少年竞技体育已然泯灭了道德责任意识。第二，青少年学校体育的教育者是体育教师，体育教师的道德水平对青少年的道德观念产生重要影响。在竞技体育比赛中负责人的能力及绩效仅以运动员的比赛成绩作为评价标准，教练员为证明自己的能力、提升自己的绩效，经常采取让学生违背道德和规避规则的方法来达成取胜的目的，选择将道德和健康让位于"金牌"，这使青少年丧失体育道德自主性。

## （二）青少年体育行为问题及产生的原因

1. 青少年体育行为问题

（1）被动学习体育知识

被动学习体育知识指参与体育活动缺乏主动性和目的性，别人不监督坚决不学习，把学习看作一种替别人做的任务，学的时候总是心不在焉，不注重效率也没有一个明确的学习目标，别人要求怎么做就怎么做的行为实践过程。"要我学"是被动学习体育知识最大的特点，虽然表面上也"积极"学，但根本就没有往心里去，这种"积极"不是自愿的，是在为教师和家长学习，是外在压力促成的。主要表现为缺乏学习兴趣，学习时感到枯燥乏味，注意力不集中，脑筋动在如何应付教师和家长；对体育学习持无所谓的态度。一是，体育运动技能学习时常临时抱佛脚，虽然能够按照体育教师的要求正确完成动作，但是缺少了学习兴趣和主动探索的精神，不求甚解，只是为了应付教师的检查和学校的考试。二是，青少年对体育学习，对自己和同学的体育成绩，对自己在体育课堂中表现的好坏，以及对完成教师布置的课后任务的好坏都无所谓，甚至

对自己的考试成绩同样抱无所谓的态度，不及格的分数不能使青少年学生感到焦虑，对同学的成功与失败同样无动于衷，对体育有关的事物始终保持得过且过和漠不关心的态度。被动状态下，教师的教和学生的学，两者方向相反，相互抵消，合力最小。

（2）实施不健康体育行为

青少年对参与体育运动来达到锻炼目的的兴趣还是很浓厚的，但是对体育知识的了解匮乏，忽视了对科学体育知识的学习和掌握，缺乏正确的科学健身认识指导。同时，忽视运动常识，锻炼缺乏针对性且随意，不遵守严格的运动规范，造成不健康体育行为的广泛实施，导致运动性身体损伤。第一，正式运动前不热身，运动后不放松。青少年对准备活动不重视，对如何做适宜的准备活动了解不多。第二，运动过程中不会防范运动损伤。首先，青少年对运动损伤的认识不到位。很多人认为，只有专业运动员才有运动损伤的可能，而非运动员，只要在运动时加强预防就不会受伤，认为运动损伤跟他们没关系。其次，缺乏对预防运动损伤的重要性的认识，不能够也不知道如何采取有效的预防措施，最终产生运动损伤。最后，准备活动不充分。在进行激烈运动前不做准备活动，容易造成突发性肌肉拉伤、关节扭伤等。第三，体育技能掌握不全。较好掌握体育技能，对于健康体育锻炼非常重要。动作不规范、技术不过硬、理解不到位、能力不达标等都会产生不合理体育技能，不合理的体育技能若不引起足够的重视，其容易在激烈的体育运动中导致运动伤害事故的发生。

（3）主观逃避体育锻炼

第一，学业压力大造成青少年逃避体育行为。社会的迅速发展，对人才的要求越来越高，这无形中给青少年学生带来学习的压力，他们没有足够的时间和心情参加体育锻炼，就算是有时间也不愿意把时间花在劳神费力的体育锻炼上，他们常以学习为借口来逃避体育锻炼。第二，自卑心理和对挫折、失败认识错误引起逃避性体育行为。信心是积极行动的内动力，具有信心的人敢作敢为，勇于探索，缺乏信心的人遇事退缩、消极。青少年在参与体育活动的过程中，由于对自身认识不足和缺乏自信心，不能正确面对挫折、失败，担心自己在人前不能完成动作而出丑受人争议和嘲笑，选择放弃和逃避体育锻炼。第三，缺乏持之以恒的意志引起逃避性体育行为。意志是青少年自觉地制定行为目的、克服困难实现预定目标的心理过程。缺乏持之以恒意志的表现主要有，三天打鱼，两天晒网；在进行耐力性体育运动时没有坚韧性，常常半途而废。另外，个体心理上懒惰，不愿意参与体育活动，对参与体育活动产生厌恶情绪，也会引起其逃避体育行为。总的来说，个体天生具有趋利避害和保护自己的本能，而体育锻炼行为的维持需要付出足够的努力，因此个体在对享乐和吃苦进行选择时会毫不犹豫地选择前者，而当个体感觉到不适时就会逃避体育锻炼。

2.青少年体育行为问题的原因分析

（1）学校原因

①体育的指导思想与观念没有转变。虽然学校体育以"健康第一"为指南实施很多年，但学校体育教学"应试"现象依旧突出，主要表现为体育教学以技术传授为主，以达标考核为目的，不重视学生健身意识、健身能力、健身习惯的培养，不重视体育健身知识的传授和学生体育兴趣的培养，这影响了学生健康体育行为的养成。

②体育教学内容过于单一。现阶段学校体育教育中，未能摆脱传统的单一学科、单纯技术的自我封闭，教学内容往往是根据运动技术的难易程度来选择的，不能积极地与健康体育行为的培养建立联系，产生交互作用，体质和技术教学包揽课堂。体育教学想要培养什么样的人，怎么培养人，实际上主要是通过教学内容来实现的。

③体育教学过程过于体制化、规训化。体育教师把提高学生运动竞技水平放在较高位置，轻视了体育教学提高青少年身体素质的重要目的。高度重视体育成绩和体质达标，会使青少年畏惧甚至出现逆反心理，从而削弱青少年对体育的积极性和热情。体育教学的稳定性要有一定的纪律来维持，要有一定的规范来督促，从而使青少年学生体育行为合理化、科学化，但是过分强调纪律和规范，就会造成体育教学机械性凸显，缺乏非智力因素的情绪、情感参与，失去体育教学的真正意义。

④体育教学方法与评价不合理。教学上仍完全沿袭旧的教学模式，普遍采用讲解与示范、练习与纠错的教学方法，用机械模仿、课堂纪律等规范约束学生。体育教学过程变化不大，统一的教学方法，显得机械、呆板、没有活力。同时过分地强调"统一"，使学生缺乏学习的主动性和自觉性，体育课缺乏生机，更谈不上在体育课上对学生进行健康体育意识的培养。

（2）家庭原因

①父母的体育价值观陈旧。父母都希望自己的孩子长大后有所作为，"望子成龙""望女成凤"是每个家长的心愿。目前我国人才的选拔制度、成才制度、考试制度都表明，文化课学习成绩好更重要。受应试教育的影响，一部分家长对子女文化课学习的重视程度远远大于对体育课学习的重视程度，家长普遍认为学习文化课才是主要的，体育知识学习可有可无，处于身体发育阶段的

青少年，只要营养好，身体大多健康，不需花费过多时间去参加体育锻炼。家长害怕因参加课外体育活动而占用孩子的学习时间和精力，从而影响孩子的学习成绩。所以，许多家长不支持、甚至有些家长反对自己的孩子参加体育活动。父母的思想观念以及对体育的片面认识会对学生的体育意识和健康体育行为的形成产生消极的影响。

②父母的体育行为不科学。青少年对父母的模仿是最直接、最经常的，通过模仿父母的行为，他们容易养成一些不健康的体育行为习惯。父母自身存在着许多不健康的体育行为习惯，这些不健康的体育行为习惯很容易传给青少年，从而会影响他们良好体育行为习惯的养成。比如，父母和子女一起参加体育锻炼时，有些家长在体育锻炼前，不做准备活动，锻炼时不会控制运动的时间和强度，锻炼后也不会科学地补充水分和进食；有的家长在锻炼中不小心发生意外运动伤害时，不知如何处置，就更谈不上教会孩子如何应对了；还有些家长在雾天或雷电等恶劣天气下坚持室外体育锻炼，这容易给孩子造成认识上的误区，从而造成不必要的运动伤害；有的家长在指导孩子通过运动减肥时，认为运动量大、多出汗减肥效果就好；甚至有的家长带病和孩子一起坚持进行体育锻炼。上述家长的种种不健康体育行为习惯在生活中会对孩子产生潜移默化的影响。

## 二、解决青少年体育发展问题的对策

### （一）解决青少年体育道德问题的对策

#### 1. 体育道德榜样示范教育

示范教育是将抽象的说理变成利用活生生的典型人物和事件来进行教育，从而激起青少年道德情感的共鸣，使其在一种"自然"状态下学习、对照、感受和仿效。孔子曾说："其身正，不令而行；其身不正，虽令不从。"在体育道德教育中，体育教师、教练的言传身教以及体育明星、偶像的言行都会对青少年体育道德的养成有重要影响。对竞技体育运动员来说，运动员和教练员之间的特殊关系，使教练员对运动员具有重要的影响作用，体育教师、教练的精神状态、一言一行，将会给其留下深刻的印象，因此，榜样示范教育是竞技体育运动员体育道德内化的重要途径。在青少年体育道德的养成过程中，体育道德教育的效果常常取决于体育教师和父母的言传身教。言传，即教师和父母通过摆事实、讲道理、传授体育道德知识，使青少年明辨是非善恶，提高青少年体育道德认知和理论水平，高度责任感及良好的文化修养，能有效地提升学生体育道德教育的效果；身教，即体育教师和父母通过自身的行为习惯，来对学生的言行产生影响。如教育者在运动场等公共空间随意抽烟，在体育活动或比赛过程中做出违反体育道德规范的辱骂队员、鼓励学生采取不正当手段获胜的行为等，都不利于青少年良好体育道德的养成，而正确、规范的道德行为则会对青少年产生积极影响。"近朱者赤，近墨者黑"，跟什么样道德水平的人学习，往往就会成为什么样道德水平和品质的人，因此示范教育是通过道德榜样示范，引导青少年树立正确道德观和实施正确、规范道德行为的一种方法和途径，也是青少年实现体育道德内化的有效途径。

2. 体育道德行为实践教育

体育道德本身是属于实践范畴的，是人们在认知基础之上付诸实践，并在实践过程中不断强化、巩固和提高的。①利用课堂教学引导青少年进行道德知识学习，使他们了解和把握体育道德的原则、要求、规范，最重要的是要在养成教育的实践中使青少年自觉学习道德规范，不断提高自身的道德认识水平，从而逐步通过内化形成正确的道德观念。体育教师更多的是对青少年进行有目的、有组织、有计划的理论知识教育，但体育道德的培养不是专门的"理论专修"所能实现的，因为"理论专修"只能让学生学到一些道德教条。②体育道德是人们在一定的人际关系背景下通过交往、互动而提高的。③体育道德的内化要求学生必须加强体育道德实践性训练，把体育道德行为训练纳入各种活动之中，在学习生活的基础上，重视自身的道德修养，自觉地经过学习、认识、实践、再认识、再实践这一过程，历经心理、思想和行为的内化与外化的磨炼，逐步形成正确的体育道德观。在道德知识教育洗礼，道德情感、道德意志内化和道德行为外化的复杂过程中，青少年应学习道德知识，提高道德认识水平，进而产生体育道德实践行为。青少年的体育道德行为在生动的活动中不知不觉地得到巩固，从而不自觉的体育道德行为逐步转化为自觉的体育道德行为，青少年逐渐形成稳固的体育道德品质。

3. 体育道德环境熏陶渲染

青少年体育道德养成教育教化与内化的环境主要是家庭环境、学校环境和社会环境，加强青少年家庭环境、学校环境和社会环境的建设，有助于内化青少年体育道德。

（1）家庭环境熏陶

①青少年对家庭经济上和感情上的依赖决定了家庭环境是青少年体育道德

养成的基础环境。经济是青少年成长的物质基础，感情是青少年成长的精神基础，父母应对青少年的体育道德品质形成提供心理上必需的安全感。青少年多数时间与父母和其他亲属生活在一起，在家庭环境里自觉或不自觉地获得了许多道德观念和养成基本道德行为习惯的方法。例如，生活在体育世家或者父母双方中有一人从事与体育相关的工作，再或是亲属中有人从事与体育相关的工作，其体育道德认识较其他人更深刻，其更能严格要求自己遵守各项体育道德规章制度，更能严格按照规范进行自己的体育锻炼，不会做出有违体育道德的体育行为。在青少年各种道德学习的关键期即将来临之际，家庭体育道德教育涉及青少年体育学习的每一阶段，是先于学校体育道德教育的，具有先入为主的特点。然而无论是家庭的物质、情感的基础性，还是家庭体育道德教育的先入为主性，都是学校环境与社会环境所不能提供的。

②家庭对青少年的体育道德的影响是深刻的。一般青少年对父母具有高度的道德信任和感情上的忠诚，父母与子女之间直接、经常和亲密的接触，有利于彼此之间进行细致和深刻的了解，有利于家庭体育道德教育"因材施教"原则的实现，有益于青少年对家庭体育道德影响的正确理解。家庭环境中父母的体育道德水平对青少年的影响是至关重要的。

③家庭对学校体育道德教育具有一定的补充作用。家庭德育重应用，家庭更重德育课程以外的伦理问题教育。家庭道德教育具有生动、具体、现实性强的特点，而这些特点有利于青少年学习和应用传统道德习俗和符合时代发展的道德规范，让青少年在学习人际关系的处理当中养成良好的道德品质成为可能。青少年通过体育活动可以增加人际交往，人际交往更为多元化的青少年在参加体育活动时要时刻注意自己的言行举止是否符合体育道德规范。青少年应去其糟粕取其精华，吸收良好的体育道德内容，并将其内化进自己的体育道德系统，强化自身的道德意志，树立良好的体育道德信念，并付诸实践。

（2）学校环境教化

在学校环境中，青少年一边接受专门的文化知识教育和系统的思想政治教育，形成对思想政治的初步的认识，一边参加各种党团社会活动。

①道德理论课教学。从内容上看学校德育重理论，青少年在学校所接受的教育在理想、信念、道德理论上多一些，比较系统。从教育方式上看，学校德育是针对学生思想道德行为方面的教育，具有一定的强制性。这种强制性的教育方式在青少年道德教育初期是必要的，教师应通过以公德教育为主的思想政治理论课教学活动树立青少年正确的世界观、人生观和价值观，培养其爱国主义、集体主义精神，对其进行社会主义教育，引导青少年树立远大理想。

②体育实践课教学。教师在教学中根据体育运动的特点和人才培养目标，着重使学生学习和掌握体育文化知识和体育专业技能。体育教师作为学生的模范和榜样，其行为是否符合教育目标最为要紧。教师以其良好的体育道德行为作为体育道德教育的内容，"身教"作为最为直观的教学方法，有利于学生在模仿中、在亲身实践中逐渐形成体育道德观。有研究指出，体育运动有助于团队精神的树立、体育活动有助于集体主义的形成、体育书刊阅读有助于引导价值取向、体育明星崇拜有助于道德效仿力的增强、体育锻炼有助于良好习惯的养成。我们应在体育实践中强化青少年的自信心、意志力、道德效仿力，培养青少年良好的习惯。

③育德于体育比赛活动中。在实践中要教育青少年懂得胜负、强弱可以相互转化，在运动中帮助他们树立公平、公正、民主、团结、协作的意识，使他们努力提高自身的道德水平。一是，体育比赛结果的不确定性要求青少年在比赛中应具有较好的心理素质和随机应变的能力，充满自信才是最重要的。教师要引导青少年正确客观地对待输赢，做到胜不骄败不馁，同时在比赛中教师需要运用评价激励、心理暗示等方式肯定其表现，帮助青少年增强信心，提高自我控制能力。青少年应能准确地了解自己的实际技术水平和自己的优势所在，正确估计自己的力量，根据自身的情况设置合理的目标，刻苦训练，提高自己的体能与技能，最终实现自己的目标，达到增强自信心的目的。二是，在训练中教师应有针对性地培养学生参与活动的动机，通过正确、合理的方法使学生树立追求更高、更快、更强的奥运精神。教师应有意识地对学生进行行为训练，培养学生正确的运动观，使学生养成坚持不懈、努力拼搏的意志品质。三是，训练或比赛会使青少年产生多种复杂的情感体验，会给他们带来喜、怒、哀、乐等情绪，正常的情绪反应，不论是消极的还是积极的都有助于青少年的行为适应，使他们得到较好的锻炼效果，而青少年对多种情绪的自我调节，有助于他们合理控制情绪，以防体育比赛中不道德行为的产生。

（3）社会环境教育

体育教学实践内容繁多，形式多样，并受到校内、校外、场地器材、实验设备、师资力量、教学经费等多种因素的影响和制约。教师应鼓励青少年学生走出校门，利用社会实践来实现自身的全面发展。

①普及社会公德。我们应充分发挥舆论的教育功能，动用社会新闻媒体进行长期的专题宣传活动，着力培养青少年自觉遵守体育法律法规和道德规范的意识，解决青少年知行统一的问题，培养青少年文明习惯，预防青少年不道德行为的产生，改变人们对体育的看法和态度。

②取人之长，补己之短。交往是学生健康成长的一项重要的内容，体育活动能为青少年提供更为广泛的人际交往机会。青少年处在心理和行为发展的关键期，迫切需要多方面的人际交往，他们从他人的行为和情感中获得自身的发展。如在学习与训练中懂得包容队友不足为道的缺点，容纳同伴不同的见解，相互信任、相互理解，有选择地进行交往，学会为人处世之道。人际交往过程中，体育道德模范就是鲜活的教科书，是旗帜，是标杆，是导向，他们使体育道德教育变得具体生动，看得见、摸得着，并以先进的体育思想道德和价值观念，帮助青少年树立正确的世界观、人生观和价值观，对于弘扬社会正义，自觉遵守和践行体育道德规范，具有重要意义。

③"修身为本"思想。进行道德修养是培养青少年社会公德并逐步完善青少年人格的最基本的途径。青少年在践行社会公德的过程中通过自我改造、自我陶冶、自我锻炼和自我培养提升自身的道德境界，继而在学校体育课、体育比赛或活动中经反省、自查等方式反复实践最终养成良好的体育道德行为习惯。

**4. 体育道德主体自我教育**

自我教育指青少年按照体育道德教育的目标和要求，主动提高自身思想认识水平和道德水平，以养成良好的体育道德习惯的方法和途径。自我教育包括体育道德自我修养和体育道德自我管理两部分。

（1）体育道德自我修养，反省与反思

体育道德自我修养指人们在道德方面进行自我教育和自我锻炼，以及由此而达到一定的程度和水平。

①反省。孔子的"见贤思齐焉，见不贤而内自省也"和曾子的"吾日三省吾身"都强调内省、自省的重要性。个人对自己的思想和行为进行检查，寻找不足的内心道德修养方法就是反省。青少年往往将体育比赛的失败归因于外部的诸如技术、场地、环境、对手太强等因素，而很少进行反省。为解决青少年常将体育比赛失败归因外部因素，而忽视内部因素的问题，我们应引导他们将反省作为主要的自我教育方式，使他们能够在回顾自己的行为和总结自己的思想的过程中，通过自我认识、自我剖析，从而客观合理地对自己进行评价，有效地进行自我监督。

②反思。反思指对以往的思想和行为进行系统的总结和深刻的理性思考。反思不仅涉及主体的主观因素，还与社会、环境等客观因素相联系，不是简单地肯定与否定，反思包含反省。

（2）体育道德自我管理，自制与自律

体育道德自我管理指青少年自觉地用体育法律法规、学校体育规章制度和体育道德规范约束、调节和控制自己的语言和行为。

①自制。自制也叫自我控制，需要极强的忍耐力。在体育活动尤其是竞技体育比赛中，青少年受到诸如金钱、荣誉等外界诱惑，常会发生体育道德失范现象。高度的道德自制使青少年在体育活动中能保持正直的品格，能理智地控制自己的情绪，以及抵抗外界诱惑。

②自律。自律指自己对自己进行约束，自己自觉地将自己的体育行为限定在一定的体育道德规范之内，要求主体拥有一定的自我监督意识、自我监督控制能力和自我行为控制能力。个体自我监督能力和自我控制能力的水平取决于个体的自觉性、文化和道德水平，自觉性、文化和道德水平高的人其自律水平高，能够很好地约束自己的言行，能促进体育道德的教化与内化。

## （二）解决青少年体育行为问题的对策

### 1. 体育健康教育

体育健康教育对青少年树立正确的健康观有促进作用，有利于青少年养成健康的体育习惯继而选择健康的生活方式；有利于青少年提高自我保健意识，从而有效地预防各种慢性疾病，降低危险发生率，预防各种"生活方式病"和"社会病"。我们在引导青少年了解并掌握与健康密切相关的知识和技能的同时，还应满足其日益增长的心理健康需求。体育健康教育能有效遏制医疗费用的急剧上涨，而较低的医疗费用也是国家富强和民族兴旺的重要标志之一。但是，调查显示部分学校的体育教育不重视学生健身知识、健身习惯的讲授，不重视学生体育兴趣的培养，体育课全部时间用来学习运动技能，学生几乎没有时间学习运动知识和健身知识，因此，体育健康教育急需推广。

### 2. 体育行为规范教育

这里所说的体育行为规范着眼于青少年的终身发展，我们应遵循青少年的身心发展规律，尊重青少年的个性、自主性发展，有目的、有计划、有组织地对他们施加影响，从而使他们具有良好的个人体育习惯。体育行为规范教育能使青少年拥有自我控制的能力，能使他们的体育行为规范化、合理化、科学化，能避免青少年体育行为失范。体育行为规范教育作为体育教学的重要内容对青少年良好体育行为习惯养成至关重要。

# 第三节　我国青少年体育可持续发展

## 一、青少年体育可持续发展的原则

如所有事物追求自身理想终极点一样，可持续发展追求的目标是发展的公平性、持续性、协调性。青少年体育可持续发展同样秉承公平性原则、持续性原则、协调性原则。

### （一）公平性原则

公平性是可持续发展的基本目标。从可持续发展的观点来看，地球上的人类应该视为一个整体，其发展必须考虑整体的公平性和均衡性。所谓公平就是机会选择的平等性，它的内涵很丰富，在我国体育可持续发展中，主要包括两方面的含义：一是代内体育机会的公平，即当代人之间的横向公平性。体育可持续发展要满足所有人的基本运动要求和给所有人运动权利和机会以满足他们提高自身生活质量的愿望。二是代际体育资源的公平，即当代人与后代人之间的纵向公平性。体育可持续发展要求人们认识到人类体育运动赖以生存的自然资源是有限的，当代人不能因为自己体育活动的需求与发展而损害后代人体育活动需求与发展的基础——自然环境与资源。所有的体育运动都是在自然环境和资源中进行的，体育活动本身看似对自然环境和资源的破坏不像工业生产那样直接，但随着参与人数的增加，范围的扩大，其所构成的危害也不容小觑。

### （二）持续性原则

可持续发展首先强调经济持续增长，因为它是国家实力和社会财富的体现，也是不断地满足人类需求的基础。同时，可持续发展不仅重视增长数量，更追求提高质量和效益、节约能源、减少废物，我们应改变制约可持续发展的传统增长方式和消费模式，建立清洁生产和文明消费观。

可持续发展是在不破坏环境的前提下的发展，持续性原则的核心是正确处理环境与发展的关系，要以保护自然环境为基础，与环境的承载能力相协调，保证生态持续发展。"环境"是人类生产、生活的地方；"发展"是在这个环境中为改善人类的命运我们该做的事情。人类的经济和社会发展不能超越环境的承载能力，可持续发展不应以损害支持地球生命的自然系统如大气、水、土壤、生物等为代价，人类对自然资源的消耗应考虑资源的临界性，因为"发展"一旦破坏了人类生存的物质基础，"发展"本身也就不存在了。如果一个国家的渔业资源以 10% 的速度增长，而该国却以 30% 的增长速度捕鱼，这就不是可持续发展；日本人为保护本国的森林却破坏了热带雨林，这也不是可持续发展。人类社会的可持续发展只能以生态环境和自然资源的持久、稳定的承载能力为基础，而环境问题也只有在社会和经济的持续发展中才能够得到解决。所以，可持续发展理论要求人们尊重自然，自然界的一切生物都是全球生态系统的一部分，它们与人类一样都有发展的权利。

人类要与自然和谐相处，尊重自然系统的客观规律，我们必须服从受我们支配的自然界。我们应重新认识环境价值，将其视为"环境资源"与"环境资本"；一片森林，不仅要计算它作为林产品的直接价值，也要计算其作为空气的净化器、土壤的稳定器、洪涝的控制器、生物多样性的保护区的间接经济价值即其环境效益。我们应寻找并实施管理环境资源和使人类发展持久的新方法，使经济增长与环境要求相一致。人类发展的同时必保护环境，包括控制环境污染、改善环境质量、保护生命支持系统、保护生物多样性、保持地球生态的完整性、保持以持续的方式使用可再生资源，人类的发展应保持在地球承载能力之内。保护地球就是保护人类自己。可持续发展的目的是实现社会持续发展。可持续发展要以改善和提高生活质量为目的，与社会进步相适应。任何发展的内涵中均应包括改善生活质量，创建一个平等、自由、重视教育、重视人权的社会环境；而发展又不能违反基于伦理、宗教、习惯等形成的一个民族或一个国家的社会准则，即发展对社会的改变必须在社会的忍耐限度以内。同时，社会能够对发展起协调、促进作用，至少不对发展产生限制甚至破坏性影响。

持续性主要从时间维度描述发展规律，反映可持续发展的动态性和长期性。持续性指系统保持稳定有序的能力。资源与环境是人类生存与发展的基础和条件，离开了资源与环境，人类的生存与发展就无从谈起，资源的永续利用和生态系统的持续保持是人类可持续发展的首要条件。可持续发展要求人们根据可持续性的条件调整自己的生活方式，在生态允许的范围内确定自己的消耗标准。可持续性在我国体育可持续发展中主要表现为体育投入可持续性、体育生态可持续性和体育活动可持续性。

体育投入可持续性指的是体育的经济投入是可持续的。体育可持续发展鼓励体育经济投入的持续增长，经济投入的持续增长是提高人民运动水平及生活质量的根本保障，也是体育可持续发展中投入必要的物力和财力的保障。体育可持续发展不仅要重视体育经济投入的增长数量，更要追求经济投入的增长质量。数量的增长在某一历史时段总是有限的，而依靠科技的进步，提高经济投入中的效益和质量，采用有科技含量的投入才是体育投入的可持续发展之路。如体育器材的科技化、体能训练的科学化、运动后营养补充的合理化等。

体育生态可持续性指的是体育活动中的自然资源和环境的持续保持和永续利用。体育运动的持续发展要与自然资源和环境的承载能力相适应，只有保证体育生态的可持续性，才能使得体育运动持续发展成为可能。没有生态的可持续就没有体育的可持续发展。这就要求我们在追求体育发展时，必须同时注意保护环境。体育运动的自然资源的可持续利用是体育可持续发展的天然基础，也是体育可持续发展的必备条件。

体育活动可持续性实际上是要求体育活动本身的开展方式、形式要符合"以人为本"的原则。体育活动的终极目标是提高人的生活质量，一旦体育活动本身有碍人体健康，会对人体造成不必要的伤害，这样的体育活动就是不可持续的。因此体育活动的可持续性一方面要通过体育规则条例来维护，另一方面要通过体育组织来维护。

### （三）协调性原则

协调性包括行业间的协调和行业内部的协调，也包括区域内的协调以及国际范围内的协调。只有人口、社会、经济、资源和环境等与体育处于协调的状态，才能保证人类体育活动持续不断地向有序状态发展。这种协调是在公平性和持续性原则指导下的充分协调，既包括协调人与人之间的各种关系，也包括协调人与地之间的各种关系。这是行业间的协调性原则。在体育行业内同样要保持协调发展，不能只顾及体育的某一方面发展，而忽视了其他方面的提高，整体的提高是我国体育可持续发展的基本方针，也是我国体育可持续发展追求的目标。从范围上来讲实现体育可持续发展不仅是我国的目标也是全球的目标。《里约环境与发展宣言》中指出，我们应致力于达成既尊重所有各方的利益，又保护全球环境与发展体系的国际协定，认识到我们的家园——地球的整体性和相互依赖性。因此国际大环境对我国体育的可持续发展是非常重要的。

## 二、青少年体育可持续发展的保障因素

### （一）学生个体因素

学生是参加青少年体育的主体，换句话说，没有学生可能就没有青少年体育，分析学生个体因素对青少年体育的可持续发展至关重要。

1. 兴趣

不论是强身健体还是促进人的全面发展，都是指向"人"，即参与者本身。教师应培养学生的体育兴趣。兴趣是最好的老师，学生学习一项知识技能，一些有经验的教师首先会引导学生培养学习的兴趣，点燃学生学习的热情，激发学生的学习兴趣，往往能使学生具有较高的自主学习能力。

2. 拥有一定的运动技能

掌握一定的运动技能，具有良好的运动基础是参与体育活动的重要条件。学生自愿长久地参加一项体育运动，拥有一定的运动技能是非常重要的。在参与运动的过程中，个体与个体之间不免会有较量，在竞争的态势中，学生就必须有一定的运动技能，所以教师在培养学生兴趣的基础上，应多教学生一些运动技能，使他们在比赛过程中体验到胜利的喜悦。当然，比赛结束后，对输的学生也要多做心理辅导，告诉他们胜负在体育比赛中很常见，胜败乃兵家常事，引导学生通过自己的努力赢得属于自己的胜利。

3. 时间和压力因素

在学习的压力下，大部分学生不能更好地参与到体育运动中去，他们没有太多时间去进行体育锻炼。通过访谈一线体育教师、学校体育主管领导，笔者了解到，我国高考考查的内容以语文、数学和英语等学科知识为主，而体育是被边缘化的学科，遇到期末考试，往往会出现体育停课的情况。而且部分其他学科的教师和家长抱有歧视的眼光去看待体育这门课程。有些学生参与体育运动的目的也是能比较容易地进入一所大学，并非强健身体，体育运动的功能和意义在大众的面前已经处于被严重扭曲的状态。如何使青少年体育可持续发展？其中之一就是要解决好学生在参与体育运动的时间和学习压力方面上的问题。

4. 场地器材因素

体育场地设施是开展体育活动的重要依托，它是由一系列互相联系的要素组成的，包括场地设施的数量、分布、种类、规模、装备和形态等，其中场地设施的数量、分布等是反映场地设施资源供给水平的重要指标。我们通过相关资料的查阅可知，影响青少年体育可持续发展的其中一个因素就是场地器材的短缺。有些学生在家庭教育和学校教育良好的基础上，有了积极参与体育运动的兴趣和欲望，在参加体育运动的过程中，却因为找不到合适的运动场地和器材设施而被迫中止参与体育运动，这将阻碍青少年体育的可持续发展。

5. 其他因素

其他因素主要指的是干扰因素，青少年时期是比较独特的时期，此时青少年对外界充满好奇，比较显著的是，部分青少年沉迷于网络游戏，难以自拔，这会影响他们的学习成绩，对他们的身心健康造成很大负面影响。家长和教师要对青少年进行心理辅导和行为干预，一方面青少年要学习科学文化知识，另一方面青少年要多参加体育锻炼增强体质，从而养成良好的生活方式。探讨家庭电子网络对青少年体质健康的影响，尤其是对青少年体育锻炼意识培养与行为形成的影响，将成为今后青少年体育研究的重要课题之一。

## （二）学校因素

学校在青少年体育发展当中扮演了相当重要的角色，青少年时期，学生的一多半时间是在学校里度过的，学生的主要日常行为是在学校里面完成的，体育行为也不例外。使学生更好地在学校里面进行体育运动，是青少年体育可持续发展的关键。学校因素包括场地器材、师资力量、校园体育文化、运动损伤、课堂安排等。

1. 场地器材

俗话说"巧妇难为无米之炊"，青少年体育亦是如此。青少年进行体育运动，场地质量不好、数量不多会影响青少年进行体育运动的积极性，进而会降低青少年对体育运动参与的兴趣。舒适的运动场地和数量充足的器材对于青少年体育的可持续发展的意义重大。

2. 师资力量

教师在青少年体育发展中应激发学生的学习兴趣，教授学生运动技能和必要的理论知识。师资力量在青少年体育发展过程中的重要性不言而喻。目前我国部分地区仍存在不同程度的体育教师缺口现象，在农村地区、西部偏远地区体育教师缺口问题更为严重。如何壮大学校体育专业的师资队伍，是青少年体育可持续发展过程中亟待解决的问题之一。由于体育教师有相关体育的从业经验，因此体育教师进行的体育教育相较于家庭体育引导有更多的优势。

为了保证学校体育教学质量，学校还可以建立一个学校体育课的评价体系，从侧面评价教师的教学能力和专业技能水平，及时反馈评价结果，从根本上解决学生的体育发展问题，使学生能够上自己喜欢的体育课。

3. 校园体育文化

环境可以影响一个人，校园体育文化对青少年体育的发展的重要性也是毋庸置疑的。青少年具有很强的可塑性，青少年在今后的道路上干什么，有多大成就，跟青少年时期的环境和经历有很大的关系。调查发现，很多青少年会因为谈论体育运动而玩在一起成为很好的朋友，这就是校园体育氛围的影响，个体之间的影响。青少年能够在一个体育文化氛围浓厚的校园环境中成长，近者说，可以促进青少年时期学生体质的提升，远者说对青少年今后的健康生活都是非常有意义的。

4. 运动损伤

好多家长因为学生在体育运动中可能发生运动损伤，而不鼓励学生进行体育锻炼，或者是学生发生了运动损伤，没有及时地进行损伤处理和心理治疗，为学生今后进行体育锻炼埋下隐患，如伤势处理不及时而留下后遗症，伤势痊愈但害怕在今后的比赛中受伤，有心理阴影等。

5. 课堂安排

使课堂多样化可以满足学生多重兴趣需求，可以更好地培养学生对某一种体育运动的兴趣。笔者在访谈调查中发现，好多学生不愿参加或极少参加体育运动的原因是学校体育课堂单一，没有自己中意的运动项目。

## （三）家庭因素

个体从出生伊始就处在家庭的环境中，接受家庭教育，家庭教育对青少年体育发展影响深刻。家长及社区成员参与体育课程实施可以实现双向共赢，我们应增进家长及社区成员对体育课程的认识，推动家庭教育、社区教育与学校教育相结合。父母是孩子的第一任老师，家庭教育对于青少年教育有先导的作用。家庭因素主要包括引导因素、支持因素和氛围因素。

1. 引导因素

家庭的引导对青少年是非常重要的，首先家长要认识到体育运动对青少年的好处，如促进身体健康、塑造良好的性格等。在现实生活中即使家长不参与体育运动，也要引导和鼓励学生参与到体育运动中去。

2. 支持因素

青少年的兴趣爱好跟家长的支持是分不开的。家长给予青少年更多尊重、理解，与青少年进行沟通，对青少年参与体育锻炼给予支持，为青少年创造较好的体育锻炼机会，这都会对青少年的体育发展有较大的帮助。政府、学校在发展青少年体育方面有责任和义务加深家长对青少年体育的认识，使更多的青少年得到参与体育运动的支持。

3. 氛围因素

家庭的体育锻炼氛围、家庭的网络结构与社会支持对青少年体育锻炼意识与行为形成的影响显著。研究表明，家长与孩子一起积极地参与体育活动，能够带动孩子主动参与体育活动，从而使孩子形成坚持体育锻炼的生活习惯。家庭氛围对孩子的影响是非常重要的。

## 三、青少年体育可持续发展保障体系的建立

青少年体育的发展并不是学校单方面的责任，它需要遵循人体生长发育和体育锻炼的基本规律，通过全社会共同参与，建立以学校为基础、家庭为纽带、社区为依托的一体化体育教育网络，构成统一的整体，形成一个青少年可持续发展保障体系。笔者把青少年体育可持续发展保障体系更为具体和系统地分为宏观、中观和微观三个层面。

### （一）宏观层面

政府—观念—教育—社会保障系统是青少年体育可持续发展保障体系的宏观层面。

政府在青少年体育发展中处于主导地位，当前青少年体育发展出现了诸多问题，其中影响最大的就是青少年体质健康问题，它对国家以后的发展影响程度之大不言而喻。

发展青少年体育，从宏观层面上分析，政府职能部门首先要足够重视，继而要制定切实可行的政策，努力解决青少年体育发展当中存在的问题。政府职能部门虽然制定了相关的政策来鼓励青少年体育的发展，但是执行部门由于自身利益等一些其他的问题使得相关政策难以达到预期的效果，所以政府要保证青少年体育可持续发展就必须建立相关的法律法规，来保障青少年体育发展的政策的实施具有一定的强制性。

青少年体育可持续发展的另一大影响因素，就是观念因素。古时，中国有武举制度，可惜的是，在后来发展过程中，它渐渐地被科举制度所代替，后来科举制度就变成了中国古代选拔人才的主要制度。当前高考制度在中国选拔人才的过程中扮演着重要角色。所以说，要发展青少年体育，首先要改变的就是中国社会对体育的认识。

随着中国体育系统的萎缩，教育系统在中国体育事业发展过程中的地位越来越高。从宏观方面来看，教育系统担负保证青少年体质健康，培养体育人才的重任。教育自身要制订好体育人才培养计划，包括体育科研人才、体育师资

人才和体育运动人才三个方面的人才的培养。我们应切实可行地改善体育在各学科中"发育不良"的现状。

社会组织对青少年体育可持续发展也是至关重要的，社会组织从宏观层面要厘清各部门之间的关系，使青少年体育能够协调可持续发展。因为学校和社会的体育场地器材主要来自财政拨款，所以财政保障是青少年体育可持续发展的物质基础。

### （二）中观层面

政府—社会—体育发展组织—高校保障系统是青少年体育可持续发展保障体系的中观层面。

中观层面中，政府主要是省市政府，它们要执行上级政府的决策。在执行方面上主要是对财政资金的准确投放。场地器材是青少年体育可持续发展的物质基础，落实场地器材是相当重要的。当前，社会青少年体育发展处于初级阶段，地方政府要对社会场地的建造和使用，以及社会师资的投入方面更加关注，帮助地方社会青少年组织进行青少年体育活动管理。中观层面的社会青少年体育发展组织要安排、梳理、协调好微观层面青少年体育发展的各种事务，使青少年体育发展能够有序进行。中观层面的教育系统应努力使体育课学科化，使学校逐渐重视体育课和青少年体育的发展。高校要注重体育师资的培养，使体育人才能够更好地承担青少年体育可持续发展的教学重任，同时也要承担起对青少年体育可持续发展进行理论研究的责任，为今后青少年体育的可持续发展指明方向。

### （三）微观层面

政府—学校—社区—社会—家庭保障系统是青少年体育可持续发展保障体系的微观层面。

微观层面中，政府主要是乡镇政府，它们要认真贯彻上级部门的政策，把学校器材、社会场地器材等基础设施落实到位。联合学校和社区，切实宣传正确的体育观念，使其深入民心。社会方面，切实管理好与青少年相关的体育活动，保证社会体育指导教师具有较高的素质，对运动损伤的处理，要做到早处理、处理好。学校是青少年体育发展的主要基地，学校要管理好场地器材，对师资要进行准入、岗前和在岗三个阶段的考核，切实保障学校师资的质量。我们应加强对学校体育活动的组织与管理，深刻认识青少年体育活动的意义所在，使学生个个都参与、多参与，把建设良好校园体育氛围落到实处。对运动损伤学校要形成独立系统，特别对体育教师要着重培训运动损伤的预防、治疗，损伤后教师应对青少年的心理进行干预。青少年体育的发展与家庭的影响是分不开的。家庭体育氛围的建立对学生参与体育活动的作用十分重要，家长参与体育锻炼对青少年具有榜样效应。家长要对青少年进行经济支持，如提供培训费用、购买体育用品等。

### （四）宏观、中观和微观三个层面组成有机整体缺一不可

青少年体育可持续发展保障体系的宏观、中观和微观三个层面，虽然看上去大致相同，但仔细研究可知它们有各自独特之处。宏观层面主要是对青少年体育发展进行理论的管理和对青少年体育活动进行总体的把控，是青少年体育发展的大环境；微观层面致力于青少年体育可持续发展过程中每个细节的具体实施；中观层面注重宏观层面与微观层面的衔接，保证了青少年体育可持续发展的系统性。三者结合在一起使青少年体育可持续发展保障体系更具层次感、更加具有系统性。其意义在于丰富青少年体育可持续发展保障体系的理论研究和构建良好的青少年体育大环境。三个层面各有特点，又是一个有机整体，彼此之间在逻辑上可以形成互补，理论联系实际，有助于青少年体育可持续发展。

# 第四节　青少年体育发展的国际借鉴

## 一、美国的青少年体育

美国作为头号竞技体育强国，在发展青少年体育方面有着独到之处，其在青少年体质健康管理中积淀形成的青少年体育发展模式，对我国青少年体育发展和青少年体质健康管理体系的完善具有十分深远的影响。

### （一）主要形式

第一种，体育课。美国作为世界体育强国，群众体育是其雄厚的社会基础，学校体育是其发展的重要因素。美国的学校体育课程从小学开始就异常丰富，内容生动有趣，形式多种多样。除足球、篮球、网球等常规项目外，还有兴趣项目，如冥想、瑜伽、舞蹈、马术、游泳、滑冰、击剑等。美国学校体育授课具有一定的弹性，总体上分为竞技体育教学、健身体育教学、社会实用教学和学科联系教学四种。丰富多彩的体育课程，有利于培养孩子对体育运动的兴趣，让学生具备良好的体质，同时，还能激发学生对某些专项运动的兴趣爱好，其

中的优秀人才会慢慢地从业余走向专业化、职业化，从而培养出优秀专业体育人才。

第二种，课外体育活动。仅仅依靠校内体育课时间，对于促进青少年的体质健康，还远远不够。美国青少年体育活动时间主要在课外，相关资料表明，美国青少年学生在学校体育课上的身体活动量仅占他们每天身体活动总量的8%—11%。美国中小学参加课外体育活动的学生为80%以上，课外体育活动时间5—12年级平均每周12.6小时。

美国青少年的课外体育活动有校外体育运动、校际竞赛等形式。校外体育运动指青少年在学校以外的场所，如社区、广场等地进行的体育运动。校际竞赛包括几所学校的学生进行的混合练习，学校与学校之间举办的各级各类体育竞赛。

第三种，体育俱乐部。体育俱乐部已成为美国社区体育的基本组织形式，也是青少年参加有组织体育活动最主要的途径之一。社区、学校、企业等成立了各种各样的体育俱乐部，它们组织很多丰富多彩的健康活动，吸引社区里的家长和孩子参加。在美国注册的具有一定经营规模的体育健身俱乐部大约2.1万个。体育俱乐部的运营中经费主要来源于商业赞助、捐助、会费等。

### （二）美国青少年体育发展的主要特点

第一，政府的主导作用。美国是重视国民体质研究的国家，政府对于青少年体育的发展起主导的作用。体育锻炼和健康知识的学习是预防和治疗疾病的最重要手段，所以，美国政府加大了对体育教育和体质健康监测的管理力度，教育部门长期致力于青少年体育的促进工作。

一方面，政府通过制定青少年体质健康管理的政策来引导青少年参与体育运动。早在20世纪50年代中期，一次青少年体质健康检测结果引起时任总统艾森豪威尔与美国政府的高度重视，其很快把这事件定位为国家危机。而美国的其他总统，从卡特到布什都十分重视国家青少年体质健康问题，并制定了一系列的政策来鼓励美国人民参与体育锻炼。为此还设立了各种奖项（如总统积极生活方式奖）来奖励成绩突出和进步显著的青少年。

另一方面，政府相关部门专门设立了青少年体育发展及体质促进的相关机构。美国教育部门通过美国健康教育体育休闲舞蹈学会（AAHPERD）制定了《美国青少年身体素质测验标准》。AAHPERD及其下设的协会和分支机构，独立自主地开展青少年体育发展和学生体质健康研究。他们的研究成果为美国国家和各州体育标准的制定提供了方向和依据，为美国青少年体育发展提供了知识和技术支持。营养总统委员会长期致力于推进青少年保持积极而健康的生活方式，倡导有规律的体力活动和营养均衡的饮食，为青少年体质健康管理工作做出了突出的贡献。

第二，强调体力活动参与。体力活动参与是美国青少年体育的一个极为重要的组成部分，是提高青少年体质和解决"未来健康问题"的重要途径。青少年体质下降已是"世界性"的问题，减少静态生活、增加体力活动可以改善青少年的健康状况。美国总统挑战健身计划设立了各种奖项鼓励青少年积极参加体育锻炼，让体育运动成为青少年日常生活的一部分。该健身计划促使人们通过体育运动改善健康状况。美国总统挑战健身计划包括积极生活方式计划和总统冠军计划。受到各种奖励的鼓励，美国孩子大多数的业余时间都被体育运动占据，他们参加最多的体育活动是棒球、游泳、篮球和美式足球等。

第三，充分发挥社会力量的作用。首先，重视专家组和研究机构。独立专家组和科研机构在美国青少年体质健康乃至国民体质健康管理中发挥着重要作用。美国有众多的青少年体育的独立研究机构，这些机构有着较高的权威性和独立性，以保证青少年体质健康和体育教育领域研究结果的客观科学。体质测评专家和机构在学生体质测试内容确定、项目设置、体力活动干预等方面，提供充分和科学的信息。位于达拉斯的库珀有氧运动中心正为美国成千上万的青少年的体力活动干预和促进工作提供服务，为家长和教师提供良好的参考和帮助。社会专家和组织开发的，囊括体育运动基本知识、学校体育课程设计、营养卫生等的体育健康教育课程正被越来越多的美国中小学校所采用。此外，专家和研究机构发布的青少年体育研究报告，在社会上引起了广泛重视，对学校体育课程设置、学生的体育锻炼和政府决策等产生了重要影响。

其次，充分依靠社区。美国社区有着悠久的体育传统，社区体育是解决工业化、城市化带来的种种心理问题的一个有效措施。经过多年的发展，美国社区体育中心设施完备、组织管理系统完善，美国几乎每个社区都有自己的社区体育中心。美国的社区体育中心一般由室内设施和室外设施组成。除了提供体育锻炼的场地和设施之外，社区还提供相应的训练指导服务。

再次，发挥社会组织的作用。美国有各种非营利性的俱乐部或组织为广大青少年提供系统的健康与体质、运动及能力测试等方面的服务，其中，童子军、青年基督教协会、男孩女孩俱乐部等组织是社区青少年体育活动的主要组织者。各种非营利性组织对青少年体育的发展及体育活动和竞赛的有效组织具有非常重要的作用。

第四，家庭的积极参与。美国的家庭为美国青少年参加各种体育比赛提供了重要的支持和保障。为了让孩子体验运动的乐趣，培养竞争意识，美国的许多家长都热衷于体育，并鼓励孩子积极加入各类青少年体育俱乐部和运动队。家长除了给子女购买参加体育运动所需的装备和器具之外，还到现场为子女加油助威或者陪子女一起参加体育锻炼。一项对美国家庭所做的全国性调查发现，有40%的家长经常与他们的孩子一起参加体育运动，还有35%的家长说他们偶尔这么做。此外，美国还有部分家长本身就在社区体育俱乐部中扮演了教练员、裁判、组织者、志愿者等角色。

## 二、澳大利亚的青少年体育

由于经济的高速发展、得天独厚的自然环境与气候条件，澳大利亚的群众体育运动的普及程度相当高，体育运动已经成为澳大利亚人生活中不可或缺的一部分。

### （一）主要形式

第一种是学校体育。澳大利亚没有全国统一的中小学体育教学大纲，学校的体育健康课由学校教师选择教材、内容、课时、进度等。小学、初中的体育课多采用玩的形式，让学生通过玩耍对体育产生兴趣，由兴趣培养爱好，由爱好发展特长。高中阶段，11—12年级的学生除必修的体育课外，还可选择额外的体育课程为选修课，这门体育课程可作为高考的考查科目之一，其高考的分值与数学、物理、化学等我们认为的主科分值是一样的。澳大利亚高校体育院系入学录取分数排列第三，仅次于医科院系、法律院系的。体育院系的毕业生主要担任体育教师、社区体育俱乐部健身教练及运动队教练。

第二种是俱乐部体育。体育运动在澳大利亚有着相当深厚的群众基础，澳大利亚有各类体育俱乐部3.5万个，涵盖140多个运动项目。为了鼓励广大青少年积极参加体育锻炼，澳大利亚体委推出了"活跃课外社区"体育活动计划：有3162个学校、课外活动中心、俱乐部将免费为190000余名学生介绍各式有趣、免费和安全的体育运动和锻炼方式；免费提供体育锻炼的场地和运动指导。政府还将为这些学校或俱乐部提供4350万澳元的资助，用于器材的添置及维护。澳大利亚大部分青少年参加了俱乐部不同年龄段的体育训练，运动成绩突出者则会加入学校运动队，继而接受更高水平的专业训练。

### （二）澳大利亚青少年体育发展的因素分析

第一，政府倡导积极的生活方式。澳大利亚青少年体育普及度高的一个主要原因就是政府部门长期致力于倡导积极的生活方式。针对日益增长的青少年肥胖问题（2—17 岁青少年中，有 21% 的男生和 23% 的女生处于超重或肥胖水平），为了鼓励广大青少年积极参与体育锻炼，澳大利亚卫生与老龄部制定了《5—18 岁青少年体育推荐建议》，其中包括参与体育锻炼的好处，适合青少年参与的体育锻炼的项目，如何避免久坐、合理膳食等内容，鼓励青少年积极参加体育锻炼。在各种措施的引导和推动下，大部分澳大利亚青少年保持着积极的生活方式。澳大利亚国家统计局公布的统计结果显示，5—14 岁的青少年中有 63.5% 积极参加学校、俱乐部或学会组织的体育活动，其中，9—11 岁年龄段的青少年参与体育锻炼的比例最高。

第二，完善的场地设施。为了满足民众从事体育活动的需要，澳大利亚各级政府将体育场地设施建设列为重要议程。值得一提的是，澳大利亚体育场地设施的建设更多的是注重实用性和多功能性，鼓励各地区的相互合作，避免体育设施的重复建设。通过各级政府和社会集资等方式，澳大利亚建设了大量适合群众锻炼的体育娱乐场地。

## 三、国外青少年体育发展对我国的启示

仔细分析美国和澳大利亚等的青少年体育快速发展的原因及特点，不难发现我国与这些国家在青少年体育发展理念、发展方式和管理措施方面存有很大差异。因此，我们应从以下几个方面充分借鉴国外先进经验，建构具有中国特色、满足社会需求、富有成效的青少年体育发展体系。

### （一）发挥政府部门的主导作用

我国青少年体育的发展与普及，发挥政府的主导作用是关键一环。为此，我国各级体育和教育行政部门要高度重视青少年体质健康管理工作，加强领导，加大资金和设备的投入力度，并采取切实有效的措施推动青少年体育活动深入开展，确保青少年体质得到明显增强，培养青少年的体育爱好和兴趣，为高水平运动队伍输送优秀后备人才。

### （二）加强青少年体育立法工作

我国的体育法律法规应该促进竞技体育、群众体育和学校体育均衡发展。一方面，我们应加大群众体育和学校体育法律法规的立法力度，为群众体育活

动，尤其是青少年学生体育活动的开展提供法律保障和支持；另一方面，我们可通过税收优惠政策等鼓励组织、企业等积极创办各种青少年训练俱乐部或者训练班。

### （三）深化学校体育教育改革

在"高考指挥棒"和"择校制度"下，我国学生大多都以牺牲体育课程来换取"高分"过关入学。部分学校存在片面追求升学率和"重智育、轻体育"的倾向，学生课业负担过重，部分年级学生休息和锻炼时间严重不足。所以，我国青少年体育发展的关键环节就是改革学校体育教育。一方面，各地应贯彻落实国家关于学校体育的政策，坚持不懈地推动青少年体育的发展。开齐、开足体育课程，确保各年级体育课程不被随意挤占；切实推动青少年阳光体育运动的开展，确保青少年的体育参与和体力活动总量达到相关标准。另一方面，我们应提高学校体育教育的质量，培养学生的体育参与兴趣，想方设法增加学生校内外体育活动时间，确保学生每天具有必需的体育锻炼时间，激发学生积极参与体育活动的热情，从而实现增强体质、促进健康的目的。

### （四）加强宣传引导

我们要进一步加强宣传工作，促进学校育人观念的转变。我们应引导学生和家长树立不拘一格出人才的成才观念，避免学生的课余时间被各种各样的学习班和培训班侵占，鼓励学生积极参加体育锻炼、培养体育爱好和兴趣。

### （五）完善社区体育场地设施

一方面，我们要提高现有社区体育场地设施的利用率，免费或以较低的价格向青少年开放，同时，政府部门对管理场地设施所需的费用等予以相应补偿；另一方面，政府部门应加大对社区体育场地设施的投入力度，继续通过体彩公益金、企业投资等方式建设实用体育场地，使广大青少年和社区居民有条件进行体育锻炼。

# 第二章　我国青少年体育教育发展探索

## 第一节　我国青少年体育教育的现状及功能

### 一、我国青少年体育教育的现状

我国传统的体育教育模式具有基本的教育标准以及与其相对应的比较统一的课程设置和教学要求，能保证大多数地区的教学质量，但同时又显得呆板，缺乏多样性和灵活性，影响学生生动、活泼、主动地发展，不利于创新人才、个性人才的培养。

当前体育课程突出学科教学，课程内容陈旧，普遍存在着"难、繁、偏、旧"的现象，青少年学习缺乏积极性。长期以来，我国中小学体育实践教学，讲究多而全、深而难。学生从小学开始一直重复枯燥的内容，自己感兴趣的内容则很少涉及，在课堂教学内容的组织上，多以教学目标为焦点对教学内容进行搭配，却很少以学生的兴趣为出发点进行搭配。从理论上讲，这样的教学模式有利于学生的"全面发展"，但从实际来看，由于难以充分调动学生参与运动的积极性，其教学效果不言而喻。由此可以看出，这样的教学模式难以适应新时期体育与健康课程教学的需要，不能体现新时期体育教育的教学理念。

自从出现了体育教育活动，体育教师所承担的工作绝大多数属于传习性的，无论是科学的、理性的内容，还是技术性的内容。因此，体育教师的工作常与秉承、传递、重复、体力等概念相联系。教师，尤其是体育教师被认为主要是按部就班地进行重复性劳动。这也是体育教师长期以来地位不高甚至被社会一部分人看不起的主要根源。

## 二、我国青少年体育教育的功能

功能指的是功效、作用，它是某一事物在环境中所能发挥的作用和具有的能力。体育教育的功能则指的是体育教育在一定的环境和条件下对人和社会所能够发挥的作用。研究青少年体育教育的功能可以使人们更好地认识体育教育，理解体育教育的功效和作用，从而充分地发挥体育教育的功能，使其为人的全面发展服务。随着现代体育教育的不断发展，体育教育的功能也在不断地扩展和放大。体育教育作为一个复杂的系统，具有很广泛的功能。根据形式逻辑学原理，这里将体育教育的功能划分为本质功能和一般功能两类。

### （一）体育教育的本质功能

在体育教育过程中，人体不仅直接参与一定的体育活动，并且承受一定的生理负荷，这充分体现了体育教育的特殊性，决定了体育教育的本质功能。因此，锻炼学生的身体，增强学生的体质，不仅是体育教育的特殊功能，也是体育教育的本质功能，是其他教育所不具备的。

有意识、有计划地组织和引导学生练习、锻炼和训练的体育教育，能增进学生对锻炼身体的必要性的认识，同时学生通过掌握科学的锻炼身体的方法，并到实践中去锻炼和训练，从而获得健康的体魄，终身受益。体育教育的健身功能主要表现在以下几个方面。

第一，促进大脑清醒、思维敏捷。进行体育锻炼，可以改善大脑供血、供氧情况，可以促进大脑皮层兴奋性增强，使大脑保持清醒；可以使抑制加深，兴奋和抑制更加集中，神经过程的均衡性和灵活性加强，从而对体外刺激的反应更加迅速、准确；大脑分析综合能力加强，整个大脑的工作能力增强。

第二，促进身体的正常生长发育，提高骨骼与肌肉的发展水平。体育运动能够促进人体新陈代谢，加速细胞的繁殖，引起细胞间质的增加，从而使人体的器官、系统结构产生适应性变化和技能的改善。对于处于生长发育关键时期的青少年来讲，接受体育教育和参加体育运动能促使其骨骼快速生长，使其骨骼变粗、骨密质增厚，骨骼抗弯、抗折、抗压的能力增强，这对于青少年塑造标准人体形态和促进内脏器官的发育都有着十分重要的意义。

第三，提高人体的机能水平。体育活动能使人体内的能量消耗增加，代谢产物增加，新陈代谢旺盛，血液循环加速，从而使血液循环系统、呼吸系统、消化系统、排泄系统的功能都得到改善，如经常进行体育活动能使心脏产生运动性肥大，心肌增厚、心壁增厚、心容积增大。在功能上，体育活动能使心肌的每搏输出血量增加而心搏频率减小，出现"节省化"现象。肺的功能也会因体育运动而得到提高，如肺活量增大，呼吸深度加深。

第四，提高人体对环境的适应能力。体育活动能增强人体的免疫力，提高人体对疾病的抵抗能力，还能提高人体适应现代生活的能力。体育锻炼能改善人的机体，提高人的适应能力，特别是对青少年学生来说，他们身体的可塑性大，这种提高就更为明显。

第五，调节人的心理，促进人心理健康。从事体育运动，能使人的心情舒畅，精神愉快，调节人的某些不良情绪。特别是在市场经济条件下，激烈的、有时甚至是残酷的社会竞争和现代社会的快节奏、高效率，很容易使人产生焦虑、不安、抑郁、烦躁、自卑、妄想等心理。因此，及时排遣不良情绪，对身心健康是十分必要的。从事自己感兴趣的体育活动，本质上是一种玩乐，是人的返璞归真，是人的本性的抒发，可以使人找到儿时的感觉，调节人的情绪。体育教育能有效地增强学生的体质，促进学生的身体健康，对促进青少年的全面发展有不可或缺的作用。

### （二）体育教育的一般功能

随着社会的发展以及我国体育教育事业的发展，人们已经不再单一地以生物观看待体育教育的功能，生物—心理—社会的多维体育观已经逐步被体育教育界所接受。体育教育的多重功能也被逐步地认识和开发。

#### 1.教养功能

教养指的是使受教育者掌握一定的科学概念和规律，并有相应的实践能力，包括知识、技能和技巧。体育教育的教养功能表现为，通过体育教育学生学习一定的体育、卫生保健等方面的知识、技术和技能，掌握"三基"，学会科学锻炼身体的一些方法。在这个意义上，体育对学生的智力发展有一定的促进作用，而且体育教育本身就是一种智力活动。体育教育不是单纯的身体活动教育，我们必须在体育教育过程中对学生进行体育基础知识、卫生保健知识等方面的教育。

体育教育的教养功能的另一个表现是对体育文化的传递。体育文化不仅包括体育基础知识、卫生保健知识，科学锻炼的方法和技能，还包括体育精神、体育思想、体育价值观等。体育教育能够使学生掌握一定的体育方法和技能，不仅可以使学生能够自主地参加体育锻炼，还可以丰富学生的课外生活和校园的文化活动，可以为学生营造一种健康向上的人文氛围和环境，对学生的成长具有重要的意义。在体育教育过程中，体育文化被一代代传递、延续和继承。同时，体育教育对于体育文化的创新与发展也具有同样重要的作用。

## 2. 德育功能

"德育"的全称是思想品德教育，它是教育者按照一定的社会要求和受教育者的个体需要及身心发展的特点和规律，有目的、有计划、有系统地给受教育者施加影响，并通过受教育者积极主动的内化和外化，促进其养成一定的思想品德的教育活动。体育活动具有对参加者和参观者进行共产主义思想品德教育的巨大潜力，体育运动已成为新时期对学生进行思想品德教育的良好载体，这就是"寓思想品德教育于身体活动之中"。作为教育的一种特殊形式，体育教育的过程同时也是影响学生思想道德品质的过程，这是不以人的意志为转移的客观规律。

体育运动本身就是一个有章可循的社会活动，它对学生遵守社会公德和生活准则具有很好的强化作用。体育运动是一个特殊的社会活动，它不仅能够增强人的体质，还能够为人创建新的人际关系。在这一过程中，人们易于树立良好的道德品质观念。当前，我国的现代化建设正处于关键时期，要培养具有中国特色的社会主义现代化建设人才，要造就一大批有理想、有道德、有文化、有纪律并能面向现代化、面向世界、面向新世纪的一代新人，就必须牢牢地把握体育教育的德育功能，使学生在人生观、爱国主义思想、集体主义思想、高尚品质和良好情操等方面受到良好的教育。

## 3. 美育功能

现代心理学认为，人的心理结构由认识、伦理、审美这三大部分组成。从人的身心发展来看，教育目标中"五育"的结构，可以分为心理发展（德、智、美）和生理发展（体、劳）两部分。前者为精神前提，后者则是物质基础。"五育"目标是相辅相成的有机复合体，各种功能若因偏颇而失衡的话，将会影响整体功能的发挥。所以，美育是培养全面发展人才的一个不可缺少的环节。它与智育、德育、体育和劳动教育是互相联系、互相依存、互相促进，相辅相成的。

学校要塑造全面发展的人，审美教育（简称美育）是不可或缺的部分，而体育教育又与美育相互联系、交叉重叠，体育教育中渗透着大量的美育因素。实际上，体育教育中的美育，不仅有它自身独特的教育手段，还有其独特的教育功能。学生在体育教学和体育活动中可以感受和意识到三方面的美的现象。第一，身体美是体育自然美的表现，人的身体生长发育是依美的规律进行的，它表现出身体、线条、姿态的造型美，筋骨、肌肉、肤色的肌体美和生命活力的生气美。人体美历来就是无数艺术家"代代耕耘美的沃土，美的矿源"。第二，从运动角度我们可以感受和意识到形态美、跃动美、韵律美、和谐美、敏捷美、柔韧美、力量美。体育中精湛的技巧与身体美、精神美交相辉映，有利于体育健儿形成完美的形象。技巧美包括动作协调、节奏明快、反应敏捷等。这些运动中的技术，把各种精湛的运动绘成动人的画卷，编成美妙的诗篇，如那飞驰旋转的滑冰运动员，翻转蹦跳的体操运动员，勇猛追逐的足球运动员，"横空出世"的跳伞运动员等。第三，从精神角度我们可以感受到体育的精神美，以及体育运动放出的光和热。由于体育运动有进取、竞争、对抗、承担负荷、战胜艰难困苦和经受胜败考验等特点，因此它有利于人们获得追求优胜、追求祖国荣誉的理想美，勇敢顽强，坚毅果断，不畏艰难，不怕牺牲，不屈不挠，胜不骄、败不馁的意志美和体验爱国主义、国际主义的情感美。更重要的是，运动者在运动中可以在身体和精神上得到满足和充实，享受体育之美。事实上，体育中的身体美、运动中的各种美的现象以及精神美是相辅相成的，不论是参加者，还是观赏者，他们都能获得精神上的调节。体育运动能使人身心愉悦，能够陶冶人的性情，使人进入审美的境界。人的审美意识不是天生的，而是人们后天参加体育运动的结果，这正是体育审美教育的独特功能之所在。

4. 心理品质教育功能

体育"足以调感情"，又"足以强意志"。也就是说，在体育运动中包含着情感、意志的教育。意志是自觉地确定目标，并努力克服困难，以实现预定目标的心理活动。良好的意志品质是良好的心理素质的要素之一。然而，良好的意志品质不是天生就有的，而是在后天的教育过程中逐渐形成的。培养学生良好的意志品质，有利于增强他们克服困难、战胜困难的信心，并有助于他们提高学习成绩，促进他们全面发展。体育教育便是培养学生坚强意志力的最好途径。

5. 人文精神教育功能

人文精神是人类为争取自身的生存、发展和自由，以真善美的价值理想为核心，而不断追求自身解放的一种自觉文化精神。它是人类社会发展的强大精神支柱。因此，在我们的教育中，人文精神的教育是重要方面。在 21 世纪的今天，人文精神教育已显得尤为重要。

体育自诞生以来就与人文精神有着密不可分的关系，人文精神是体育发展的思想基础，是体育运动的精神内涵，是体育教育的生命线，它决定着体育的产生与发展。同时体育也是人文精神的形象体现。体育是一种形象，是人体活动直接创造的形象，在这一点上，体育与舞蹈是相似的。但体育的形象不仅是生物性形象，它还生动地展示着人文精神。总的来说，体育源于人文精神，又反过来推动人文精神的发展。

学校教育的知识体系以科学技术层面的知识为主，科学技术知识占据了极大的比重。受这种现象的影响，长期以来体育教育也不自觉地偏向技术层面的知识，如体育技术知识和技能、运动生物科学知识等。而体育人文科学类的知识，如体育理想、体育价值、体育艺术、体育审美、体育心理等方面的知识所占比重较小。的确，就体育运动而言，最有特异性的知识就是人体运动技术以及有关的游戏规则，其他所有与之相关的知识都是由其本体知识的发展而扩张的。最先和运动技术结合的当属人体生物科学的有关原理，从而派生出运动生理学、运动解剖学、运动生物力学、运动医学等学科。在学校体育教育中，运动技术和运动生物科学的教育固然重要，但是必须明确，体育运动的发展，真正起推动作用的并不是运动技术本身，而是在运动技术后面的人文精神因素。

因此，学校体育教育必须切实加强人文精神的教育，充分发挥其人文精神教育的功能。只有通过不断的学习、不断理解和不断发扬，我们国家人文精神才能被继承，我国的体育才能更好更快地发展。

### 6. 促进个体社会化

个体社会化即人的社会化。社会化是一个人学习他所属的社会中的人们必须掌握的生活技能、行为规范和价值体系，以取得社会生活适应性的过程。社会化指的是由生物人变成社会人的过程。社会化也是个体趋同、融入群体的过程。

在人的社会化过程中，体育教育有着非常重要的作用，无论是作为内容还是作为手段，体育运动都是不可或缺的。体育课堂存在着特殊的社会组织、社会角色、社会活动和特定的社会规范。因此，师生、生生间在课堂社会中会发生各种行为，如控制与自控、对抗与磋商、竞争与合作等，而学生从中体验着服从、竞争、合作、展示、成功、失败等，逐步经历着社会适应的过程，并在不断学习、调适的个体社会化过程中提高自身适应社会的能力。

### 7. 完善学生个性发展

不同的学科对于个性有不同的理解，所以要给个性下一个确切的定义就显得异常困难。从心理学角度讲，个性通常指个人所具有的比较稳定的、有一定倾向性的特征的总和，包括能力、性格、动机、兴趣、意志、情绪等。从哲学的角度讲，个性就是人的个体性，就是人和他人的不同特征，包括生理、心理和社会的特征的总和。根据刘文霞对个性的研究可知，所谓人的个性是个体在一定的社会关系中，形成的生理特征、心理特征和社会特征，以独特的方式有机结合而使个体具有的独特社会性。简而言之，人的个性就是个体独特的社会性。

完善学生的个性发展，就是要尊重学生的差异性、独立性和自主性。个性有健康和不健康之分，教育所提倡发展的是学生的健康个性。健康的个性不是天生的，它需要教育的引导、培植和塑造。参与体育运动本身就是一种个性的展示，在知识经济社会，青少年尤其需要独具特色的个性。体育运动恰恰为教师和学生提供了一个轻松和健康的舞台。作为个性教育的体育教育，一方面在尊重学生个体差异性的基础上，要通过精心设计的各种活动去塑造学生的个性；另一方面还要为学生提供一定自主运动的时间和空间，使他们有可能充分发挥自己的独立性和自主性，在无拘无束的自主环境中磨炼个性。

体育教育的本质功能反映了体育教育的本质属性和特征，而体育教育的一般功能则反映了体育教育与其他教育活动所共有的功能属性。本质功能和一般功能的关系，反映了矛盾的普遍性和矛盾的特殊性，也是个性和共性的关系。体育教育的本质功能和一般功能并不是孤立存在的，它们是相辅相成的，既相互联系又相互促进，共同完成体育教育对学生的培养作用。多维体育观的确立为学校教育的发展和人才培养指明方向并提出更高的要求，作为学校教育工作的重要组成部分，体育教育更应与时俱进，充分发挥体育的多重功能，为培养高素质全面发展的合格人才做出应有的贡献。

# 第二节　我国青少年体育教育创新路径

## 一、发展体育教育的游戏精神——青少年人本回归的有效途径

体育运动是一种以肢体的形式蕴含着某种精神自由的"游戏"。所以，运动的主体不是运动者或观赏者，也不是体育比赛的结果，而是运动者和观赏者共同玩味的"某种东西"。这"某种东西"就是体育运动的意义。运动者和观赏者只有认真、严肃地投入这种"意义"中，体育运动才得以展示自身的魅力，人才能进入本真的游戏状态，即"物我两忘"的审美状态，运动文化之美才得以展现。

### （一）游戏精神的解读

荷兰历史学家赫伊津哈认为："游戏竞赛，作为一种社交活动，比文化本身还要古老……我们不能不得出这样的结论，即处于最初阶段的文明是被游戏出来的。它不像婴儿从子宫脱离出来那样从游戏中产生出来，而是在游戏中作为游戏产生出来并永远不脱离游戏的。"游戏所表露出的愉悦、自由、规则、体验、和谐让游戏充满了魅力。

#### 1. 愉悦

愉悦是游戏的原初品质。赫伊津哈认为："游戏的基调是狂喜与热情，并且是与那种场景相协调的神圣或喜庆式的。一种兴奋和紧张的感觉伴随着行动，随之而来的是欢乐与轻松。"他认为游戏的愉悦，可以抵制所有的分析、所有的逻辑解剖，游戏的愉悦是来自多方面的。嘎兹曼认为："人们喜欢游戏主要的原因是它的精神色彩和浪漫主义。"弗洛伊德说过，人的活动主要受"快乐原则"的驱使，游戏能最大限度地满足人快乐本能的需求。游戏是自主自愿的活动，它不受理性的约束和外力的控制，它能使游戏者能动地创造和驾驭活动的对象。游戏的不确定性，使人期待和紧张。游戏目标的自定，游戏的手段重于过程，使人不担心游戏以外的奖惩，能够在最轻松、最自由的状态下全身心地投入。游戏能使人的感官获得快乐，让人获得生理和心理上的快感。

#### 2. 自由

赫伊津哈认为："只有当'心灵'的巨流冲破了宇宙的绝对专制主义时，游戏才能够变成可能，变得可以考虑和理解。"沛西·能认为："自由和游戏显然是一对双生姊妹。"游戏的自主自愿，对自己精神和行为的自由支配，使游戏者达到了极度超脱的状态。没有自由，就没有游戏。康德在论证艺术和游戏的关系时就认为，艺术的精髓在于自由，而自由也是游戏的灵魂，正是自由，使艺术与游戏连在了一起。他说："艺术甚至也和手艺不同；前者叫作自由艺术，后者可以叫作雇用的艺术。我们把前者看作好像它只能作为游戏，即一种本身就使人快适的事情而得出合乎目的的结果（或成功）；而后者却是这样的，它能够作为劳动，即一种本身并不快适（很辛苦）而只是通过它的结果（如报酬）吸引人的事情，因而强制性地加于人。"所以，他认为游戏是"活动的自由和生命力的通畅"。席勒也将游戏理解为与"自由活动"同义而与"强迫"相对立的概念。

在中国，庄子在他的著名篇章《逍遥游》里，用极富散文色彩的笔调，阐明了他自由的哲学思想。庄子认为，"游"是最好的生存方式，只有"逍遥"

才能达到"游"。"逍遥"就是"逍遥于天地之间而心意自得"。在庄子看来，人应该追求一种绝对的精神自由，自由自在才是人生存的理想境界，而一切依靠客观条件的自由（有待）都不是真正的自由，只有绝对地离开条件的限制（无所待），才是真正的绝对自由，而常人达不到逍遥游，因为人有所依赖，有所追求，把功名利禄看得太重，所以"若夫乘天地之正，而御六气之辩，以游无穷者，彼且恶乎待哉？故曰：至人无己，神人无功，圣人无名"。即要做到"无待"，必须做到"无己""无功""无名"。庄子"逍遥游"的思想，对我国的游戏观影响很大。

### 3. 规则

游戏的自由，并不意味着游戏可以随心所欲、毫无限制。游戏活动能顺利进行，表明游戏活动隐含着规则，规则是自由的保证。赫伊津哈就说过："所有的游戏都有其规则。它创造秩序，它就是秩序。它把一种暂时而有限的完美代入不完善的世界和混乱的生活当中。游戏要求的秩序完全超然，哪怕有微小的偏离都会'败兴'，剥去游戏的特点并使之无趣乏味。"他说："触犯或无视规则的选手是破坏游戏的人。"维特根斯坦同样强调语言游戏要遵守规则。维特根斯坦对规则非常重视，他认为，语言里唯一和自然必要性关联的东西是一样任意的规则。这种任意的规则是我们能从这种自然必要性中抽出来注入一个句子的唯一的东西。利奥塔通过语言来考察后现代的知识状况时也强调，科学知识是一种有自己规则的游戏，他认为维特根斯坦的语言游戏，是通过研究话语的作用而找到的各种陈述，这些陈述都应该能用一些规则来确定，所以利奥塔也非常看重游戏的规则，他说"没有规则便没有游戏"。

游戏有内隐的规则和外显的规则。内隐的规则指的是隐含在游戏之中由游戏活动本身所规定的规则，这种规则约束游戏者不能按自己的直接冲动去行动，而是按游戏的需要去行动。维特根斯坦就此曾说过，游戏规则不一定有明确并详细的规定，人们可以在语言游戏中学习规则，甚至可以盲目地遵守规则。他还说："让我们来想一下都在哪些情况下我们会说一个游戏是根据一个特定的规则进行的！规则可以是教人玩游戏的一种辅助。学习者被告知规则，练习应用这个规则。或者它是游戏本身的一种工具。或者规则既不用于教人，也不用于游戏自身，而且不列在一张规则表上。我们可以通过看别人玩一种游戏学会它，但我们说，这个游戏是按照某些规则进行的，因为旁观者能够从实际进行着的游戏中看出这些规则，就像游戏所服从的一项自然法则。"

外显的规则指的是为了游戏活动的顺利进行，在游戏开始前由游戏者规定的规则，其特点是可以直接感知。自由和规则在游戏中并不矛盾。因为游戏和规则是游戏者共同协商，在共同理解的基础上制定的，因此，游戏的规则是游戏者自愿接受、自觉遵循的一种内部自我限定，其用于协调和评判游戏行为，使游戏能够公正、顺利地进行。因此，从某种意义上说，这种外显的规则是易变的，它可以随时随游戏活动的需要修订和改正，这种游戏规则处于不断地生成之中。维特根斯坦就说过，语言游戏的规则是易变的，"我们称之为'符号''词语''句子'的，所有这些都有无数种不同的用法。这种多样性绝不是什么固定的东西，一旦给定就一成不变；新的语言类型、新的语言游戏，会产生出来，而另一些则会变得陈旧，被人遗忘"。

4. 体验

游戏活动的展开，就必然有对游戏活动的亲历和体验。游戏虽然是假想和虚构的，但是游戏者在游戏中获得的体验却是真实的。在游戏中，游戏者把自己交付给游戏，与游戏世界不可分割地融合在一起。曾有学者做过游戏性体验的研究。美国心理学家西克森特米哈伊就发现，人在游戏时有一种独特的体验，他用"Flow"来描述。Flow 有"流动、涌动、飘拂"的意思。他发现人在从事自己喜欢的工作时，能够非常投入和专注，能够爆发出惊人的创造力，能从工作本身得到极大的满足。他认为，这种体验和人本主义心理学家马斯洛的"高峰体验"非常相似。马斯洛在对多名研究对象进行访谈和对大量的宗教、艺术等相关论述进行研究之后，发现几乎所有的自我实现者都会经历一种神秘的体验，这种体验可能是瞬间产生的、压倒一切的敬畏情绪，也可能是专注在那一刻，自我、现实的一切都远远地遁去了，变为转瞬即逝的极度强烈的幸福感，甚至是欣喜若狂、如痴如醉、欢乐至极的感觉。

游戏性体验是沉醉性体验。西克森特米哈伊认为："游戏性体验首先是思想都被当前的活动占据了，活动就是目的，目的与手段是一致的，无矛盾和冲突。"马斯洛也认为："在高峰体验时，个人最有身临其境的感觉。他能摆脱过去和未来，全神贯注于体验。"赫伊津哈也说过，游戏"带有一种专注"，人至少一时完全抛开了"只是"之类的感觉困扰。还有学者认为："人们在游戏中趋向一种最悠闲的境界，在这种境界中，人们甚至连身体都摆脱了世俗的负担，而和着舞蹈的节拍轻松摇动。"这是一种情不自禁被卷入被吸引、专心致志、物我两忘的心理状态，是一种愉快至极的体验，是一种狂喜、一种随心所欲。

游戏性体验是超越性体验。西克森特米哈伊认为，人在体验时，能够"灵感进发、思如泉涌……对自己的能力更有自信，感觉到自己完全有力量去影响别的事物，能够驾驭和控制活动的进程"。雨果·拉内也认为："游戏有其自身的魅力，它使人扮演着另一种完全不同的角色，是对未来的'预先占有'，是对那些令人烦忧的现实世界的一种超越，参与者将解除所有的顾虑，使自己成为自由和有主宰世界能力的人。"马斯洛则认为，人在高峰体验时，比在其他时候感觉更整合，感觉自己处在能力的顶峰，能够最好地和最完善地运用自己的全部潜能，比任何时候更聪明、更敏感、更有才智，更强大或更优美，更负责、更主动、更有创造性，更能自我承认、自爱、自尊、获得价值感，更接近真正的自我，更能获得对宇宙万物的存在的认知，领悟事物的存在价值，获得与自我实现者相吻合的人格特征。

5. 和谐

游戏是一种内在手段和内在目的相统一的活动，它是一种人通过自身的力量促进人自身健康的发展的活动。在现实活动中，人不可不被无法把握的外在力量和生命的有限性所主宰，表现为一种受制约的为他活动。而在游戏中，人通过赋予游戏主宰权，把自我交付给游戏，而这种主宰又是游戏者能自我把握的"被主宰"。因此，游戏自身有重要的价值。虽然游戏不直接产生社会财富，但游戏使人摆脱束缚，使人得到自由，获得生命愉悦和满足。伽达默尔就认为，游戏是在往返重复中更新自身的活动。他说："诚属游戏的活动绝没有一个使它中止的目的，而只是在不断地重复中更新自己。往返重复运动对于游戏的本质规定来说是如此明显，以致谁或什么东西进行这种运动倒是无关紧要的。……游戏就是这种往返重复运动的进行。"他还认为，游戏的主体是游戏本身。按照日常的理解，没有游戏者就没有游戏，人应该是游戏的主体。伽达默尔认为，"一切游戏活动都是一种被游戏过程。游戏的魅力，游戏所表现的迷惑力，正在于游戏超越游戏者而成为主宰。……游戏的真正主体并不是游戏者，而是游戏本身。游戏就是具有魅力吸引游戏者的东西，就是使游戏者卷入游戏中的东西，就是束缚游戏者于游戏中的东西"。

因此，游戏活动是人的生理、心理、社会性等身心要素全部卷入其中的活动，是满足人身心发展多种需要的活动。单就心理因素而言，游戏是一种复合性的心理活动，即使是最简单的游戏，也包含了多种心理成分。游戏活动是使人身心和谐发展的活动。赫伊津哈用描述美的术语描绘游戏，认为游戏是"紧张、均衡、平稳、对峙、跌宕、冲突、解决"的，是"'沉醉的''痴迷的'，被赋予了我们在事物中所能觉察的最高贵的品质：韵律与谐和"。

总之，游戏是生命的一种存在状态，是身心达到无拘无束的一种自由状态。游戏指向生命个体，每个人都可以依照自己的特点、喜好，从事着不同的游戏；具备了游戏心态的生命个体，任何时刻都可以将任何活动变成游戏；没有了外在的功利追求，为游戏而游戏，体验到的只是游戏之趣；游戏人是幸福的，因为他（她）超越了外在的物质追求，超越了琐事的羁绊，游戏心境也是对自身的一种超越。

## （二）青少年对教育中游戏精神的呼唤

在现代社会发展的进程中，理性至上的价值取向逐渐成为人们思维和行动的准绳，导致生命的完整性日益缺失。人类以拥有理性为荣，并依靠理性征服了自然和其本身。理性被人们所推崇，这一现象已渗透到学校教育的过程之中，学生鲜活的生命沦为理性科学的附庸。

### 1. "现代性"的社会背景

自古以来，人们为了生存，就必须从自身的立场出发，把外界的自然作为认识和征服的对象，那时人与自然是相互对立的对象性的关系，主客二分的思维方式就成了生存的需要。早在古希腊时期，理性主义的思想就已经得到了人们的重视，苏格拉底就曾批评过感觉经验的局限性，强调理性的普适性；柏拉图更是以具有理性智慧的哲学家为荣，确定了主体理性的永恒价值，认为绝对不变的"共相"才是不变的真理，从而开创了西方主客体独立分化的理性至上的文化传统；亚里士多德认为人是理性的动物，并且认为"发展整个的人性舍去发展理性则无它途"。到了近现代，笛卡儿的"我思故我在"奠定了主客二分的思想基础，成为理性主义哲学的标志性命题，再经过康德的"理性为自然和道德立法"，最终到黑格尔的绝对理性，至此，人们构建了一个思想结构完整、逻辑体系严密的理性系统，人依靠理性不仅征服了自然，也征服了自身，显示出人巨大的力量。然而在理性发展的同时，实证主义也开始泛滥，取代了形而上学的思维方式，开始渗透到生活的各个领域。实证主义的特征就是客观符合论思维，拒斥以关注人的精神生活、生存意义为特征的形而上学，认为凡是不能由感性的经验验证或否定的，就把它看作无意义的不予承认，凡是能由感性经验证实或否定的，就把它看作有意义的予以承认，这就导致了客观事物的"祛魅化"，人没有了诗意，没有了信仰，也就没有了理想，人生活在严格的因果关系之中，生活在简单的科学公式中。

随着科技的发展，理性又与技术缠绕，形成一种以技术理性、工具理性为主导的文化理念。技术知识逐渐从掌握自然力量转变为掌握社会生活，并渗透到生活的方方面面。技术理性追求的唯一目标就是效率和利益，人只是一个原子，负责生产中的某个具体工作，任何人都无法对整个生产进行完整的了解，于是整个世界弥漫着个人的无用感，因而无幸福可言。人的生存意义越来越模糊，甚至根本不在人的思考范围内，因此就有"人死了"的说法。人对神的敬仰转变为对金钱的崇拜，人把自己的爱和热情全部转移到权力、金钱上，若一个人被权力的欲望所驱使，那么他再也不会从人的丰富性和无限性中去体验自己，而是成了一个片面奋斗的奴隶，这种奋斗被投射到外部的目标上，他完全被这一目标"占有"，不是人占有了权力和金钱，而是相反，金钱操纵、控制了人的思想和行为，人的全部创造物高于人并控制着人，人变成了依赖于自身以外力量的无能之"物"，并把自己的生活意义投射到这个"物"上。此时，理性已经窄化为工具理性、技术理性而取代人性，导致生命的完整性日益丧失，对信仰和价值的迷茫。

2. 教育的科学化、技术化

我们知道，从古希腊三杰开始，人们一直在不断地挖掘人的理性，并以理性的拥有而自豪。人类在依靠理性征服自然、战胜自然并创造了巨大物质财富的同时，也促进了科学的发展。科学、技术与理性三者的组合主宰着科学世界和生活世界。科学技术理性一直是真理的代言，理性的思维方式也被加以推崇。教育的科学化、技术化体现为教育目标的操作化、教育过程的程式化、教育内容的科学化、教育手段的技术化、教育评价的量化。

（1）教育目标的操作化

任何教育都有一定的教育目的，这个目的可能是杜威所说的教育内部的目的，也可能是教育之外的目的，无论哪种教育目的都需要具体化和细化为教育目标来实现。在现实的教育过程中，在教育目的转化为一系列可操作的学期教育目标、某专题的教育目标、课时教育目标的同时，丰富的具有个性化的创造过程简化为纯粹的技术化的工作，出现僵化教条的倾向。例如，教育目标一般包括知识目标、能力目标和情感态度价值观目标，在知识目标方面，往往明确规定好掌握几个生字，每个生字掌握到什么程度；能力本来是一个不可以具体量测的抽象概念，可是在教育目标中也现实地转化为具体可见的行为；情感态度价值观目标更是如此。这些僵化的可操作化的教育目标忽视了对教育价值的思考，忽视了具体的教育情境对教育活动的要求，这样的教育只能是固定教学模式的展开，没有变化和创新，培养出来的学生也是千人一面。可操作化的教育目标对于老师来说无疑是最简单的、最容易实现的，但教师没有充分展现其个性的机会和自由，从事这样的教育工作很少有成就感和幸福感；同时可操作化的教育目标排斥目标的生成性，与游戏的自组织和开放性格格不入，教育目标的操作性从源头上扼杀了教育的游戏精神。

（2）教育过程的程式化

教育目标的操作化反映在教育活动中就是教育过程的程式化，每一个教育目标都对应着一个教育任务和相应的教育活动。教师严格按照复习、导入、上课练习、巩固、运用这几个步骤进行，而不敢越雷池半步。师生在这样的教育过程中体验不到自由和幸福，师生双方丧失了主体性，教育成了"目中无人"的机械性活动，也就没有了个性和生机。学校犹如工厂，教室犹如车间，师生千人一面。马克思曾非常深刻地说过这样一句话："一窝蜜蜂实质上只是一只蜜蜂，它们都生产同一种东西。"如果整个国家的个体都具有高度的雷同性，那是极其可怕和危险的事情。实际上，学生在教育过程中所经历的、所感悟的、所体验的和所获得的本应该远远超越了有限的、可操作化的教育目标的，而这些本身就应该在我们的教育目标之内，是教育过程复杂性和丰富性的生动显现，也就是说，即使制定了可操作性的教育目标，但是能在教育活动中灵活地把握，实现师生平等地交往互动，创建完整的教育情境，也可以让学生获得丰富的体验和感受。程式化的教育过程犹如一架被肢解的机器，虽然各部分仍旧完好，但其已经失去了运转的动力和合力。

（3）教育内容的科学化

教育内容规定了培养出的人才的知识结构和规格，而内容的选定受知识观的影响，不同的知识观就会有不同的教育内容。在教育过程中教育内容的选择主要受理性主义知识观和经验主义知识观的影响，持有这些观点的人认为知识一经形成就是终极的真理，就是对客观事物绝对准确的反映。教育内容的科学化表现在：知识的性质一定要是独立于个人价值、情感、意见、常识等之外的客观实在，是纯粹经验和理智的产物，能够正确地反映事物的本质属性或事物与事物之间的本质联系，具有可检验性、可证实性、非人格性、公共可传达性、普遍可证实性和普遍可接纳性。因此，科学化、系统化、形式化的科学知识是主要的教育内容，公认的真理、公式、命题和概念受到推崇。知识呈现形式的科学化，即教材的编排主要按照知识自身的逻辑结构和内在顺序进行，远离学生生活，教材所使用的语言也是正规的学术用语，排斥学生的生活用语。答案的标准化、程式化、确定性、唯一性强化了教育内容的科学化。在课程结构方面，重学科课程轻活动课程，重必修课程轻选修课程，重国家课程轻校本课程，重认知性课程轻情感课程，这些都体现了教育内容的科学化，缺少人文性和游戏精神。

（4）教育手段的技术化

在以多媒体、网络和通信技术为核心的信息技术迅猛发展的今天，多媒体课件在教学中的使用受到前所未有的重视。较之传统课堂，多媒体课件教学具备许多的教育功能，成为当今重要的不可或缺的教育手段。它可以提供大量的信息资源，学生可以方便地获取很多信息；它生动形象，画面逼真，给学生提供一些感性材料，加深学生的感性认识；它创设问题情境，激发学生的学习兴趣，引导学生积极思考。多媒体课件可以替代教师呈现动态的板书，构建一些虚拟的环境，提供操作实践机会。教学课件的使用给教学带来了很多的方便，但它的使用也存在着很多的不利。并非无论对于什么时间、空间、对象、教育内容来说，课件使用越多越好，课件的使用是有其自身的要求的。我们要明确使用多媒体课件的目的是什么，明确多媒体课件是课堂教学的装饰，还是服务于一定的教育目的，若是后者的话，还要具体考虑是为了创设情境、呈现板书还是为了创造虚拟环境，要视不同的情况采用不同的多媒体形式。课件中各种媒体信息不能偏离具体的学习目标而滥用，更不能背离学习目标或者与学习目标相去甚远。可是在现实的教育过程中，一些教师使用教学课件只是为了装饰教学，是为了使用教学课件而使用。各种文本、图形、图像、声音、动画、视频交替使用，使学生眼花缭乱、手忙脚乱。这除了给学生带来视觉的新鲜、音乐的快感之外，也没给学生留下什么。很多课件都设计得很详细周密，生动形象，效果逼真，教育步骤环环相扣，导致很多教师感到困惑和迷乱，也就是说教学课件取代教师而成为课堂的主导，教学课件已经全面异化。教育活动应该是师生之间、生生之间的交往活动，是"人对人的主体间灵肉交流活动"，单纯的人机互动根本不是真正的教育活动。

在传统的教育过程中，教师的一个眼神、一个微笑、一个不经意间的动作都会对学生产生意想不到的教育效果，而网络、多媒体的使用大大减少了教师与学生之间面对面的有益互动，减少了学生之间的纯自然的沟通和交流。教学课件的开发大都是商业运作的结果，商业运作的背后是金钱和利益的角逐，不具教育性和科学性的课件比比皆是，这些影响了学生的发展。

（5）教育评价的量化

教育评价具有对教育结果及成因进行分析诊断的功能，对教育过程进行监督和控制的功能。根据什么标准对学生进行什么方式的评价，以及评价的内容，应反映教育的价值取向。学生是完整的存在，是有差异的独特存在，这是人之为人的显著特征，因此我们不能用同一个标准来评价学生的发展。莱斯成为教育测验的创始人之后，教育评价的量化常常被认为是教育评价甚至是教育科学发展的标志，极少受到大胆的质疑。不可否认，实施量化的教育评价效率较高，而且能够高效度地检测学生对知识的掌握和应用水平。但我们也应该看到，单纯地量化评价，根本不能对学生做全面的检测，尤其是在能力和情感态度价值观方面。量化的教育评价在很大程度上导致了教育中游戏精神的缺失。一方面，课堂中进行游戏不利于学生快速有效地获得系统的学科知识，同时在游戏中，学生各个方面获得的发展又是量化标准无法衡量的；另一方面，教育中自由、合作、体验、对话、非功利的游戏精神只能用质化的评价标准来检测，不能一刀切地用量化的数字进行简单化处理。

教育的科学化、技术化在本质上排斥游戏精神。科学崇尚的是绝对的实在性、客观性、清晰性，技术崇尚的是准确无误、效率至上，这些与物质利益密切相关，是导向功利主义的根源。而游戏是上天赋予我们的礼物，它神奇而具有不确定性、冒险性，重过程、重游戏者是参与者的亲身体验，游戏者的参与使游戏的结果朝多方面发展成为可能，因此在以科学化、技术化为主导的教育过程中，教育是不会接纳游戏或游戏精神的。游戏是超验的，有了游戏精神的教育才可能是充满人性的、主体性充分彰显的过程。

总之，教育不仅是科学活动，同时也应是艺术活动、语言活动。按照伽达默尔的"艺术本身就是一种游戏"，维特根斯坦、利奥塔等的"语言游戏"观点来看，教育本身就是一种游戏，不仅应该体现游戏的精神，也应该采用游戏的形式鼓励学生积极参与、平等竞争、遵守游戏的规则，成为合格的游戏人。其实人生何尝不是一场游戏，人的一生中扮演着各种角色，并且被生活游戏卷入其中，而且是那样的沉醉入迷、疲于奔命，但每个人都清楚地知道，游戏终归要结束，生命必然要谢幕。

然而，随着教育条件的改善，教育和游戏的差别已经越来越小了。很多国家已经意识到教育的重要性，愿意投入较多资金办好教育；社会科学的发展，使得我们更加关注个体的人，关注人性；渗透着自由、愉悦、体验、和谐的游戏精神成为时下学生发自心灵深处的呼唤。教育过程中，给孩子更多的自由，更加关注孩子天性的充分发挥，让孩子"学会学习、学会生活、学会做事、学会生存"已公认成为21世纪培养人才的"四大支柱"。在学习过程，让学生的手脑从束缚中解放出来，学生可以自主操作、动手实践、大胆质疑，同时应使他们可以与教师平等地沟通、对话，这在一定程度上加深了学生对学校的认同感和归属感，学校也将成为学生生活的乐园、智慧的摇篮、灵感的发动机。

## （三）体育教育中游戏精神的解构

体育源于人类的生产和生活实践。原始人类在采集、狩猎等劳动之余，将实践中体验到的一些技能（如走、跑、跳、投、攀爬等）用于娱乐及交流，通过肢体动作展现丰收的喜悦并向神灵祈福，这类原始体育活动就是游戏。本然的体育就是一种人们在闲暇时间里的娱乐形式，它不带有强迫性，也没有什么功利目的。

体育教育是在教育中引入体育活动的有机形式，是为培养"游戏人"服务的。"游戏人"是赫伊津哈提出的概念，他认为文明是以游戏的形式存在和发展的，人生活在文化中，离不开特定阶段的文明，因此人就是"游戏人"。他的"游戏人"所指涉的对象是所有人。从这个意义理解，不是游戏为体育知识、技术服务，而是体育知识、技术为游戏服务。"游戏人"是生命的一种境界。我国学者石中英对"游戏人"的特征进行了形象的描述：人人都喜爱游戏，人人都生活在游戏之中，人人都是"游戏"者，人人只有在游戏中才能"成为"和"看到"他们自己，才能避免司空见惯的"异化"危险。这是对游戏中生命的一种向往，游戏中的生命是自由的、自足的、完整意义上的生命。体育教育所培养的"游戏人"特指那种具有游戏精神的生命完整的自由人、具有体验精神的人以及遵守规则的人。

### 1. 生命完整的自由人

生命完整的自由人包括自然生命的完整和精神生命的自由，这两者是构成"游戏人"的必要内容。自由是实现精神自由的前提条件，精神自由是对自然生命的提升。一个现实的具体的人首先是具有肉体生命的，自然的生理性肉体生命是人存在的载体和精神的寓所，是最基本的生命尺度。"游戏人"就应该具有强壮的身体、健康的体魄、积极向上的心态，只有这样，他们才能滋生出自由的精神和意识。反之，脆弱的肉体繁衍出的只能是畸形的"精神怪胎"。自然生命属于生理的范畴，更多地遵循生物发展规律，而不是教育发展规律。

因此，以发展人为己任的体育教育从遵循学生的天性，守护好大自然赋予人类的自然生命的要旨出发，最大化其塑造"游戏人"的价值。"自然"自己所作为的比我们指导它去作为的不但好得多，而且精确得多。身心的养护，指的是体育教育要保护学生身心不受伤害，不需要变革学生的发展方向，只需要不违背学生的发展规律，为学生生命的自然成熟创造良好的环境。然而我们发现现实当中的学生身体状况令人担忧，由于应试教育的步步紧逼，疲劳战、题海战术的推进，学生缺乏较为充分、就近的体育锻炼场地、器械、设施，缺乏足够的体育锻炼时间，再加上部分领导重成绩、轻体质的态度，因此学生身体透支、过度劳累的情况普遍存在。调查显示：我国青少年体质健康状况呈现连续下降的趋势。同时，由于钢筋水泥式的建筑阻碍了学生的视线，也割断了学生与外界的交往，学生在封闭的巢穴中也封闭了自己的心灵。学生活动的空间正在逐步缩小，这样一来，学生正常的休闲活动、课余时间很多都在虚拟的空间中度过，社会上林林总总的游戏机室、网吧使得本来就缺乏游戏、娱乐空间的孩子们无所适从，一不留神他们就会陷入辐射、磁场的包围之中。学生在现实的体育活动时，能够全身心地投入，这不仅可以发展学生的身体，同时可以发展学生的智力和交往能力，换言之，是全方位的发展。而网络游戏对于学生身体的发展毫无益处，反而成为学生与外界交往的屏障，致使他们的身体素质不断下降。

精神自由的人，指的是追求真善美具有完美的内在品格的人，是"游戏人"的典型特点。精神自由的人有着严谨的科学精神和科学态度，有着实事求是的治学精神，拥有崇高的理想、执着的信念、丰盈的内心世界、丰富的情感世界，有着与人沟通、对话、理解、合作的意识，同时也拥有一颗善良的心和一双善于发现美的眼睛。这种人具有人格和精神的独立性，不受外界的影响和诱惑，不随波逐流，有自己的为人处事的方法和原则，是独立自主的精神实体。联合国教科文组织国际21世纪教育委员会也提出，教育应当促进每个人的全面发展，即身心、智力、敏感性、审美意识、个人责任感、精神价值等方面的发展；应该使每个人能够借助于青年时代所受的教育，形成一种独立自主的、富有批判精神的思想意识，以及培养自己的判断能力，以便由他自己确定在人生的各种情况下他应该做的事情。精神自由包括主动精神和创新精神，这是体育教育的目标之一。在体育教育过程中，我们应注重让学生主动地学习，使得学生自己发现问题，形成强烈的问题意识，然后有探索知识的欲望和积极性，能够利用自己拥有的资源进行不断的探索。主动精神也包括主动承担责任的精神，遇到问题时学生应能够主动地站出来承担责任，而不是畏首畏尾、退缩不前。权利与责任、义务是相对的、相连的，有权利就必须承担责任，每个人都要求获得权利，但同时也要主动地分担责任和义务。体育教育过程中，主要以个体或群体的亲身参与为主，培养学生个体的分工协作精神，克服和消解学生以自我为中心的行为，这恰恰是主动合作精神的培养。创新精神在体育教育过程中同样存在，就是要培养学生在掌握体育运动知识和技能的基础上，能够将其渗透到其他学科领域，从而提出新观点、新思路，而不是被已有的条条框框所束缚。

### 2. 具有体验精神的人

"游戏人"具有体验精神，能够对生活保持深度入迷。体验精神是一种非功利的精神，能够使人对活动过程产生持久的兴趣，而不特别关注外在的结果，把结果当作活动的副产品。那种有功利思想的人往往因为过分关注外在的结果而忽视了活动本身的价值和美，从而就没有深刻的体验。在体育教学过程中，教师通过引导使学生对学习过程产生兴趣，对知识产生向往，并用生动的教育情境和灵活的教育方法，使得教学过程生动有趣，吸引学生的注意力，使学生在积极主动的学习氛围中完成学习任务，从而实现塑造学生完美人格的目的。值得注意的是，体育教育中，在对学生进行评价时，应更多地关心学习过程，更少地关心学习结果，更多地关心学生的人格发展，注重引导学生进行体育锻炼与体育审美。

另外，学生如果对学习本身产生了持久兴趣，就能够沉浸在知识之中，能够体验到逻辑的严谨之美，语言的意义丰富之美，音乐的节奏律动之美，绘画的线条流畅之美，体格的健壮有力之美。能体验到活动本身内在意义和韵味的人，一定是内在精神生活丰富的人，这样其就会反过来激起学生的学习兴趣，使学生产生良好的学习效果，不仅是知识方面，还有能力、态度和价值观方面。

体育教育过程有超越精神，能够暂时超越现实的物质生活，把一切与体育活动本身无关的内容搁置起来，使学生能够全心全意地投身到体育活动过程之中。这使得学生在学习过程中产生超越精神，其实很简单，因为学生的目的性、功利性原本就很弱，是成人的不断强化才致使其产生的。只要教学过程本身能吸引学生的注意力，那么学生的学习就能与他的精神生活相连。

### 3. 遵守规则的人

游戏是有内在规则的，个体不能轻易地更改，不遵守游戏就是破坏活动，因此游戏人要自觉地遵守规则。赫伊津哈曾非常重视游戏的规则秩序。他认为游戏的一个重要特征就是"它创造秩序，它就是秩序"。游戏对秩序的要求是绝对的、最高的，对秩序的最微小的偏离都会"破坏游戏"，都会剥夺它的特性使之失去价值。保罗·瓦莱里曾经说过："凡在涉及游戏规则的地方，不可能有怀疑主义的余地，因为包含在这些规则中的原则是一种不可动摇的真理。"维特根斯坦把语言活动类比为一种游戏，其目的之一就是强调语言活动是一种有规则的游戏，游戏的规则不是逻辑的规则，逻辑的规则是规整的、严密的，而且用法常常是唯一的、固定不变的。语言的规则和游戏的规则具有相同的特点——不确定性和可变性。其实对于任何活动来说，虽然规则的特点不同，但都有属于自己的规则，参与的人必须懂得规则并自觉遵守规则。在当今时代能够崭露头角的人，一定是懂得制定规则、遵守规则的人。在体育教育的过程中，有针对不同运动项目而制定的，目的在于让学生更好地从事体育活动的规则。在参与体育活动的过程中，学生学会遵守规则与协作，并潜移默化地获得自觉遵守规则的意识和能力。此外，学生是体育活动的主体，其可以根据现实的情况和自身的需求，由自己订立适合自己的各类体育规则，旨在体验体育运动的乐趣，感受自我精神的回归。

### （四）体育教育中游戏精神的建构

体育教育追求的目标是通过创造一种游戏情境，引导学生进入一种游戏状态。教与学的过程中，师生达到"自由、自愿、自足、平等、合作、投入和忘我"的境界，游戏精神渗透体育课程教学的始终，进入这种境界的生命是自由的、幸福的，是超越功利的。

#### 1.强调对人生命的关怀

传统教学把知识追求作为最高目标，使"人"在教学中失落，充满游戏性的体育教学强调人是游戏和教学的契合点、人是教学的逻辑起点，强调教学是提升人生命意义和价值的活动，强调教学是对人生命的关怀。

生命是人之根本，人以生命的方式存在。狄尔泰就曾经说过，在精神的世界里，生命的表达应该限制在人的世界范围之内。体育教育源于生命，止于生命。体育教学的过程不能是"无人"的教学，不能仅仅是知识的教学，体育教育对学生生命的关怀是其天职，是教育的本义。我国著名学者叶澜曾经说过："教育是直面人的生命，通过人的生命，为了人的生命质量的提高而进行的社会活动，是以人为本的社会中最体现生命关怀的一种事业。"

关怀是一种积极的态度和行为，它包含期待、责任和引领。生命需要关怀，生命需要体育教育主动而自觉地关怀。体育教育对生命的关怀主要表现在以下几个方面。

（1）体育教育是对生命整体性的关怀

这就意味着体育教育不再以认知为唯一目标，它必须关注学生的情感、态度和价值观，关注人的理性和非理性，关注人的认知和非认知，既要看到人是自然的生理生命，是能与外界进行能量交换，能进行新陈代谢的生物体，又要看到人是精神性的存在，他要超越动物的本能，进行认知、情感等方面的追求，还要看到人是社会性的存在，他生活在一定的社会关系中，要和其他的人发生联系。

（2）体育教育是对生命独特性的关怀

这就意味着体育教育不应该强求完全趋同、整齐划一。它要求我们看到每个生命都是独特的个体，每个个体都具有不可重复性、不可置换性，每个年龄阶段的个体都有典型的年龄特征。它要求我们不能以成人的标准来要求学生，要尊重学生的个体思维、倾听学生的声音、尊重学生的自由情感。体育教育是对学生生命意义的关注和引领。生命的存在与意义的追求密不可分，人就应该自觉地探求生命的意义。

（3）体育教育应该关注师生的生命

体育教育不仅是师生共同参与的活动，更是师生生命意义得到体现的途径。体育教育要帮助学生认识生命的可贵性：人的生命是有限的，人只有一次生命，生命是宝贵的财富。体育教育要使学生认识生命、敬畏生命、关注生命、热爱生命。体育教育要使学生认识生命的可能性：虽然人的生命有限，但人的生命永远处于不断的生成、完善中。体育教育要努力达成学生向善的可能性，要引领学生思考生命和生活的意义，要唤起学生的生命意识，引导学生探求生命的目的性，使学生明白人为什么活着、生命为什么存在，使学生能直面命运的挑战，提高生存的层次。体育教育要帮助学生实现生命的超越性：生命的超越性反映了生命与生俱来的能量与活力，体育教育要帮助学生开发潜能，促使学生获得积极的体验，使学生获得生命的快乐感，使学生心灵完整、情感满足、个性发展。

## 2. 强调体育教育的愉悦性

体育教育是给学生带来愉悦性体验的一种活动。对于教师而言，体育教育不仅仅是奉献，对于学生而言，体育教育也绝不仅仅是"苦学"，它能使师生从中得到幸福快乐的感受和体验。古今中外很多教育家都对教学的愉悦性进行过分析和论述。例如，孔子提倡乐教思想的根本原因，就是想通过乐教使人感受人生的乐趣；梁启超强调趣味就是教学目的，教师应该具有职业的乐趣；李吉林的情境教学就是要把教学变成有趣的活动，愉快教育就是强调要给学生愉悦情绪的体验；福禄贝尔对游戏与教学结合使学生内心获得愉快、自由和满足进行论证；杜威认为教学过程就是激趣的过程；等等。这些都说明体育教育的愉悦既是一种实然存在，也是一种应然存在。首先，体育教育的愉悦性来自体育教育本身的享受价值属性。雅斯贝尔斯说过："教育是极其严肃的伟大事业，通过培养不断地将新的一代带入人类优秀文化精神之中，让他们在完整的精神世界中生活、工作和交往。"体育教育是一种精神生活，是"为我性"和"我为性"的统一。"为我性"指的是体育教育作为目的性的存在，是教师和学生自我实现，自我发展的过程。"我为性"指的是体育教育作为手段性的存在，是促进学生发展的重要手段。体育教育活动作为教师和学生主要的活动，其过程是师生通过体育教育不断地创造和表现自己的过程，是师生不断地获得情感愉悦、生命意义和自我价值不断实现的过程，因此体育教育本身就是要满足师生自由成长要求的活动。

其次，体育教育的愉悦性来自教学中师生双方共同的成长。体育教育是师生双方共同组成的活动，师生的业缘关系，使师生在教学过程中密不可分，使体育教育成为师生共同成长的活动。总体来看，体育教育是师生共享、共识、共进的活动。它是师生相互交流、相互沟通、相互启发，分享彼此的思考，交流彼此的感情，共同体验、共同创造、共享幸福的活动。它是师生双方为了生命的完善，提升生命意义和价值的生命活动，是师生共同见证成长的活动。从学生来看，体育教育无疑使学生的身心得到充分自由的发展。对教师而言，体育教育不仅仅是为了生存，也不仅仅是为了知识的传递，体育教育过程中师生心灵碰撞、精神相通，体育教育是教师自我价值实现的过程。教师在给予的同时也在收获，"他在体验着双倍的幸福：他为学生所付出的积极情感使学生体验到快乐，而学生给予他的回报也让他感受着绵延的快乐；他不仅在体育教育活动中享受着学生进步带给他的幸福，而且他也在教育活动中感受着自我发展带来的幸福。同时，他也在收获三重快乐：学生的健康成长使他意识到自己生命的延续，家长与社会的感谢使他看到自己生活的价值，品德灵魂的净化使他永葆未泯的童心"。

再次，体育教育的愉悦来自师生对真善美的追求活动。追求真善美，是体育教育的本质属性，也是人的本能追求。体育教育既体现真善美，又追求真善美。体育教育的"真"，表现为教学内容的科学性、教学工作的规律性；体育教育的"善"，表现为教学内容的思想性、教学工作的教育性；体育教育的"美"，表现为教学内容和形式的美、教育过程生成的美。体育教育内容的真，使学生亲身参与体育活动的过程中，体验到自身存在的价值，亲历个体进步的过程。体育教育中教师对动作的示范讲解和对运动项目起源与发展的梳理，使学生有豁然开朗的顿悟，有成功的体验，有发现的快乐。体育教育不仅是教师参与教学活动的过程，还是教师专业成长的过程；不仅是学生学习知识的过程，还是学生感悟生活的过程。它充满着人文关怀和生命情趣。充满游戏性的体育教育，能使人自我发展、自我生成、自我超越、自我升华。

3. 强调自由和规则的统一

自由是人的本性，它是人类生命本质全面实现的最高境界，是人类的最高理想。体育教育是促进学生成长和发展的活动，体育教育应该是自由地教育的过程。

自由的含义非常广，它不但是一种社会权利，还是一种情感状态。自由的核心是"自主"，它指的是免于束缚、限制或强制，能够按照自己的意愿去行事。

体育教育自由指的是师生教学活动的自主自愿性，即教师和学生在体育教育过程中能够进行自己希望进行的教学活动。追求自由的教育，是古今中外教育家的理想。在西方，亚里士多德最早提出自由教育的思想。他认为，自由教育就是要按照人的兴趣和需要培养人自由能力的教育。雅斯贝尔斯也提倡自由教育，他把自由看成人的天性，认为人不仅是现存的生命，在其发展过程中，人还有意志自由，能够主宰自己的行为，能够按自己的愿望塑造自己。体育教育自由是人自由天性的需求，体育教育是促进学生发展的活动，就应该建立在活动主体自由自觉的基础上，使学生能够自由自觉地思考、分析和选择。因此，体育教育自由能激发师生对教学的兴趣，使他们产生内在的动机，体验到体育教育的内在价值，使教学不再成为沉重的负担，而是一种充满愉悦的活动。体育教育自由也是教育活动本身的需求。体育教育活动的复杂性，决定了教育活动没有固定和统一的模式，必须给予教育一定的自由。因此，体育教育应避免强制性地灌输，在处理好自由和规则的基础上，最大限度地给予教师和学生自由。

体育教育的自由可以表现在很多方面。例如，自主选择的自由：教师有自主选择和使用合适体育项目的自由，有选择和使用合适教学方法的自由；学生有自主选择学习内容的自由。交流的自由：师生具有相互启发、相互沟通、进行对话式交流的自由。目前，尊重学习者的自由越来越受到人们的重视。《学会生存》就呼唤，我们应使学习者成为教育活动的中心，随着他的成熟程度的不断提高允许他有越来越大的自由，由他自己决定他要学习什么，他要如何学习以及在什么地方学习与受训。这应成为一条原则。即使学习者对教材和方法必须承担某些教育学上的和社会文化上的义务，这种教材和方法仍应更多地根据自由选择、学习者的心理倾向和学习者的内在动力来确定。

但是，体育教育的自由并不意味着教师和学生可以随心所欲。教学的自由是有规则的，只有正确处理自由和规则的关系，才能真正地做到体育教育自由。

自由和规则是教学的一体两面，二者缺一不可。自由并不排斥或否认任何的纪律和限制，自由并不等于放任。体育教育是有目的、有意识、有组织的活动，教学不同于学习，教学必须由师生双方共同参与，进行文化的传承，因此，教学这一概念本身就蕴含着一定的强制性。课堂作为"制度化场所"，它必须对体育教育的自由有内在和外在的规定。例如，教师在教学时，不能压抑学生的思想自由和言论自由，应引导学生进行理性的探索等。对学生而言，学习必须要有纪律的限制。纪律作为规则的手段，应建立在学生自觉自愿的基础上，纪律不仅能保障学生学习的自由，更能够促进学生学习的自由。因此，体育教育并非仅仅是轻松和自由，它还必须遵循经制度化和合法化后形成的一定的规则。

### 4. 强调对生活的连接和超越

生活指的是生物为生存和发展而进行的各种生命活动。生活与人密切相关，在生活之中，人既是一个现实性的存在，又是一个可能性的存在，生活是人生命的动态展开过程。体育教育作为提升学生生命价值，实现学生生命意义的活动，与生活密切相关。体育教育应该是关注生活，超越生活，引导学生从现实生活走向可能生活的动态生成过程。

（1）体育教育应与现实生活连接

现实生活是教学的源泉，是科学世界的根基，体育教育只有首先关注人的现实生活，才能使学生真正体验和理解人的生命意义和价值。因此，现实生活应该是体育教育的基础和前提，体育教育应与现实生活连接。具体而言，首先，体育教育应该关注学生的生存状态。体育教育本来是为了使学生过更有意义的生活而形成和发展的，然而，现实的一般性教学却远离了现实生活、远离了真实体验。体育教育应当赋予学生"生活"的意义，关注教育生活中学生的生存状态和生命意义，了解学生的生活感受，丰富学生的情感体验，充盈学生的生活经历，使学生幸福地生存。体育教育应该为学生提供适合其自由展示天性和个性的空间，使学生能够深刻地体会到人的价值和意义。其次，体育教育应该加强与社会生活的联系。体育教育是一种培养学生的社会实践活动，必须以现实生活为基础，加强与社会生活的联系，从而促进学生社会化的进程。体育教育要重视学生已有的生活经验，加强教学内容与学生生活、现代社会及科技发展的联系。体育教育不仅应为学生将来的生活做准备，还应当关注学生现在的生活。

（2）体育教育应是对现实生活的超越

体育教育来自现实生活、依托现实生活，但体育教育更需要超越现实生活。体育教育作为发展学生的活动，必然具备超越的特性。体育教育的超越性源自

人的超越性。学生作为可能性的存在，并不会满足于实然的存在状态，他们总是要超越所给定的状态而达到理想的状态。体育教育作为提升人生命意义和价值的活动，必须要引导学生以现实生活为基础，帮助学生实现从实然状态向应然状态的转化，使人学会感受生活、欣赏生活、享受生活，以实现生命的超越性。

（3）体育教育是在真实和虚拟相结合的教育情境中进行的游戏

杜威曾经说过，学校是一个特殊的社会环境，它具有三个重要功能："一是简化和安排具有发展倾向的许多因素；二是净化现有的社会习惯，并使其社会化；三是创造一个更加广阔和更加平衡的环境，使青少年不受原来环境的限制。"体育教育连接生活又超越生活，其生活场所具有特殊性，它的教学情境是真实性和虚拟性的统一，体育教育可以直接到社会生活中进行；另外，我们又要注意教学情境的仿真化创设，使体育教育能够在"仿真"的、具有虚拟性的情境中进行。

## 二、发展休闲体育——青少年发展的时代诉求

### （一）休闲时代到来，学生发展面临新的诉求

21世纪人类迎来前所未有的休闲时代，进入人的生存状态发生根本转变的新时期。从时间维度上看，科学技术的发展和生产力水平的提高将人类从繁忙的体力劳动中解放出来，使人们拥有了更多的闲暇时间，有了参与休闲活动的可能；从空间维度上看，人们生活范围的缩小，精神压力的增大，身体机能的退化，使人类有了自身发展的需求愿望，有了参与休闲活动的内在动力；从更广泛的社会背景来看，经济收入的增长、法律政策的完善等外部条件的丰实，也为人们参与休闲活动提供了保障。

1.休闲时代到来

（1）闲暇时间增多为人们休闲提供了可能条件

成思危认为，大约一万年前，人类进入农耕时代，当时人类只有10%的时间用于休闲；当工匠和手工业者出现时，人类有17%的时间用于休闲；到了蒸汽机时代，由于生产力水平提高，人类的休闲时间所占的比例增加到23%；20世纪90年代，电子化的动力机器提高了人们工作的速度，使得人们能将生活中41%的时间用于娱乐休闲。据此推断，人类进入21世纪，随着信息化和数字化时代的到来，科学技术和生产力水平得到了进一步的提高，因而人类将拥有比以往任何时候都多的休闲时间，这为人们参与各种休闲活动提供了必不可少的时间条件。

在我国一些发达城市，普通居民的闲暇时间已经达到了一些发达国家的发展水平，这使人们充分享受休闲时光变成了现实可能。同时，我们也应认识到，这种时间是宝贵的社会财富，它是生产力发展的结果，是劳动创造的结晶；它是满足人们日常生活需要，提高人们生活质量不可缺少的条件之一，是激发人们去创造新的社会财富的有效途径。

（2）经济收入增加为人们休闲提供了物质基础

"仓廪实而知礼节，衣食足而知荣辱"，因此仅有大量的自由时间还不足以使人类的休闲活动成为一种现实，还需要在物质生活方面有所改善。经济基础决定上层建筑，只有老百姓的基本物质生活得到提高，人们才有能力、有心思去享受崇高的精神生活，因而休闲活动必定是经济发展的产物。随着人类物质生活水平的提高，基本的生存问题得到解决后，人们就面临自身发展的问题，这时休闲活动自然就成为人们日常生活中的自觉活动而被开展起来。

根据马斯洛的需求层次理论可知，当人的低层次需求得到满足后，人必然会产生高层次的需求，也就是说，人类解决了吃、住、穿等基本问题后，便有了向高层次精神消费发展的需求。

随着居民收入的进一步增加，休闲消费水平也会不断提高，人们参与休闲活动的积极性会逐渐提高。因而经济收入的持续增加为人们参与休闲活动提供了重要的物质基础。

（3）自身需求增长为人们休闲提供了内在动力

现今社会，人们经常陷入生活的矛盾之中：人的日益社会化伴随着人的生活无聊化，人渴望友谊与情爱，却伴随着不断的恶性竞争和孤独。这些矛盾使传统的家庭与社会之间的纽带被切断，一种个人孤独而又怪异的生活方式在延长的闲暇中产生。个人生活的孤独感隔离了个人与现实世界的联系，使人处于一种失范的状态，社会上便可能产生赌博、吸毒、犯罪等危害社会的不良现象，这将使现代人陷入尴尬的境地。怎样才能摆脱困境？仅靠一种方式或途径显然不行，但积极的休闲活动是多种途径的一个有效方面。因为休闲活动作为一种满足和适应小康社会人们自身发展需求的新型活动方式，可以向人们提供社会规范教育的场所，以及实践社会规范的模拟机会，同时在人的社会化过程当中，它有利于培养现代人健康的竞争意识。

席勒说："只有当人充分是人的时候，他才游戏；只有当人游戏的时候，他才完全是人。"在高度集中的计划经济时代，人被视为"政治机器和经济组织的齿轮和工具"，因而休闲很难真正融入人们的日常生活。但随着中国社会的转型，人们开始了世俗化地变迁——人们期望过一种真实的、属于自己的生

活。在这一变迁过程中，凸显出大众对现实生活本身的幸福欲求，凸显出大众在休闲活动中的多元化、消遣化、娱乐化的倾向。这时，人们的生活观念发生了悄然变化——对自然界的改造逐渐转向对人类自身的改变，对生活的要求逐渐转变为对自我实现的需求。因此，现代人为满足生活需求，提高生活品位，协调生活节奏，丰富精神生活，积极参与到各种休闲活动中去。

（4）科学技术进步为人们休闲提供了发展源泉

现代形式的休闲是科学技术发展的产物。科学技术催生的巨大社会生产力为人们获得更多的休闲时间提供了物质生活保障，科学技术带来的现代科学管理手段为工时制度变革奠定了技术基础，科学技术带来的现代生活设施为人类休闲生活在一定范围内超越大自然的周期和节律提供了可靠的技术手段。科学技术的发展也推动了人类自身对休闲活动的需求。科学技术的发展使劳动者体力劳动减少，脑力劳动增多，人们的身体机能下降甚至退化；科学技术的发展加剧了人们之间的竞争，人们承受着前所未有的精神压力。在这样的社会背景下，人们在享受科学技术发展带来的诸多利益的同时，也需要在休闲时间里寻找能提高身体机能、缓解精神和生活压力的方法，各种休闲活动自然就成为人们追逐的主要方式。休闲作为一种社会文化现象，其价值、功能和作用正在被越来越多的人所认识，以愉悦、休憩、放松为主要目标，带有积极、自由的主观态度的休闲活动，已经进入了人们的日常生活，它是一种文明、健康、科学的休闲生活方式。休闲活动不仅可以促进人们身体健康、满足个体需求、端正人生态度，还可以充实人们的文化生活，提高人们的文化水准，改善人们的生活习惯，帮助人们树立正确的价值观、人生观和休闲观。

（5）法律政策完善为人们休闲提供了权利保障

休闲是每个人的权利。早在 1948 年联合国大会通过的《世界人权宣言》第二十四条就规定："人人有享有休息和闲暇的权利，包括工作时间有合理限制和定期给薪休假的权利。"我国宪法也明文规定："中华人民共和国劳动者有休息的权利"，"国家发展劳动者休息和休养的设施，规定职工的工作时间和休假制度"。由此看来，休闲不仅是现代的一种社会制度，也是神圣不可侵犯的人权的一部分。

青少年和儿童作为社会的公民，同样享有休闲的权利。1959 年 11 月 20 日联合国大会通过了《儿童权利宣言》，其中第七条规定："儿童应有游戏和娱乐的充分机会，应使游戏和娱乐达到与教育相同的目的；社会和公众事务当局应尽力设法使儿童得享此种权利。"同年在卡拉奇举行的亚洲地区义务教育会议上，制定了义务教育的四项目标，其中第三项就是"应给予儿童充分的机会，使其从事玩乐休闲，并视此为教育的目标"。由此看来，休闲是青少年和儿童的权利，学会休闲将成为现代教育的一个重要目标。近年来，我国制定的相关体育政策正朝着这一方向发展和变革。休闲作为人类的一项基本权利已经引起主管部门的重视，而体育运动作为人类的一项重要的休闲方式也得到了政府管理层的认可。

总之，无论承认与否，"休闲"这一既古老又现代的生活方式已经进入了大众的视野。它是社会发展的必然产物，是社会生产力提高的标志，是人类文明进步的标尺。它作为文明社会的重要文化现象，必须引起我们高度的重视。

2. 学生发展面临新的诉求

随着社会的发展，青少年的闲暇时间增加，休闲环境和休闲条件得到改善，休闲教育日趋重要。青少年每周有两天的休息时间，再加上寒暑假，每年有一半以上的时间在校外度过，如果加上每天回家后的一段时间，青少年的闲暇时间远远超过成年人的，这是十分惊人又容易忽略的现实。青少年正处于身心发展的关键时期，在此阶段他们所形成的世界观、价值观、人生观，以及身体基础培养和生活方式的习得必将对其未来人生的发展有重大和深远的影响。因此，青少年能否合理地驾驭闲暇时间，使休闲生活充实愉快、富有意义，使个性特长得以自由充分地发展，这是当前社会关注的焦点之一。

青少年期是学生人格形成和生活适应的关键期，在此阶段，他们的是非辨别能力和自制能力均很薄弱，易受周围环境的影响，急需要加以正确的引导教育。学生渴望休闲，但并非能够善用休闲时间，他们往往认为休闲就是吃喝玩乐，认为只要有休闲时间和金钱，就能够开展具有快乐感受的休闲活动。一些学生自制能力不够、择友不善、参与不正当活动，甚至走上犯罪的道路，因此，面临休闲时代，学生休闲教育势在必行，这是校园文化建设的需要，是提高学校整体效益的需要，是培养创新人才和保证社会安定、减少犯罪的需要，同时是学校实施素质教育的新领域，广大教育工作者和家长应给予高度重视。

此外，青少年的大部分休闲活动是在家庭和社会中度过的，家庭成员的文化修养、行为习惯，以及喜欢的娱乐方式和大众媒介都直接影响青少年的休闲生活。家长应提高认识，在休闲活动中给孩子一定的指导和帮助。同时，家长应养成健康的休闲生活方式，从而对孩子的发展起到示范和带动作用，正所谓"身教胜于言传"，家长应尽力创建健康、和谐、祥和的家庭文化氛围。我们应加强家校联系，初步形成以学校为核心、家庭为基础、社会为依托的三结合、多渠道、多功能的休闲活动网。

## （二）休闲体育探微

近年来，休闲体育作为时髦话语和时尚运动已经渗入社会的各个领域。当经济界人士关注这一现象的时候，人们会把休闲体育作为一种"绿色经济"的新形式加以挖掘；当社会学界的人士关注这一现象的时候，人们通常把休闲体育作为一种"社会安全阀"加以诠释；从教育学角度阐述这一话题的时候，我们应该把它理解为引导人们进行健康、科学、文明的生活方式。

体育运动是人类重要的休闲方式，被赋予了深刻的文化内涵和意义。马克思说："任何一种解放都是把人的世界和人的关系还给人自己。"因此，休闲体育的价值在于能够促进人的全面、自由、和谐的发展；休闲体育的意义在于使人的身心得到解放、获得自由，实现休闲活动与现实生活的紧密结合。

### 1.休闲体育本质解读

长期以来，受社会形态的影响，我们不是将休闲与工作截然对立起来，就是将生活的理想与生活的现实人为地割裂开来。其结果是休闲要么是可望而不可即的，要么在现实生活中变味或异化。改革开放以前，群众体育盛行，课间操、广播体操以及各种形式的体育活动，都打上了"单位"的印记，此时人们对体育的参与在某些层面上往往和政治表现挂钩，是政治觉悟的一种体现。改革开放以后，群众体育逐步走向了大众化，从原来的"让我参与"向"我要参与"方向发展，显现出主体自由自主的活动需求。群众体育的这种转型，使之与逐渐出现的"休闲"现象产生了某些共性，因此其与"休闲"的概念产生了"剪不断，理还乱"的混淆局面。社会体育的概念是在群众体育的概念基础上发展起来的，尽管有些学者认为群众体育和社会体育并非同一事物或者同一社会现象，社会体育也不是群众体育的替代词。但是，可能是人们习惯的原因，在实践中，人们经常会把这两个词同时使用。在休闲社会中，经济增长方式、人们生活方式、社会组织形式都将发生一定的变化，变化的内涵是更加突出人本思想。社会体育和休闲体育的区别如同终身教育和终身学习的关系一样，就像一枚硬币的两面不能截然分开，只是双方突显的主体不同。休闲体育更强调人的主体性，以及去参与体育享受体育，是从人的内心需求出发，最终成为人们生活方式的有机组成部分。

区别休闲体育和体育休闲，关键是我们以什么角度去理解休闲和体育的关系，也就是论休闲中的体育，还是谈体育中的休闲。休闲，是一种存在状态。体育，意在通过身体的活动促进人的全面发展，使人的生存更有意义。体育是在休闲中孕育而发展的，没有休闲也就没有今天丰富多彩的"体育世界"。更进一步讲，休闲是体育发展的肥沃土壤，是体育赖以发展的前提。所以，在休闲和体育的关系上去理解体育，应是休闲中的体育，而不是体育中的休闲。笔者认为"休闲体育"通俗理解，就是人类用来休闲的体育。体育不能简单地理解为一种手段、一种方法和一项内容，而是体现了人类的生存追求。

休闲体育作为个体的一种社会行动，是由特定的社会结构形塑而成的，休闲方式的演化体现出人的文化特性，进而也体现出特定社会民族性的发展与变迁，但这并不妨碍人们对休闲体育的本质进行规范性的抽象与概括。首先，休闲体育是人主动、自发的行为。这一本质特征将休闲活动与人的主观意向结合起来，它决定了主体对休闲体育的选择与在外界压力情况下的赶时髦存有根本的不同。其次，休闲体育体现了人类生命创造的本能与人类独特的个性。不同的人在相同的时空中从事形式相同的休闲体育活动时，可能产生极为不同的体验与感受，因而休闲的身体体验是独一无二的。最后，在休闲体育的生命体验和感悟中，人通过全身心地投入，领悟到主动选择的乐趣和人存在的价值与意义。休闲是对人生命意义的追求，是对人的全面生活的一种完善，而绝不是对人生的一种放纵，也绝不是对某个感觉器官的无休止地重复刺激。

### 2. 休闲体育的特征

休闲体育不同于一般意义上的体育，它与学校体育、竞技体育和身体锻炼有着明显不同，它具有娱乐健身、自愿参与、自主选择、强度适中、弱化规则、身心协同等特征。它与正规的体育运动也有着明显的区别。首先，这些体育活动都是人们自主选择并乐于参与的，所以在完成这些活动时，人们完全能够从中获得所期望的那种满足；其次，用于休闲的体育活动是为了满足人们各种不同需要而进行的，因而活动形式丰富多样，并且具有个性化的突出特点；最后，用作休闲的体育活动不需要被社会认可，也不要求形式同一，活动的方式和规则可以完全由活动者自行确定，因而，只要相互认同即可，不需要一定遵循某一组织正式颁布实施的统一法则。具体说来，休闲体育具有以下几个特点。

①可自由支配的休闲时间。人们拥有完成工作、满足生理需要、完成家务劳动所需时间以外的可自由支配的"闲时间"。

②非功利性。这一特征是与竞技体育的"争金夺银"相对而言的，休闲体育所表现出的是一种与世无争、悠然自得的放松及愉悦情怀。

③自主性。休闲体育是一种自愿参与，非他人强迫、有特殊目的的活动，所以不计较活动内容，无需强调休闲体育项目的唯一性，只要达到休闲的活动目的就可以了。

④身心活动两元性。休闲体育追求身心放松、恢复体力与精力，提倡身心合一、身心交融，身体参与的同时，更要求心理压力得到释放，获得愉悦感。

⑤身体参与性。休闲体育以身体参与为主要手段，没有身体的参与，何来"体"育？

⑥强度适中。恢复体力是休闲体育的目的之一。激烈的对抗、大量的出汗等都会导致身体疲劳，那不是休闲体育，休闲体育强调人们参与运动项目的强度要适中。

⑦规则游戏性。"淡化竞技、注重娱乐、意在身心"所表达的就是休闲体育的游戏性特征。

⑧娱乐性。休闲体育应能使人产生积极、愉快的亲身体验。这种体验能够促进人的身心健康发展，是休闲体育娱乐性特征的充分体现。

⑨实效性。人们参与休闲体育，对活动项目应该是有兴趣的、熟练的。因此，从锻炼效果来说休闲体育应是有实效性的，往往是个人兴趣越大、意识越强，身心收益也越大。

⑩社会性。在多人参与的休闲体育活动中，从个人意识的形成到活动过程各种信息系统的建立，无不渗透着广泛的社会学知识。特别在人际交往、关系协调等方面，休闲体育具有积极促进作用。

### 3. 休闲体育的精神性意蕴

休闲体育作为时下的研究热点，人们往往把它简单地理解为"钱"与"闲"简单相加的产物，在价值判断上人们也往往把它与放松、娱乐、健身等外在形式相联系，可能很少有人把它与人类的精神世界相联系。然而，从休闲体育的基本内涵来看，它主要包括两个方面：一方面是缓解脑力上的疲劳，使人获得生理上的平衡；另一方面是使人赢得精神上的自由，营造心灵上的快慰。因此，休闲体育给予人们的不仅是压力的转移、健康的身体、精力的恢复，更重要的是能使人们获得一种精神上的自由与身心的愉悦体验。

（1）作为人类生命自觉行为的休闲体育

作为人类生命自觉行为的休闲体育，经历了从生理体能的要求，到生存消费的需求，再到文化精神诉求的复杂过程，即实现了从物质需求满足后向精神需要的超越。它实际上体现了人的价值意识主导人的自身生命活动以及调节人的自身社会关系的过程。亚里士多德提出的"人本自由"命题本质上是对人的类本性的高度概括。在他看来，人是自己生存的主人而不是他人生存的工具。当人的活动或是劳动处于一种不自由的状态的时候，人就被异化了，从而也就不能表现出人的类本性。真正的休闲体育其实是一种精神上的身体体验——精神自由。这种自由是一种"生成"状态的自由，是摆脱各种贪欲后的轻松自在。

休闲体育在其形成和发展过程中，首先是以其强身健体的基础功能融入人们的生活。但随着休闲体育这种不拘形式、不限强度、自由自在的运动进入人们的生活，体育的文化功能以其奇妙的特异性和宏大的包容性成为人们生命和生活的重要组成部分。这种对生命的自觉既是对生命的关怀，也是对生命的一种享受；既是对生命意义的一种觉醒，也是对生命意义的一种探寻。所以它是一种内心之乐，是精神世界的愉悦与自由。通过身体活动的休闲形式，人们心中的爱和恨、悲与喜、期望与失望、激情与冷漠、兴奋与低沉等极端情绪得到宣泄或是转移。

这种自由不仅受个人内在价值的制约，也受社会文化价值的牵制。因而个体往往在外界的诸多诱惑下无意识地丧失了自由的内在本质，丢弃了自我的精神生活，从而使自由之境界远离了休闲，并引发了无数的困惑难题，这也许是卢梭悲叹"人生而是自由的，却无所不在枷锁之中"的真实含义所在。从某种意义上说，休闲体育就是人类紧张劳作后的休息，是压抑和束缚的解放，是摆脱贫乏与困窘的丰足，是摒弃狭隘与自我封闭后的开放。因此，休闲体育倡导的应该是一种精神自由，一种超越物质之上的文化修养、生活志趣、人生意义的"自由之旅"。

（2）休闲体育——人类本性的回归

玩是人的根本需要之一。这种"玩"是不需要考虑生活问题的，是摆脱生活琐碎事情之后的自然向往，它是人生旅程中"忙"与"闲"协调发展的平衡状态。赫伊津哈在其所著的《游戏的人》一书中，提示人们游戏作为文化的本质和意义对现代文明有着重要价值，人只有在游戏中才最自由、最本真、最具有创造力，游戏是一个阳光灿烂的世界。亚里士多德认为人类在休闲活动时，意识、精神和个性得到了开发。柏拉图说过，人有三个心愿，一是健康，二是通过诚实的劳动获得富裕的生活，三是看上去优雅美丽。其中最重要的就是健康。一个健康的心灵应该以理性来指导意志和驾驭欲望，在理性的驾驭下，表面上人是要失去一些自由，但实际上这只是情欲寻求满足的盲目冲动受到控制，整个心灵在理智的指引下达到了"从心所欲不逾矩"的真正自由状态。

这种"玩"出来的健康，才是人类在内心之爱催动下生成的自由自在的产物。我们相信，玩保龄球和打太极拳是不一样的，蹦极和打台球也是不一样的，登山和下棋又是不一样的。每个人都会从不同的休闲活动中寻找到不同的需求，充分展现不同自我。当我们到郊外远足，畅游湖海的时候，当我们张开双臂沐浴温暖的阳光，呼吸清新的空气，享受大自然所赋予我们的种种恩赐的时候，我们才能感觉到生活的美好和生命的意义；当我们选择某一种体育活动作为自己休闲时间的填充时，当我们亲自参与某一种活动时，那种闭塞的人际关系将得到改善，人与人之间的情感得到了交流，健康的体格和健全的人格得到了升华。任何一种渴求合作的愿望都体现了人对社会价值的认同。休闲体育已经远远地超越了一味追求物质利益的生活方式。休闲体育所倡导的走进自然、娱乐身心、放松心情、释放个性正是人本思想"回归自我"的最好阐释。

（3）休闲体育——美丽精神家园

毋庸讳言，休闲体育有促进人类身体健康、消除体力劳动的疲劳、恢复体力与精力等方面的功用，但更深刻的是它使人们在体育休闲中感受到精神上的慰藉，是人们精神世界的美丽家园。林语堂曾说："休闲生活并不是富有者和成功者独享的权利，而是一种宽怀心理的产物……这种心理是由一种达观的意识产生的。享受悠闲的生活是不需要金钱的，有钱的人也不一定能真正领略悠闲生活的乐趣，只有那些轻视钱财的人才真正懂得此种乐趣，他们必须有丰富的心灵，爱好简朴的生活，对于生财之道不放在心头。"尽管林老先生的休闲感言多了几分清高，也与市场经济条件下人们日益丰富的物质生活不相和谐，但从净化人的精神世界的角度去理解，我们又不难看出他对于休闲生活精辟的论断和阐释。

另外，休闲是人类追逐的理想化生活，它既不是外部因素作用的结果，也不是空闲时间和游手好闲的必然产物，它是一种精神状态，即人们用一种平和的态度去感受生命的快乐和价值。正如弗里特曼所说："娱乐将使人真正从劳动中解放出来。一方面，由于有更长的休息和恢复时间，劳动的辛苦会减弱；另一方面，娱乐应该作为对人遭受痛苦劳动的补偿而起作用。所谓补偿，指的是找回被劳动破坏的精神和生理平衡的可能性。"进一步说，人的能力在物质生产领域总是只能有限地发展，而在精神活动领域人的能力则能得到充分、自由、全面的发展。正所谓"以欣然之态做心爱之事"，自然情节的流露，才是人们潜意识里参与休闲体育的目的所在。

（4）休闲体育的现实追问

恩格斯把人的需要分为生存、享受和发展三个层次。生存是基础，发展是趋向，而享受则是人的自由体验。没有享受的生存不是理想的生存，甚至说不是真正意义上的生存。从这层意义上说，体育休闲的重要性就在于把人们从被动的劳动状态下与负有责任的其他活动中分离出来，达到完美生活的平衡。在休闲时间里，人们进行的体育活动不是为了改善生存条件的活动，也不是为了满足物质需要的活动，而是在"自由时间"里为了充分展示自我、张扬个性、享受生活的活动。它是人类生存的基础，是积极的生活方式，也是人们为今后的长足发展所做的必要准备。休闲的价值并不在于提供物质财富或实用工具与运动技术，而在于为人类构建生活的意义，是人类为了精神世界不被物质世界左右所做的抗争，是现实世界摆脱了"异化"的扭曲而呈现出的真实生活的写照。

由此看来，休闲体育提供的不是一条愤世嫉俗的现代意义上的逃避之路，而是一条回归之路，即返回到健康、平衡的天性上来，返回到一种崇高而和谐的状态上来。在这种状态中，每个人都会真正地成为自我并因此而变得"更好"和更幸福。正如休闲研究专家约翰·凯利所说："休闲应被理解为一种'成为人'的过程，是一个完成个人与社会发展任务的主要空间，是人的一生中一个持久的、重要的发展舞台。"进一步说，"成为人"就意味着摆脱"必需后"的自由，探索和谐与美的原则，承认生活理性和感性、物质和精神层面的统一，与他人一起行动使生活内容充满朝气并促进自我创造。

见仁见智的休闲体育内涵阐述，意在挖掘其对社会、对人自身的价值及意义。若从精神视域解读休闲体育，则应该把它理解为人类对自由的向往，进而对生命意义的探寻。因为休闲体育是人们物质需求满足后的精神自觉，是身体真我的回归，是精神家园的补偿，是人们对"从心所欲不逾矩""天地合一"人生境界的自由体验。因此，休闲体育不在于外在形式的多寡，而在于参与者境界的高低，在于人们所追寻的生命意义。

以上对休闲体育意蕴的解读也许不免"阳春白雪"之嫌，不能回避乌托邦式的理想境界，毕竟休闲体育关于主体的物质和精神的价值与现实世界存在着必然的联系。或许只有那些物质富有而精神能力也较好的人，才有条件、有可能真正享受休闲。但我们也应当看到单纯的物质富有并不必然带来休闲体育本质的实现，反倒物质虽贫乏但精神相对富有的人，可能享受到真正的休闲，因为休闲从本质上来说就是主体自己所主动建构起来的精神状态。因此，无论休闲体育的形式多么千差万别、丰富多彩，一种体育活动之所以成为休闲活动，关键在于主体内在的休闲动机与外在的休闲效果是否统一。进一步说，休闲体育就是以外在形式的"表演"，最终达到精神自由的彰显。

## （三）休闲体育促进学生发展的时代价值

杜维明认为："西方启蒙时代是凡俗的人文精神，它只包括两方面，即自我和社群，缺少自然和宗教这两个层次；而21世纪的人文精神理应包括这样四方面：自我身心的整合，个人与社会的健康互动，人类与自然的持久和谐，人心与天道的相辅相成。"因此，休闲体育的人文关怀需要从自身发展、自由体验、精神健康等方面理解。

21世纪伊始，人文教育再次引起重视，加强人文素质教育也成为所有教育工作者的共识。体育因兼具自然、科学和人文三者融合的价值和意义而重新受到关注。长期以来，按照国内的分类方法，人文被消融在科学之中，体育的人文目的也就被涵盖在科学的目的之中，有人甚至认为，经过专家学者统计的科学数据才是解决青少年学生身心健康发展的唯一依据。因而体育人文的价值被"淹没"了，体育人文精神的独特性和特殊性被忽视了。如此一来，与体育强调的科学性相比，与强调知识、技术和体质"显性"元素相比，对"显性"元素起决定作用的"隐性"元素——体育人文精神的培养就显得很不够，对体育人文价值的研究被忽视。而颇具讽刺意味的是，体育人文精神恰恰为青少年学生提供了一种契合教育目的本身的生活工具，是人生命发展过程的"本源"需要。因此，科学与人文的融合是体育走向人性回归的必然选择。这不只是一个教育问题，也是一个体育文化问题，更是一个社会文化问题。

1. 休闲体育可以提升学生的生命质量

体育教育过程是青少年学生强身健体、愉悦身心的过程，是提升生命质量的过程。学生的生活过程概括起来不外乎科学生活和人文生活两个方面，这两个方面又涵盖了精神、物质、道德、情感、人际关系、社会生活、生命存在七个方面，这七个方面的生活对一个学生来说，都是不可或缺的。由此可见，有生命的存在并不等于有生命的质量，生命的质量更重要的是取决于人的精神质量，取决于精神生活的丰富性和生活感受的愉悦性。毋庸置疑，没有人文思想的"灌溉"，一个人的生活过程就会变得单调、乏味、机械，生命质量无从谈起。对于休闲体育而言，学习过程始终伴随着体力与心力的交互作用，既需要体力的适当付出，也需要精神的积极参与，使学生在收获健康体魄的同时也收获极其宝贵的体育精神。在这一过程中，休闲体育又为学生精神生活的丰富提供了极好的时空条件，能够展现人的力与美、张扬学生的个性、导演学生的社会角色，使学生宣泄不良情绪，并使学习与练习过程成为精神改造、获得心灵慰藉的途径，促进生命质量的优化。

正是有鉴于此，新课改已把人文教育纳入了新的课程标准之中。新的课程标准指出，学生应通过对体育与健康课程的学习，在以下五个方面得到很好的发展：①增强体能，掌握和应用基本的体育与健康知识和运动机能；②培养运动兴趣和爱好，形成坚持锻炼的习惯；③具有良好的心理品质，表现出人际关系交往的能力与合作精神；④提高对个人健康和群体健康的责任感，形成健康的生活方式；⑤发扬体育精神，形成积极进取、乐观开朗的生活态度。

同时，课程标准又将课程目标细化为五个学习领域目标，即运动参与、运动技能、身体健康、心理健康和社会适应。

体育教育的本质目的就是要促进青少年学生健康发展的全面性，即身体的健康发展、心理的健康发展以及良好的社会适应性。我们应将课程目标定位在知识与技能、过程与方法以及情感态度与价值观三个纬度上，把"科学与人文素养"的培育根植于课程目标之中。事实上，对精神丰富性和体育精神的追求是人的基本诉求，而休闲体育及其教学活动便是一种不可多得的途径。所以，没有接受过教育的人渴望休闲体育，没有学习过体育的人也渴望休闲体育，没有掌握任何运动技能的人也能快乐地观赏休闲体育。因此，休闲体育首先是一个精神充实与丰富的过程，人在这一过程中体验生活的乐趣，陶冶美好的情操，在这一过程中收获健康与精神的不断完善，从而提升生命的质量。

2. 休闲体育可以增强学生的心理体验

体验是体育生成的中间环节，青少年学生只有充分体会体育运动带来的乐趣，体育的人文价值才能得以实现。休闲体育是学生在教学活动和自身锻炼的实践中体验认知的过程，在这一过程中，学生可以感受到身体活动的动力所在，体验到心理的独特变化，感受运动过程的得失与超越，体验情绪性的、非理性的冲动。既然人的自我创造必须通过一系列的选择、实践、体验、积淀来逐步实现，那么，对教育者而言，休闲体育首先是对学生人格的尊重，对学生生命价值的尊重。教育者要把对学生生命价值的尊重体现在学生体育过程的各种体验上。因此，休闲体育要始终贯穿情感教学，使学生在学习过程中，体验到控制与冲动、成功与失败、快乐与痛苦等各种情绪，感受到力与美、健康与超越的生命活力，感受休闲体育中的生命价值所在，这是休闲体育的真正任务。但是体育教学过程的多元体验、精神追求、价值感知、生命价值的提升，绝不是标准化的测试、冷冰的科学数据、日复一日的应试教学所反映的"流水作业"，而是人性体验的过程，是生命价值展现的过程。要实现这个过程，教师就要引导学生真正走进体育的世界、走进快乐的课堂，教师就应创造性地开展教学活动，开展生动、活泼、富有活力的教学活动。

### 3.休闲体育可以培养学生的自由精神

休闲体育是人类原始动力的表现，它的第一个特点就是自发性，是自由自在地"放纵"，这种不受限定的"野性"，是天生的、突破陈规的；第二特点是攻击性，攻击性为人类的原始动力的释放奠定了基础；第三个特点是对人类自身极限的自我挑战和超越。对学生来说，在体育课堂中感悟自由精神无疑是体育人文精神的核心所在，也是休闲体育中生命价值的最高体现。当学生来到运动场馆的时候，"体育"首先给予学生的是关爱，一种生之本能的关怀，一种生命意义上的厚爱。体育活动可以缓解学生学习、生活中的压力，可以减轻学生平时的心理负担，更重要的是可以促进学生正常地生长发育，提高健康水平，可以使学生身心得到全面和谐发展。因此，体育需要一个人文理念统领的发展方向，这就是人文教育思想在体育中的基础地位，因为人的真正本质不是人的生物性，而是人生存的意义与自我价值的实现。

## 三、体育生活化——青少年全面发展的皈依

### （一）教育 教学 学校——学生 生命 生活

古希腊人认为他们需创造的最伟大的艺术品是人，今天，我们却不关心怎样使一个孩子成为一个完整的人，而是关心我们应当教他什么技术，使他成为只关心生产物质财富的世界中的一颗光滑耐用的齿轮牙。教育过程中屡屡出现的"无人"状态，实际上是一种"物化"教育的表现。"物化"是将"人"视为"物"，并变成了"物"。"物化"教育的主要缺陷有以下三个。其一，忽视了人的主体性，置人的主动性于不顾。人的自主性沦落为物的可改造性，获取知识成为中心任务，知识灌输也因而变成一种有效的方式。其二，"物化"教育的根本特点是模式化、标准化、一体化。灵动的人被这样一些固化的"物"的范式所束缚，教育只能产生"非人"的感觉。其三，"物化"教育的根本缺陷在于其对价值和意义的忽视。"物化"的实质是将教育变成了一种技术性的工作，追求看得见的（如物质、经济等）最大利益，而把人的精神世界和人文世界排除在外。这种"物化"教育严重扭曲了现代教育的灵魂，归根结底是把人作为一种工具、无视人自身价值存在的表现，关键在于缺少对人的价值关怀。

作为主体的人，终归是一种价值的存在，有自身的价值实践活动。价值关怀体现的是人对于自身价值实践活动的理性反思与批判。哲学意义上的价值关怀包含终极关怀和现实关怀两个向度。终极关怀就是对人的终极目的、终极目标和终极理想的理性关注，或者说是对人的本质存在的关注。所谓现实关怀，

就是人们对现实生活实践价值的关怀，指的是处于一定社会历史条件下的人对自身价值活动方式合理性的现实关注。终极关怀体现的是人类对自身价值的终极性探求，它要求把人的生成、发展和完善等人的存在问题作为一切思考的出发点和最高宗旨；而人作为现实的、社会的人，又必须立足现实生活去思考、解决问题，所以，对人的价值关怀还需要一种现实关怀的向度。两者需要统一起来，但最终是以终极关怀为主导，因为终极关怀体现的是对人的本质的一种关注。人最终要成为人自己，所以必然要寻求一条自我的生成、发展之路。教学中的价值关怀，不仅表现在教师帮助学生获得知识、实现教学目标上，还表现在整个教学过程充满着对人文精神和人生价值的强烈追求上，教学是围绕着人生价值的实现、美好生活的追寻而展开的。

哲学意义上"终极"的含义：其一，指的是人生最为根本和最为重要的某种价值或某种目的；其二，指的是世界和事物存在的时间一维性的最终状态；其三，指的是世界和事物共时态的空间存在状态的最深刻的唯一的"本质"。人通过对自身在世界和历史中的价值意义的追寻，设定人生中最高的价值目标和人生最后的意义，形成整个人生过程的一种精神信仰。终极关怀体现了人类对自身价值的终极性探求，它要求把人的生成、发展和完善等人的存在问题作为一切思考的出发点和最高宗旨。教育活动需要对人进行终极关怀，所以教育的出发点和归宿都应落到人身上。古希腊哲学家都强调对人以及人生价值的终极关怀，西方许多现代教育家也强调教育对人自身完善的意义。

永恒主义教育重要代表人物、美国教育家赫钦斯认为："教育的首要目的是要知道对人来说什么是善的。人要按照各种善的次序来认识善。价值是有等级的，教育的任务就是帮助我们了解这个价值等级，建立这个价值等级，并且以这个价值等级为主。"因此他提出了自由教育的主张，自由教育的目的在于发展学生的理解和判断能力。分析教育哲学的主要创始人之一、英国教育家彼得斯在其文章《教育和受过教育的人：一些深层次的思考》一文中指出，教育中必然要关涉传授什么有价值的东西和如何传授的问题。他认为："教育必然已经包括传授了很多被认为有价值的东西，但也许还包括了许多其他并不重要的东西。受过教育的人就是这样一种人，他们能够对种种追求和计划为了它们本身的缘故感到高兴，而且他们对这些事务的追求和一般处理，是在某种程度的全面理解和敏感性的基础上进行的。"

学校教育是师生生活的重要组成部分，教学过程是一段生命历程，课堂上大量的教学资源与生活经验密切相关，教学内容也是源于生活，教师本身及其所采用的教学方法都蕴含着大量的教育意义。我们以往常常把教学过程仅仅看作达到某些目的的手段，于是只把教学过程看作"上课"，然后用既定的目标、预设的过程和有效的方法去完成这一过程，这样做的后果无疑是单调乏味而且缺乏教育价值的。杜威所主张的"教育无目的"，其实是认为教育的目的就在教育过程中，因此他提出"教育即生长""教育即生活"。大量的课堂实例证明，当教师能够引导学生去实现知识与生活的沟通，当学生能够明白自己所学习的知识能够给生活带来更多的意义时，他们会学得更加用心。所以，教学必须联系学生的生活世界，学科教学也不能忽略人文关怀，只有这样才能实现教学应有的教育价值。

在价值关怀的指向下，教育活动必须关涉人生意义的追寻和生活价值的实现。首先，教育要"成人"，要使人变成他自己，让人的本性、个性受到尊重，并获得他应有的发展。《学会生存》一书明确指出教育的目的在于使人成为他自己、变成他自己。教育的"成人"理念体现的是一种对人的终极关怀，因此，促进人的生长与发展是教育的最终目的，学校教育有必要也有可能为人的一生奠基。在生命成长的历程中，学生受到来自自身因素和外部环境的诸多影响，无数的例证表明，环境影响很重要，有时甚至会改变人的一生。教育作为一种环境影响，所起的作用虽然不是唯一的，但意义却是非凡的。每个人的人生历程中思想的转变与成熟、人生观和价值观的形成，学校教育所起的作用不可低估，因为教育有着独特的为人的发展定向的作用。

如杜威所言："教育不是唯一的工具，但它是第一的工具、首要的工具、最审慎的工具，通过这种工具，任何社会团体所珍视的价值，其所欲实现的目标，都被分配和提供给个人，让其思考、观察、判断和选择。"因此，课堂教学不只是知识获得的途径，还应该是获得意义、生成价值的过程。西方20世纪60年代后期形成的"再概念化学派"的观点值得我们借鉴。这一学派的基本观点是批判由科技发展所造成的人性压抑、生活疏离、意义失落，以及教学过程中的一些工具理性的膨胀。它并非全盘否定理性主义，而只是批判把理性作为判断主体价值的唯一标准和尺度，或者理性凌驾于感性之上、生活之上，压抑主体意义。它主张把握住"意义"和"知识"两个层面，以价值理性来升华工具理性，从而使教育有益于人性的充实和完美。将价值理性渗透到整个教学活动中，在教育者更多地关注人、关注人生、关注生活时，教学才能真正体现对人的生命成长的终极关怀。

其次，教育也要"成事"，要让学生面对生活，并学会选择、学会计划，过美好生活。教育的"成事"过程也就是学生学会做人的过程，而做人是学生在生活中才能真正学会的。只有通过生活实践，人才可能找到"成为人"的生活目标，把自己当作人来期待；也只有通过生活实践，人才能不断地去达成"成人"的目标。因此回归生活世界是教学中必要的现实关怀。学校教育是一种特殊的社会性活动，是有目的、有计划、有组织地实施的。学校教育的这种"意向性"活动特征，不仅要求教师有正确的价值立场，承载价值引导的重任，还要求教师在教学过程中尽可能为学生创设一定的价值情境，教会学生进行各种可能性的选择。价值在某种意义上指的是可能性的实现，课堂教学的价值关怀，正是为了追求教学的"可能生活"，而这种"可能生活"其实应该是教学的本来面目，却被一时遮蔽了。一旦师生作为主体的意识被唤醒，他们只要通过努力就完全可以过这样的一种"可能生活"，并以此提升人生价值。教学正是在观照生活、追寻理想的过程中，不断展现出生命的活力的，学校肩负着使知识人性化的责任。教师应该思索的是要通过怎样的组织和教授，才能使全体学生都获得人类的知识和智慧的工具，这是对教学的核心要求。因此，如何使知识传授的过程变成一种富有智慧和道德的过程，是教育工作者必须思考和面对的。学校在使"知识人性化"的过程中，就应该更多地关注知识教学的过程，关注教师的作用。美国著名教育家古德莱德指出："在学校里使知识人性化并使所有学生都获得这种知识，这个过程似乎有两个重要组成部分。第一个组成部分是教师的个人注意力，即教师对学习者和学习科目的兴趣，这些科目的知识要传授给学生并成为他们内在拥有的知识。第二个组成部分是有特性的教学方法，即所有那些能使学生投入学习的教育技能。"无论是学校、家长还是学生，都会把教师的育人行为和教育技能看成教师应有的重要品质。但教师的课堂行为表现是否与我们期待的一致呢？毋庸置疑，我们完全可以想象当今学校很多教师缺少这些使知识人性化的意识，教学的机械重复屡见不鲜。古德莱德曾这样描述美国学校："呈现在我们面前的是这样的一幅图画，到小学高年级的时候，课堂的教学实践越来越例行公事，年龄大的学生对个人发展和职业教育目标产生日益浓厚的兴趣，对学校智力教育的兴趣越来越少，同龄群体的价值观占据了主导的地位。"教师必须提高教学能力，重新作为课堂生活的重要引领者。许多成人不愿冒犯错误的风险，他们采取根本不冒风险的办法来推卸一切责任。诚然，成人的意向和用心很容易被误解，变成一种忽视或虐待。但是，放任孩子们，让他们自己挣扎，将他们遗弃在更广泛的社会或同伴群体的引诱和强暴力量之中，不是更应该受到谴责吗？

当前的学校生活与我们理想的学校生活相差很远。我们唯有不断思考，教学过程能为将学生引向一种理想的学校生活和自身的美好生活做些什么。年轻人如今在学校度过的时光很多，这也是我们必须强调学习生活的一个原因。只把重点放在学术学习上是不公平的，甚至可以说这有点"虐待"他们。学生在学校里应该能够过上一种相当平衡的生活，被友谊包围着，与成人建立有意义的联系，能够进行真正的交谈（而不仅仅是讨论），能够表达自己的情感，能够领略各种各样的艺术，有各种体育活动，有各种业余爱好，有厨艺，有聚会。不然的话，我们就会使他们对生活中孰重孰轻有扭曲的看法，而那种看法，即使是成年人也不会死守不放的。学校教育占据着青少年生活中大部分的时间，所以它就应该能够让他们为生活做好总的准备，而不仅仅是为生活的学术方面和工作市场做好准备。年轻人到了18岁，对如何生活好，如何"好好生活"却知之甚少，也鲜有经验，就这样被推入大千世界，这样做很不合适。他们至少应该已经有一套令人满意的生活方式，并且能够在回顾学校生涯的时候，觉得那是最美好的岁月。

## （二）让课堂充满生命活力

关注人的生存从关注生命开始，人的生命是课堂教学的出发点。因此，理想的课堂教学必须以人为中心，从人的生命关怀开始，把生命意义的提升作为教学的最高目标，使课堂呈现出应有的生命活力与生命发展意义。课堂教学必须关注生命成长。课堂教学是教育的主要途径，课堂教学的一切都要围绕教育的本真意义而进行。教育中"人"的意义要得到体现，就应当以生命关怀作为出发点，尊重每一个个体的发展。教育是具有促进生命成长的意义的，教育即生成。而生成来源于历史的积累和自身不断的努力。人的生成似乎是于不知不觉的无意识之中达到的，但这无意识曾是在困境中以清醒意识从事某事的结果。这样的生成需要一定的积累，而这些积累包括知识的、经验的、自我意识的，强调人作为一个主体的自主选择和主动努力。只有人的主体地位在课堂中得到确认，人才会自主地去参与与自身发展相关联的各种意义活动。这种主体地位的确认，是人的生命得到尊重、自主意识被唤醒的表现。而人的意义的实现，正是人作为主体在一种自由、自觉、自为状态下的活动，是人逐渐发现自己、认识自己、完善自己的过程。苏格拉底将"认识你自己"变成了古希腊人的格言，这一原则至今仍未过时，因为人的知识与道德都包含在这种不断"复返"的自我认识之中，正是依靠这种向自身进行探寻的理性能力，人对世界的善才有追求，对自己的灵魂才有改善，对生活才有责任，才能成为一个道德主体。在这样的过程中，人才能将知识的丰富内涵变成生活的智慧，并以此进行价值建构活动。人的生命价值在这样的课堂中得到承认，只有这样知识才能真正成为促进人发展的力量。课堂教学应该充满生命活力。如果课堂教学尊重人的主体地位，课堂就能成为一个人与人相互联系、交往互动的空间，那么，课堂应该是充满人的气息、人的灵动性、人的个性的空间。

交往意味着作为个体的人具有一定的自主性，互动意味着多种可能性的展现。一旦人的自主精神被唤起，生命的意义得到发现，生命所特有的活力就会得到充分体现。贝塔朗菲曾指出："人不应舒服地安居在预定的最佳状态中，应不屈地走向更高的生存形式，生命的最佳状态是有生命力。"在课堂教学中，生命价值应置于首位，知识的价值也是基于人的生命意义的舒展才能实现的，因为只有在充满生命活力的课堂上，师生才会更多地关注知识的内在价值、知识获得的过程及其乐趣。在这种课堂上，知识将成为人作为一个意义生存者必要的营养物，获得知识的过程不是简单地传承与接受，而是充满智慧的挑战。在充满生命活力的课堂上，师生在接受智慧挑战的同时，创造性获得个性的张扬，生命自觉性从而得到相应提升。

课堂教学应当彰显生命色彩。课堂作为一个会集了很多人的场所，在人与人之间有着密切交往的活动过程中，人与人的各种关系以及多方互动将呈现出一个具有丰富生命色彩的意义空间，人的丰富个性投射出丰富的生命色彩。知识社会学认为，知识本质上是一种社会建构，必然体现着人的价值抉择与人际互动，表现出人类的伦理关怀。在以知识为中介的课堂教学特殊场景中，教师作为经验丰富的成人与开始体验生活滋味的未成年人结成一种特殊的关系，教师所特有的角色要求其尽可能地为学生展现生命成长的多样性与恰当选择的重要性，并为他们的选择创造机会，提供必要的帮助，而教师在亲历生命成长的过程中也会感受到自己生命的意义。

在具有生命色彩的课堂上，每一个个体会用自己独特的方式去感受和体悟。教师把学生带入一个宽广的生活世界，人所特有的自主性必然会促使其不断地追问生活的意义与价值。教育正是借助个人的存在将个体带入全体之中的。个人进入世界而不是固守着自己的一隅之地，因此他狭小的存在被万物注入新的生气。如果人与一个更明朗、更充实的世界合为一体的话，人就能够真正成为他自己。这也是回归本真意义的教育——使人成为他自己。

生命的意义最终是在生活中展开和实现的，充满生命活力的课堂应该是一种特殊意义的生活。按照马克思的说法，生活就是人的存在，就是人生，人除了生活之外，再无其他。意识在任何时候都只能是被意识到的存在，而人们的存在就是他们的现实生活过程。因此，可以说生活是无所不在的。杜威明确提出了"教育即生活"，而"学校即社会"。他指出："教育既然是一个社会过程，学校便是社会生活的一种形式。在这种社会生活的形式里，凡是最有效地培养儿童分享人类所继承下来的财富以及为了社会的目的而运用自己的能力的一切手段，都被集中起来。"所以，他认为教育是生活的过程而非将来生活的准备，学校必须呈现现在的生活，即对于儿童来说是真实而生气勃勃的生活，这是一种"简化的社会生活"，这种生活"应当开展并继续儿童在家庭里已经熟悉的活动"，而学校应当"把这些活动呈现给儿童，并且以各种方式把它们再现出来，使儿童逐渐地了解它们的意义，并能在其中起着自己的作用"。杜威把他在时代教育上许多方面的失败，归咎于忽视了学校是社会生活的一种形式。事实上，今天的教育也依然在犯同样的错误。杜威当时所批判的传统学校教育——"学校却同社会生活的通常情况和动机如此隔离，如此孤立起来，以至于儿童被送去受训练的地方正是世界上最难得到经验的场所，而经验正是一切有价值的训练的源泉"，至今还能找到影子，我们今天的很多学校并没有真正呈现出社会生活的丰富形态，它们呈现的只是一种被规约的校园生活；教学活动虽然是由一个个具有独特社会生活经历的个体参与的活动，却更多地昭示着它的统一性和组织性，生活的意义匮乏。人类生活整体上所需要的价值立场是多样的，人类生活需要多样的价值来编织生活的意义。人们如果把生活仅仅建立在一种价值之上，或者用一种价值立场阐释生活的全部，将把生活导向死胡同，使生活失去丰富性，从而使得人的个性湮没在同质化的生活之中。为此，倡导课堂教学作为一种生活，是教学本义的回归。教学活动归根到底是一种人的活动，教学只有作为一种生活，才能真正以人为中心，并在课堂这个特殊空间里寻求人与人的交往活动的意义，在一种特殊生活状态下探寻人生的价值。近年来，在课堂教学改革过程中，"教学意味着生活""重建课堂生活""回归生活的教学论"等论点层出不穷。回归生活世界，尊重学生的独特性，关注学生的体验，成为当代课堂教学改革的一个重要价值取向。

## （三）"观照生活"释义

### 1. 当前常见的生活教育观

胡塞尔首先明确提出了生活世界理论——"回归生活"或是"回归生活世界"。他明确地指出，人们要把生活世界作为科学的专题和课题，强调以生活世界是真理的来源为出发点阐明普遍规范真理的意义构造。从胡塞尔到海德格尔、舒茨、卢曼、维特根斯坦再到哈贝马斯，他们都提出了关于生活世界的不同理论。在力倡教育回归生活的专家学者当中，对如何理解"生活"的内涵这一问题出现争议。在学术界这个问题至今众说纷纭，见仁见智，没有一个令同行专家普遍认可的看法。具有代表性的观点主要有以下两种。

（1）广义的生活

持广义的生活论观点的学者一般认为，为了避免过去将教育与生活分开的弊病，教育回归生活中的"生活"需要取"广义的生活"之义。所谓广义的生活，实际上就是人或生物为生存和发展而进行的各种活动。广义的生活，就其内涵而言，既包括一个人每日刷牙、洗脸和吃饭之类的日常生活，也包括个体的学习生活、家庭生活、社会生活乃至精神生活等其他一切生活形式。之所以要将教育回归生活的"生活"看作广义的生活，是因为在他们看来，一个人在这个世界上的任何所作所为，都毫无例外地会产生或大或小、或隐或显、或长或短的教育影响。这样，既没有无生活的教育，也没有无教育的生活。然而，这种主张在操作时却往往陷入当下的、偶然的、琐碎的生活困境中，没有将当下的生活放置在广阔的社会历史实践的背景下去理解、领会和提升，也没有体现教育对社会生活的超越性。同时，这种主张还把社会生活简化、缩小为儿童的社会生活，并把它视为教育的全部，这种做法易使教育简单化，使人误以为要"踢开课堂""走出课堂"，用"生活实践"来取代课堂教学，喧宾夺主。

（2）日常生活

生活世界是一个直观的世界，"直观"意味着日常的、非抽象的，可以分为非日常生活领域和日常生活领域。非日常生活领域以创造性为特征，是以社会的制度化、理性化实践以及人的自主性、创造性和超越性为特征的活动领域，包括政治、经济、公共事务、社会性文化、娱乐、体育等有组织的或大规模的社会活动领域，以及科学艺术和哲学等知识生产和精神生产领域。日常生活是以重复性为特征的，指的是人们通常必不可少、占据绝大部分人生的衣食住行、吃喝玩乐、恋爱婚姻和生老病死。日常生活中，人们从来没有问过为什么要这样做，如吃饭是一个日常生活，到吃饭时候就不自觉要吃饭，没有问过为什么要吃饭，因此日常生活的一个很重要的特征就是重复性，用哲学上的话语就是日常生活是客体化的，人们从来没有把它当一个问题来思考，它就是理所当然的。不难看出，这里的"日常生活"实际上指的是生计，即衣、食、住、行等方面的情况。持这一主张的学者认为，之所以要讲教育回归生活，其主要目的之一就是要使教育"去圣化"，以使教育回复其人性化的本来面貌，使教育回归到人们的日常真实生活中去。这种"回归日常生活"的观点实质上是把人的生活等同于一般生命物的存在方式，等同于最低层次的生命机体的生存状态。吃、喝等行为，固然也是真正人的机能。但是，如果使这些机能脱离了人的其他活动，并使它们成为最后的和唯一的终极目的，那么，在这种抽象中，它们就是动物的机能。

2. 对"观照生活"的理解

（1）教育观照的"生活"

我们认为，教育观照的"生活"应该"立足于现实的具体生活，包含了人类劳动、生产和交往行为等感性实践活动，容纳了情感体验、科学认知、价值诉求与道德关怀，处于事实与价值、理性与情感、规范与道德、科学与人文相互融通的世界中"。观照生活是为了克服现存的、极端超越的、脱离生活实际及人性丰富性的教育现实，肯定人的世俗生活的合理性，但这并不意味着应屈从于现实的狭隘的功利主义，而是意味着应从生成性的、创造性的、有目的的、自由自觉的实践活动出发，引导人在立足现实的基础上，以理想为向导，对有限的现实进行批判与超越，从而把人"实然"的现实状况同人的"应然"价值追求统一起来，把理想与现实统一起来。真正的教育，既要让学生了解生活的现实性，也要让学生明白其理想性，不让学生在现实生活中迷失方向，也不让学生为了一个遥远的未来而牺牲了当下的生活。

具体到学校体育来说，我们认为"观照生活"应该包括对"生活"两个方面的观照，一是对生活特征的观照，包括生活的个体性、现实性、开放性、自由性等；二是对某些生活经验的观照，如逃生技巧、写字楼健身方法等。

（2）"观照"的内涵

在"教育回归生活世界"成为一个时尚的口号的同时，应该回归什么样的生活、谁来界定应该回归的生活、如何回归生活、在哪里回归生活等却众说不一，甚至给教育界带来了理论上的尴尬和实践上的困惑。"回归"可以理解为回到原来的地方。但是总体来看，"生活世界"与教育两者之间应有严格的区别，否则，既有生活，为何还要教育？正如有学者指出"回归生活世界"只是一种理念倡导，倡导的是以一种"过生活"的方式进行教育，倡导的是对学生现实生活状态的关照，但它绝不是简单地将教育等同于生活，特别是日常生活。

"回归"一词容易给人造成"回到""回至"，甚至是原路返回的错觉。而实际上，我们所要表达的是，教育作为一种特殊的生活，是制度化的、规范化的，它有可能因过于制度化和规范化而远离真正的生活。所以，在教育生活中，重要的是要有观照生活世界的意识与人文关怀，使学生的生活变得丰富，让学生的生命得到自然展现。只有恰当运用"生活世界"的元素来观照教育，加强教育与生活的联系，教育的本质力量才能得到完全释放。

正是基于以上考虑，我们舍弃了"回归"一词，而改为"观照"。"观照"意味着"生活"元素只是教育的辅助和补充，是用生活的价值来弥补教育的不足之处，而不是喧宾夺主、舍本逐末。此外，我们需要辨别"观照"与"关照"的区别。"关照"在日常生活中使用得较为普遍的主要有三个意思：①关心照顾；②互相照应、全面安排；③口头通知。而"观照"，多出现在学术文章中，有些汉语词典甚至没有收录这个词条。西方美学家认为在审美观照中，对象孤立绝缘，主体则持超然态度，不关心事物之间的利害关系。此时客体与主体交融，物我两忘，消除了现实的各种束缚与界限，达到一种恬静的怡然自得的境界。两相对比，"观照"一词更能确切地表达笔者的学术观点，"关照"只是物理的、表面的、具体的，而"观照"是隐蔽的、抽象的、深层次的。教育不仅要学其形，更要学其神，不是生搬硬套"生活"，而是创造性地消化与吸收。

（3）观照当下的生活

学校不仅是学生学习的地方，也可以说是学生生活的场所。从小学到高中人最宝贵、最无忧无虑、最值得回忆的十余年时光是在学校度过的，一天中大部分的时间也是在学校而不是在家里的，所以学校就是他们生活的主要场所。而且大部分的孩子更乐意待在学校与他（她）的伙伴一起学习、交流和玩耍，而不是走到已经被钢筋丛林、冷漠面孔所包围的校门外。然而在应试教育的负面影响下，我们的孩子在校园内承受了太多的重负而丧失了快乐。他们每天要坐在教室里集中精神听课，放学后和周末还要参加各种形式的辅导班、补课班、兴趣班，因此他们睡眠不足、精神萎靡、近视率上升、体质下降。而这一切的努力就是为了能在考试中占得先机。难怪有人大声疾呼："救救孩子！"相比于智育教学，体育教育在关注未来的同时，更应该关注当下，体育教育绝不应是智育的翻版，这主要有以下两方面的理由。一方面，体育教育有理由观照当下。正如我们前面提到，学习不完全是为他的完满生活做准备，况且在学生走出校门后，体育更多的是一种休闲手段，因此，体育教育有理由在保证必要的强身健体的功能下，更多地观照学生当下的生活，更多地观照学生的情感、态度和价值，培养他们享受体育、"玩"的意识，以及健康生活的观念等，这也是为利用体育运动进行强身健体创造条件。另一方面，体育教育又必须观照当下。物理、化学、生物、语文、政治、历史等这些智育教育，什么时候学都可以，即使校内没学好，走出校门了也可以学，而身体锻炼却不能等到18岁高中毕业了再进行，因为那时已经错过了身体发展敏感期，再去培养体育兴趣、爱好、良好的生活习惯等可能为时已晚。当前青少年体质多年连续下降的事实就已经给我们敲响了警钟，除了缺少锻炼的时间和空间外，青少年体育健身意识不强、体育运动兴趣不大也是很重要的因素。

（4）观照以后的生活

有学者指出，无论你在开展什么教学，坚持工作的重点是帮助学生过渡到校外。如果你在进行网球教学，那么学生需要知道在哪里他们能打网球及如何开展与网球有关的活动。面对狭小的运动空间，谁掌握了把运动过渡到校外的"技术"，谁就把握了享受运动的先机。正如国际著名休闲学研究专家杰弗瑞·戈比所指出的"在工作中，'有技术'的人要比'没技术'的人有更好的发展前景，'有技术'的人更有希望感受到快乐，并获得成功"。这就启示我们，在发展学生速度、力量、耐力、柔韧、灵敏等运动素质的同时，还需要发展学生与体育运动相关的其他素质和能力，比如说策划、宣传、组织体育活动的能力，裁判能力，沟通能力，运动场上的社交能力，以及按照年龄、环境、气候、场地、人群等条件的变化进行调整并坚持进行体育锻炼的能力等。这些能力一直是我们学校体育中不够重视或已经忽视的，但这些能力对走出学校，走向社会的人来说却是非常具有实际功效的。

## （四）体育教育观照生活的必要性

### 1. 生活为教育奠基

生活具有强烈的现实性，它反映了人的存在、发展过程，以及人的现实存在状态，并蕴含着人生体验。而教育最根本的特征是其指向的发展性、理想性或可能性，教育更多关注的是对象的可能生存状态、可能的发展过程。教育的这种"可能性"如果脱离了对现实生活的观照，就可能成为"无源之水，无本之木"。胡塞尔指出："生活世界是一个始终存在着的有效世界，但这种有效不是针对某个目的、某个课题，因为每个目的都以生活世界为前提，就连那种企图在科学真实性中认识生活世界的普遍目的也以生活世界为前提。"教育不可能在真空中来建构人的可能生活，人的现实生活空间为教育提供了范例，因此我们也可以这样说："教育因人的生存和发展而产生，因人类社会生活的变迁而变迁……生活永恒，教育便永恒，生活变迁，教育便变迁。"这包含两个意思：第一，生活中的物质文化、精神文化等素材为教育奠定了物质基础；第二，不同的生活方式、生存状态和生活理想，要求有不同的教育与之适应。

### 2. 终极价值的皈依

翟振明总结出七种终极价值，分别是生存、快乐、自由、尊严、思想、认知、创造。任何工具理性追问到最后都将落脚在这七个终极价值上。终极价值是人注定需要永恒追求的东西，是人类存在的前提。追求这些内在价值，就像数学中"两点确定一条直线"这样的公理，不需要问为什么，是无须辩护的，而对这种追求的遏制是需要辩护的。"无须辩护"的事情，就是天经地义的事情，"需要辩护"的事情，就是不提供充足理由之前不能做的事情。而现实中，我们常常犯了本末倒置的错误。本末倒置就是要生活的目的去服从本来只是为实现目的而设计的工具。例如，在某些特殊的社会时期，体育是某个群体发展的特殊手段，该群体认为体育可以强国、强种，体育竞赛活动可以振奋人心，凝聚民族自信心，给国家带来精神利益，这时体现的是体育作为政治工具的价值。这样的社会价值往往表现在给群体巨大的凝聚力和精神满足上，有其历史阶段性。而且这是以"社会本位"取代"人本位"，以"种意识"蒙蔽"类意识"的表现。

目前，体育教育的指导思想定位于"健康第一"。如果我们追问：健康是为了什么？这可能有两种答案：其一，健康就是为了生存，只不过是为了生存得好些（我们姑且称之为"健康生存说"）；其二，健康是为了成为其他目的的工具（比如"健康工作五十年""保家卫国"等，我们姑且称之为"健康工具说"）。"健康生存说"很显然是直接指向终极价值的，而"健康工具说"则是指向工具价值的。多数情况下，我们认识和宣传的都是"健康工具说"，即把健康作为工具使用，这就有本末倒置的倾向。锻炼身体为工作、为卫国的口号不是说不对，也不是不要，只是需要指出的是，体育为中华民族服务，注重群体利益，这本身并没有错，然而，单纯强调群体利益，导致国家、民族利益的抽象化，这是最隐蔽的误区。这是在用终极价值来服务工具价值，是对"人"和"人性"的压抑，是用健康来当工作、战争、政治的工具。也就是说，这些口号是工具理性对价值理性的僭越，是本末倒置的，这也正是体育教育需要用"观照生活"的方式来弥补之处，表明体育、体育教育不仅仅要关注工具理性，还应关注价值理性。

3. 时代发展的要求

毋庸置疑，战争年代的体育教育是绝不可能提出"观照生活"口号的，那么当前提出这一理念有何必要和可能呢？我们认为至少有以下几点理由。

（1）当代人重视生活质量

美国经济学家约翰·加尔布雷思首先提出了"生活质量"的概念，但真正将生活质量问题纳入理论研究框架的是美国经济学家罗斯托。他将追求生活质量作为其划分经济成长阶段的最后一个阶段的特有标志，生活质量问题的理论研究从此开始。目前，世界各国越来越重视生活质量问题，无论是发达国家还是发展中国家，都十分重视提高生活质量，将此视为生存价值的体现、国家综合实力的象征，并积极为提高本国人民的生活质量而努力。我国对此也有专项研究，用"衣食住行、生老病死、安居乐业"等指标进行城市生活质量的比较。所以，提高生活质量正在成为世界性的大趋势，也是现代化的重要内容。

体育事业是国家现代建设事业的重要组成部分，发展体育事业不仅能增强人民体质，更可以提高人民的生活质量。体育教育理应为适应时代的发展、为体育"从工具走向玩具"做好准备。

（2）体育是当代社会中重要的休闲手段

随着休闲时代的临近，休闲已经成为当前人类生活的重要组成部分，它绝不仅仅是生活的残余，而是决定人生幸福与否的核心因素。21世纪的体育，也正在从政治旋涡回归到文化领域，实现以人为本，走向以群体利益为重、关注个体和人类发展的立体层次，显现被遏制已久的人文精神，突出自身的文化内涵，充分满足人各方面的、深层次的需要，休闲体育的勃兴也是其中的例证和注脚。

除了今后将要以体育为事业的人，体育对绝大多人来说，在其生活中都将是个爱好或者是健身的手段。也就是说，体育课与其他主干课程的功用是不在一个层面上的。学生学习语文、数学、外语、物理、化学等科目，很大一部分事关今后的安身立命，关乎谋生的手段，体育则只是休闲、娱乐和健身的工具，而这些东西最容易被忽略，也最易于最先被舍弃。这也正是体育（与健康）课在中学不受教师和家长重视的重要原因之一，进而也是多年来青少年体质逐年下降的重要原因之一。

（3）现代都市生活需要合适的运动方式

现代普通都市人没时间运动，在这个惜时如金的时代，每个都市人的时间表被排得满满的，甚至连睡觉也要争分夺秒，哪里有足够的运动健身时间；现代普遍都市人也没钱运动，随着商厦、店铺在城市的"圈地"运动，都市中免费的大众体育设施与场地越来越难觅踪迹，而那些专业的健身会所，不是普通的工薪阶层可以尽情出入的。因此，只有那些能因地制宜、因时制宜、简便易行、忙里偷闲进行的运动项目与运动方式才能受到普通大众的青睐，比如说在写字楼工作的人，他们会用办公桌当台子打乒乓球，用办公椅做俯卧撑、压腿、偶尔走楼梯而不用电梯，提前一站下公交车然后步行前往目的地。

当我们无法阻挡城市化进程，无力在短时间内建造更多的体育场馆、设施的时候，怎样让下一代人在都市生活中依然增强体质、保持健康呢？我们的眼光自然会落在了体育教育上。其实，城市化进程的负面影响早已波及青少年的身心健康。

有人提出，当前青少年体质逐年下降，其主要原因就是体育教育对学生健康的忽视。然而必须指出，如果把学生体质健康水平下降的原因仅仅归咎于体育教育工作，恐怕有些片面，而且从提高学生健康水平来讲，体育教育也独自承担不了此重任。这涉及社会、教育、体育、学校、家长、学生等方方面面的因素，其中一个重要的因素是社会不良因素增多。几十年前的体育教育并未像现在如此引人注目，学生的体质也不见得比现在的差，因为那时还没有现在这样多的高楼大厦、交通事故。那时的青少年也没有背负过重的升学就业的压力，他们有"自然成长"的空间和时间，身心能够在日常的生活中得到完善和丰富。

在体育课堂上，我们教孩子如何跑得更快、跳得更高，然而有没有想到，当他们走出校门后，面对的不是宽阔的操场和尽情欢畅的同学，而是坚硬的水泥和冷漠的人群，没有了体育教师的组织和安排，他们在体育健身领域会显得那么孤独和不知所措。所以，我们一方面需要在校园里增加学生的健身活动的时间，拓展运动健身的空间，另一方面，在城镇化、城市化仍将继续的背景下，还要教会他们如何在现实的水泥森林中坚持融入运动健身的体育生活中。

## （五）体育教育观照生活的可行性

### 1. 体育发端于生活

孕生体育的生活指的是原始的生活，教育还未分化出来的生活。这种生活本来就有教育的作用。人的一切文化都源自生活，在没有专门教育的时代，人也可以学会钻木取火、建造房屋、修建水利、占卜祭祀。人只要和社会、和其他人生活在起，就不会变成"狼孩""猪孩"，不会只是人形禽兽。

体育人类学的研究也表明了类似的观点，如德国学者曾提出，原始人的运动更直接地与人的适应性、生存和防卫活动有关。从体育的起源来讲，关于体育的起源有许多说法，有"劳动说""战争说""祭祀说"等。近年来被广泛认同的一个观点则是多元论，即认为除了起决定作用的劳动外，各种社会因素，包括人类生理和心理、宗教与战争等均在体育的产生初期发展中起了各自特殊的作用。历史文献、人类学和民族学资料及已经发现的原始人类活动的遗迹都支持了多元论的观点。这种多元论观点，其实说的就是体育产生于生活，即有什么样的生活，就有什么样的体育。远古时期的人类，衣不遮体、食不果腹，他们在荒原上奔跑跳跃、在山川上攀缘、在江河中游泳、在丛林中与野兽搏斗……所有的身体训练无不是在生存生活中进行的。因此，与天斗争、与地斗争、与自然环境斗争一开始就是体育运动的一部分。

体育教育之所以有观照生活世界的必要，是因为体育是从生活世界中发端出来的。生活世界才是一个始终在先存在着的意义世界。所以对生活世界观照，也就是回访其原居地、"寻根"的过程。

2. 体育教育为学生提供直接经验

直接经验和间接经验是学生获得知识的两条基本路径，是辩证统一、相互联系的。直接经验是学生通过亲身探索、发现、实验、操作等形式，认识已有的知识经验，是每一个个体在认知、探究和改造世界的过程中亲自获得的经验，是个人的经验。间接经验是学生通过听课、读书等方式，直接从教师、从书本中得到的知识经验。

在应试教育的影响下，学校的教学简单化、心理学化，不经过必要的中间环节转化而直接告知学生知识的结果，把认识混同于心理学的认知，很少去自觉关注学生的需要、价值观念、意志、情绪等在学生发展中的重要作用，教学过程缺乏自然生活中的人情味、生动和自由，变得冷漠、死板。教师很少给学生自己感悟、体验的机会，并认为那样会浪费时间。他们不想在什么地方为难学生，往往把教学设计得十分顺畅，教学内容面面俱到，最好一学就会，一看就懂，他们教给学生什么应该做，什么不应该做，这里有危险，那里是陷阱。原本应该是学生通过自己的亲身体验、自然生活悟出的道理被一语道破，经验来得如此直白和简单，学生反而无法内化和掌握。而体育活动本身，恰恰是一个感受直接经验的过程。我们的体育教育，是在教学过程中引导、激发学生去感受体育带来的精微、绝妙的精神体验。这种精神体验才是体育的本真价值和终极目的，才是我们在体育教育中理应着重关注的。

3. 体育教育塑造健康的生活方式

与其他智育学科相比，体育教育对人生活方式的影响更明显。那么欠缺体育健身意识，不喜欢体育运动，对生活有何影响呢？在对上海儿童和巴黎儿童的比较研究中发现，巴黎儿童好动，向往成为帆板、滑雪、极限运动运动员的比比皆是，而上海儿童则喜静，更偏爱于玩电子游戏、看电视等。长期牺牲锻炼时间，并处于"圈养"状态的孩子所出现的不良反应已经显现，健康状况不容乐观。目前青少年的健康状况可以概括为三个字："硬"，关节硬；"软"，肌肉软；"笨"，动作不协调。同时，城市青少年对室外自然条件（阳光、空气、水构成的自然力）的适应能力也明显下降。

由此可知，我们在观照生活的教育中，很重要的一点是需要让学生知道什么是好的生活方式，什么是坏的生活方式。如果我们教给学生身体锻炼的技术、技能的同时，他们渴了去喝可乐、雪碧，饿了去买零食，拥有这样的生活方式，即使技术、技能再好，锻炼时间再长，恐怕也难以达到健康的目的。最近，"生活方式病"一词被频繁提及。这是现代医学也难以治愈的疾病，并严重地危害人们的生命健康，如肥胖、高血压、冠心病等心血管疾病，脑卒中等脑血管疾病，糖尿病和部分恶性肿瘤等。这些疾病的主要病因就是人们的不良生活方式。"生活方式病"之所以可怕，是因为它的形成是不知不觉的，并深入生活的方方面面，开私家车上下班、坐电脑前完成一天的工作、餐桌上推杯换盏、在灯红酒绿的夜生活里沉醉……这曾是许多人追求的幸福生活，现在我们享受到了，却已经开始病魔缠身。在过去的一个世纪里，不良生活方式导致的慢性非传染性疾病取代了传染性疾病，成为人类"头号杀手"。现代人类所患疾病中有45%与生活方式有关，而死亡的因素中有60%与生活方式有关。专家指出生活方式疾病正在以快速蔓延的方式侵袭着每一个人。

以上这些都启示我们，在体育教育中需要告诉学生，针对不同性别、年龄、职业的人群，应当选择什么样的锻炼方式以及何时、何处锻炼。这体现的其实是一种超前意识。我们不知道学生今后的职业，也不知道他们的工作场所是哪里，所以我们不能只教会他们运动的技术、技能，而更重要的是让这些技术、技能能起到积极作用，而不是无用甚至是消极作用，使他们把体育融入生活，并逐渐形成一种健康的生活方式，即我们所倡导的——体育生活化。"体育生活化"是一个"自觉"的过程。体育生活化的实现过程是彻底摆脱单纯功利主义的束缚，实现"生存—发展"体育模式向"生存—享受—发展"体育模式转型的过程。一切由外部力量强加的体育行为都难以内化为人们习以为常和习惯性的自觉行动。只有还体育本来的生活面貌："快乐"的生活情趣，"休闲"的生活情调，"余暇"的生活自由，"闲暇"的生活充实，体育才能生活化。

## （六）体育教育观照生活的途径

当前在我国开展的基础教育课程改革，以课堂教学改革为突破口，重构学生生活世界的同时，也正在重构教育学的新体系。这一理论研究范式的转换正沿着两条思路进行：一是在课堂生活世界中注入日常生活世界的基础，使课堂焕发生命的气息，使课堂教学活动与学生的生活经验与体验联系起来，比如成功体育、快乐体育、终身体育等教学理念；二是把本该是学生的日常生活世界的时间与空间还给他们，使他们作为人的存在先于作为学生角色的存在，使日常生活世界中的经验体验、交往等成为学生成长的财富。

1.增加体育教育的生活气息

在体育教育中注入生活元素能够达到两个目的，一是直接传授一些与日常生活相关的生活技能；二是有助于学生人格的塑造。

（1）生活技能的传授

毛振明在论及"体育教学如何为增进健康服务"这个问题时曾指出："我们现在的学生对自己身体保护和救护的知识已经贫瘠到了极其严重的地步，我们的社会也是如此。我们教给学生必要的安全知识和保护安全的技能也会对他们的健康起到好的作用。"举例来说，我们在上游泳课时，只是教会学生学会几个基本的游泳姿势，训练他们如何游得快。然而，我们却没有意识到，一旦发生溺水事件，我们的学生该怎么办，我们没有教会他们如何在水中抢救溺水者，没有告诉他们如何做人工呼吸。以我们常见的俯卧撑来说，大家都会做，但被问到如何用俯卧撑锻炼自己的绝对力量、力量耐力和"长块儿"，就都不知所措了。其实，这就是教学内容脱离生活的表现。再比如一名某校初一女同学在准备活动的热身跑中，由于蹲下系鞋带，被后面其他同学撞到，造成了轻微骨折。事后该学生的母亲通过了解，知道女儿从没有受到过这方面的安全教育。对于初一学生而言，连这种最基本的体育常识都不了解，可以说是体育教师的失职。这位母亲为教育女儿，在公路上指着斑马线说："跑道就如同街道上的斑马线，斑马线上可以随时蹲下系鞋带吗？"孩子立刻就明白了其中的道理。

我们再来看另一个正面的例子，一位体育教师在他执教的一堂低年级体育公开课中，主教材是走和跑的练习，他就创设了"红灯停、绿灯行"的交通安全情境，在技能上采用各种姿势走和跑的动作，要求学生走得直、跑得快。教师手持指挥旗和信号灯扮演交通协管员，学生扮演老少过往行人，让学生身临其境，亲身体验，既发展了学生的能力，提高了学生的灵敏度、速度，又把道路交通安全教育融贯在体育教学之中。这堂课在完成基本技术教学的同时，还使交通安全意识潜移默化地融于学生头脑中，贯彻于学生生活之中，使学生体验到了体育知识与日常生活的密切联系，感悟到真知来自实践。

（2）彰显人格的塑造功能

我们的体育教育在教学实践中应彰显出培养人、塑造人格的功能。李力研就曾指出："我们的体育教育更多的只是强调体育教学，我们说人格高于'三基'，体育教育里强调的三基是'基本知识、基本技能、基本素质'，这个东西传到现在几十年，这是不行的，其实体育就比这些高得多。这其实还得归结于我们怎样理解体育、理解教育这个问题上。"

2. 归还学生全面发展的时间和空间

我国青少年体质状况连续下降的 20 年，正是我国社会迅速发展的 20 年，为什么以前的学生体质好？这其中除了应试教育的负面影响，体育教育的一部分责任外，还有一个不可忽视的重要原因是青少年"自然成长"的有利因素被破坏了。

大量的研究表明，少年儿童的生长发育是有"秩序"（顺序）地逐渐发展和完善的，一些后天的身体机能发展需要适当的外界刺激。外界刺激不符合少年儿童年龄阶段的需要时，会打乱生长发育的"秩序"。过去，少年儿童生长发育是在"自然成长"中完善和发展的，不需刻意追求，通过日常生活中的各种玩耍活动以及帮助大人劳动等方式就可以促使其身心向正常的方向发展。然而，伴随着工业化、城市化、现代化的进程和社会的不断变革发展，衍生出的一些社会问题逐渐危及青少年，譬如自由活动的空间不断被压缩，外出玩耍的危险性增加（如交通事故的威胁），以及升学压力大、课业负担重、独生子女缺少玩伴等。一些原本符合少年儿童生长发育的自然和人文环境遭到破坏，从而满足少年儿童生长发育的固有"秩序"被打乱。所以，我们呼吁通过多种途径、各种方式向全社会宣传学生体质健康的重要性，尽快树立起正确的教育观、育子观、成长观、健康观，归还本属于学生的自由空间和时间，同时对空余时间进行干预和引导，以期培养青少年良好的体育锻炼习惯和健康的生活方式，形成青少年热爱体育、崇尚运动、健康向上的良好风气和全社会珍视健康、重视体育的浓厚氛围，从而使得体育生活化这一生活方式成为学生全面发展的皈依。

# 第三节　全纳教育理念下的青少年体育教育

全纳教育是 1994 年 6 月 10 日在西班牙萨拉曼卡召开的"世界特殊需要教育大会"上通过的一项宣言中提出的一种新的教育理念和教育过程。全纳教育作为一种教育思潮，它容纳所有学生，反对歧视排斥，促进积极参与，注重集体合作，满足不同需求，是一种没有排斥、没有歧视、没有分类的教育。

# 一、全纳教育理念下的青少年体育教育原则

## （一）关注全体学生身心健康全面发展原则

身心健康全面发展原则指的是在体育教学过程中要使学生身体的各个部位、各器官系统的机能、各种身体素质和基本活动能力以及心理素质等都得到全面协调的发展。身心健康全面发展是"健康第一"体育教学的指导思想。

素质教育、全民教育是当今世界教育改革、发展的主流，实施和大力推进素质教育是我国科教兴国的必然选择，是彻底改变现行教育实践中应试教育倾向之根本。我国从三个方面对在学校体育中实施素质教育提出了明确具体的要求，其中第一条就指出，学校体育要树立"健康第一"的指导思想，切实加强体育工作，使学生掌握基本的运动技能，养成坚持锻炼身体的良好习惯。体育教学应遵循"健康第一"的指导思想，在体育教学过程中应处处以学生的健康发展为出发点，使学生身体的各器官、系统，各种身体素质和能力以及心理素质都得到全面协调发展。

注重全体学生整体素质的全面发展是与当代教育教学改革的基本精神和教学目的相一致的。突破以传授知识为主的教学原则体系框架，既要重视引导学生掌握知识、培养能力，又要发展学生的非智力因素及个性品质，以促进学生全面和谐发展，这已成当前教学原则研究及教学原则发展的一大趋势，如"情景性原则""情感性原则""兴趣先导原则"等。人们还提出了建立适应素质教育原则的体系，如"身心全面发展原则""为终身体育打基础原则""多元化评价原则"等。

## （二）人文精神体育教学原则

这主要从两个方面展开，一是更加注重对教学主体性发展问题的研究。如进一步研究激发每个学生内部需求与动力的问题、学生在教学中的自主活动问题、师生民主合作与平等交往问题等，这些旨在培养和激发学生主体性的研究，将在今后的体育教学原则研究中得到强烈体现。二是更加注重体育教学中情感性、审美性和艺术性成分的含量。

## （三）体现体育教育公平，反对任何歧视原则

教育公平是社会公平在教育领域的延伸和体现，教育权利平等和教育机会平等是教育公平的两个基本方面。教育的民主化和全民化是当前世界教育的基本特征和主流发展趋势，也是许多国家制定教育发展战略的基本出发点。在我

国，确保教育民主、公平是关系国家发展的重大问题，也是坚持科学发展观、落实以人为本的治国理念、构建社会主义和谐社会的需要。学校体育教育公平具体体现在让每个学生进入体育课堂，享有体育教育的基本权益，享受体育给他们带来的快乐。无论学生自身条件、身心特征、体育基础等如何，均应将他们纳入体育课堂，让他们以不同形式和方法参与体育教育过程，都能享有平等的受教育机会，享用平等的体育教育资源。

### （四）全员参与体育活动，反对隔离孤立原则

全纳教育关注的是所有学生，它要解决的问题也是教育中存在的普遍问题。现代教育要求教育者做到"为了学生的一切，为了一切的学生"。我们要关注每个学生的身心健康发展。每个学生都有受教育的权利，在受教育方面是人人平等的，因此，体育教育要面对所有学生、包容所有学生。在每项体育教育活动（包括体育课堂教学和课外体育活动等各个方面）中，尽可能创造条件让所有学生都能积极参与，真正做到"不抛弃、不放弃"。在各项体育教育活动中，发现每个学生的体育长处，扬长避短，激发学生的自信心，调动学生的体育兴趣，把学生推向成功，消除学生的自卑和挫败感，让所有学生都能够平等地、有尊严地参与体育学习和生活，让体育教育真正做到接纳所有学生。

### （五）尊重学生体育差异，反对体育排斥原则

全纳教育的核心特征之一就是倡导社会各界正确对待学生的差异，能够平等公正地对待每一个学生。有研究者提出了"差异教学"的概念，"差异教学"指的是在班集体教学中立足于学生的个性差异，满足学生个别学习的需要，以促进每个学生在原有基础上得到充分发展的教学。体育教育对象个体的差异性、体育运动项目的多样性，以及学生体育基础和运动能力的差异性等，决定着体育教育要特别尊重学生的差异。反对排斥就是要促进学生的差异发展，承认学生的体育认识差异、体育知识差异、体育技能差异、身体素质差异，并依据这些差异有针对性地设计不同的体育课程目标、体育课堂组织形式、体育教学方法和手段，因材施教，真正做到尊重学生体育差异、容纳所有学生，让学生从心理上感受到被尊重和被接纳。

### （六）践行终身体育和发展性的原则

体育教学中要激发和培养学生的兴趣，满足他们的体育需要；要使学生获得快乐、积极的情感体验；要使学生不拘泥于传统的体育教学的知识传递形式，加深对体育原理的理解和对运动的体验，发展个性、活跃身心；要培养学生自律、自强、自信的品质，并促进学生自我发展。

### （七）高质量轻负荷的原则

高质量轻负荷指的是体育教学过程中，以保证健身强身效果为前提，把生理负荷和心理负荷调节到最佳状态，使学生心理得到满足，行动变得轻快，既发展身心，又掌握体育科学的知识、技能和方法。

### （八）师生双向积极性的原则

体育教学的教与学相互依存、相互促进。教师的教起主导作用，它表现在教学方案的执行及教学过程的调节和控制上。学生的自觉性取决于教师的指导、传授、调节和控制以及自我的调节和控制。教学的最优化来自师生双向的积极性。

## 二、全纳教育理念下的青少年体育教学内容

### （一）青少年体育教学内容的全纳性

体育教学内容是依据体育教学目标选择出来，并根据学生发展需要和教学条件进行加工的，在体育教学环境下传授给学生的体育知识原理、运动技术和比赛方法等。在一定的历史时期内，体育教学内容的选择与确定总是受到社会对人才规格的需求、学生身心发展的特点、教育发展的社会条件以及教育者的研究水平等多种因素的影响，因此体育教学内容随着社会的发展而不断更新和发展。体育教学内容对于实现体育教学目标有十分重要的意义，它是构成教学活动的基本要素，是实现体育教学目标的重要条件，每一项教学活动的完成都使得整个教学工作更接近于最终目标的实现。

体育教学内容是体育教师教学的直接依据，体育教师必须深刻理解和熟练掌握，达不到此项要求就不能算合格的教师。同时，由于社会对教学的要求不断提高，体育教学内容处在动态变化中，而特定时期内人的认识能力总有局限性，因此体育教师对教学内容的学习和钻研也不是一劳永逸的，而必须持续不断地进行。体育教师对教学内容持续不断学习和钻研的过程，就是教师经常性达到合格标准和不断提高自身业务水平的进步过程。

体育教学内容应该是在充分研究学生的身心发展特点和已有体育水平的基础上选择和确定的，因此它应当能对学生身心的进一步发展起到促进作用。但是，这种促进作用的发挥要从理论上的可能变为实践中的现实，还必须经过教师有效组织和指导下的学生对教学内容的努力学习。这就要求体育教师必须善于教育学生，善于把国家规定的学校体育目标和教师选定的教学内容变成学生

实际感知的、自我发展需要的学习内容，从而使教师负责地教和学生能动地学统一于完整的教学活动之中，使教师教有所进，使学生习有所得。因此，科学而合理地选定体育教学内容，有利于学生顺利获得体育知识和技能，锻炼身体，增强体质，形成终身体育意识和体育习惯，培养良好的思想品德，发展自身的个性。

大多数学生通过体育学习获得的各种知识、技能和能力，不是他们谋求生存和劳动所必需的，他们参与体育学习的目的是提高生命质量和生活质量。因此，体育教学内容应该是在充分研究所有学生的身心发展特点的基础上选择和确定的。每个学生都是独一无二的个体。体育教学对象之间的差异广泛存在，决定了体育教学内容要体现全纳性。体育教师只有合理选择、调配、使用教学资源，才能激发、唤醒、发掘所有学生的个性潜能，使他们获得全面和谐的发展。为此，我们可以将全班学生进行合理分层，即对学生的体育学习成绩、学习态度、学习目的、学习兴趣、个性特点、知识水平、运动能力等做综合分析与评估，同时考虑那些对体育教育和身体练习有着特殊要求和需要的学生，如肢体残缺、肥胖、患疾病限制运动的学生及有智力障碍的学生。在此基础上我们把全班学生分成若干个水平层次，对每个水平层次的学生选择适合他们的体育教学内容。对那些知识水平、运动能力等各方面水平层次较高的学生，教师应选用难度较大的教学内容，让学生进行运动负荷较强的练习，对他们也要提出更高的要求；对那些各方面能力水平属于中等层次的学生要次之；依次类推。对于那些肢体残缺、肥胖、患疾病限制运动的学生及有智力障碍的学生，教师在选择教学内容时更应注意分寸，要特别"关照"与"关怀"，选择的体育教学内容要符合这类特殊学生身体条件和身体素质的特点，教师可以把教学内容简单化、趣味化，甚至可以改变体育游戏规则和体育竞赛规则等。这样既能让学生感到上课内容是自己力所能及的，是教师对自己的关照，又能让他们认为这种关照是"平民化""大众化"的，与其他学生相比是没有什么区别的，从而不至于损伤学生的自尊心。这一点在基础的体育教学中尤为重要，因为基础教育层次的学生往往表现出自尊心强、好胜、对自我认识不透彻的特征，教师过于关照，往往会挫伤他们的自尊心和自信心。高等教育阶段的学生一般自我认知能力强，对事物问题看得清楚。因此，对于高等教育体育教学中的那些肢体残缺、肥胖、患疾病限制运动的学生及有智力障碍的学生，我们可以充分利用高校学生多，因而这类学生也较多的特点，将全校这类学生进行整合、归类，组编特殊的体育教学班，由专任教师选择特定的教学内容，以满足他们的需求。

全纳体育教学不仅体现在分层教学上，也要应用于学生人数较多的大班的集体教学中。教师教学内容的选择要充分考虑大多数学生的需求，确定统一的体育教学内容。但在实践操作时，尽管体育教学内容统一，教师却要根据不同层次学生的实际情况，在身体练习、技能学习、成绩评定标准等方面有所区别，既不将统一的教学内容"隔离"于层次较低的学生之外，又让所有学生感觉到自己是全班所有学生中平凡的一分子。教师应多从正面鼓励学生，维护学生的自信心和自尊心，保证所有学生都能有兴趣积极地参与到体育教学中来，只有这样所有学生才能顺利获得他们所需要的体育知识和技能。

1. 编选全纳体育教学内容的原则

可供选作教学内容的体育知识与技能的素材十分丰富，各级各类学校在编选体育教学内容时，一般都应遵循下列基本原则。

（1）具备教育性

编选的体育教学内容要符合社会主义的育人目标，体现社会主义建设服务的方向性，能够提高学生的体育文化素养，有利于培养学生良好的思想品德和正确的体育观念，有利于培养学生自立、自主和开拓进取的精神。

（2）适应所有学生身心特征

学生处于不同年龄阶段，其身体和心理方面存在着种种不同，不同的运动项目对学生身体和心理的刺激作用也往往存在差异。为了使选定的教学内容能对学生的身心发展起到最大的促进作用，教育者应当重视这个问题，明了两者之间的关系，针对不同年龄阶段学生身心发展的实际，研究所有学生个体差异，并经过认真比较和鉴别，选择那些最富于健身价值和教育效果的运动项目和活动方式作为体育教学内容，并予以恰当的编排与组合。

（3）实用和趣味相结合

选择体育教学内容，要特别重视锻炼效果和实用价值，以最有效地锻炼学生身体，增强学生体质。在安排教学内容时，要尽量使这类内容反复出现，并逐步提高要求。同时，对教学内容的选择还要重视学生的趣味性，使实用性和趣味性相结合，不致偏废。对于那些实用性强、锻炼价值高，但趣味性较低的项目内容，教学中教师应通过改进教法和变换条件来提高学生的学习兴趣。

（4）理论与实践相结合

理论教材和实践教材是构成体育教学内容的两个最基本的部分，它们对实现教学目标各有自己独特的作用。理论教材主要帮助学生解决对体育与健康的理解和认识问题。实践教材则侧重于学生的身体锻炼和技能的掌握，两者相互促进、紧密联系，而不能相互割裂、顾此失彼或者相互代替。

（5）统一与灵活相结合

体育教学内容具有较强的统一性，力图面向全体学生，在广阔的区域内实行，因此具有规定性、权威性。然而，由于我国幅员辽阔，东西南北中的地理环境和气候条件差别较大，各地经济、文化的发展很不平衡，学生和学校的体育基础也不相同，因此各地学校对教学内容的选择又有自主性和灵活性。特别是普通班级体育教学中的特殊学生，他们的体育教学内容则要因人而异，在相对统一的基本内容基础上，要比较灵活地选用其他符合这类特殊学生的体育教学内容。

（6）内容与全纳体育教学目标相结合

全纳体育教学是让全体学生参加体育教育与锻炼，并向青少年进行爱国主义教育，与体育教学工作有着共同的育人目标，即最终实现全民体育教育。对于体育教学内容以及体育课成绩考核的项目与标准，学校要充分考虑学生对象的多样性和个体差异性，在统一与区别对待基础上寻求结合点，尽可能与全纳体育教学目标相协调，这有利于实现学校体育的课内与课外相结合，教学与锻炼相结合，从而提高学校体育的整体效益，顺利达到最终的育人目标。

2. 全纳体育教学内容

全纳体育教学内容是根据学生的身心发展特征来编排和设计的，其基本目标仍是使学生打好身体、运动能力和良好品质等方面的基础，培养对体育的兴趣。全纳体育教学较一般体育教学要求更高，在设计全纳体育教学内容时，还要考虑所授班级学生的基本情况，学生年龄、性别、身体素质、体育运动能力、伤残状况等均需考虑。对于设计的每个体育教学内容均有具体要求，这种要求不仅表现在教师教学内容取舍上，还反映在教学方法和手段上，更体现在对不同学生个体的体育教学评价上。依照学生身心健康发展情况和基本活动能力，全纳体育教学内容可分为以下几个方面。

（1）体育与卫生保健常识

这是理论知识性教学内容，教学时教师通常采用通俗易懂的讲述形式，使学生懂得基本的卫生保健常识，初步认识自己的身体，并帮助学生把学到的基本体育常识和体育锻炼方法逐步运用到身体锻炼和生活实践中去。特别是针对班级中部分特殊学生，教师应教授他们正确认识自身残障，以及如何运用体育锻炼进行康复保健，增强他们克服自己缺陷的信心。这对他们将有巨大的帮助。

（2）游戏

游戏是体育教学的主要内容，它是由一定的情节、动作、规则和结果等构成的体育活动。游戏内容丰富，形式活泼，深受学生喜爱。游戏可以全面锻炼学生的身体，促进学生生长发育，提高学生的活动能力，且能发展学生的智力，培养学生的竞争意识和良好的思想品德与作风。

（3）基本运动

走、跑、跳、投、攀爬、滚翻、平衡等最基本的身体自然活动，统称基本运动。基本运动的学习可以为学生一些最基本的运动项目的学习奠定基础。随着学生运动能力的提高，他们可逐步过渡到田径、体操、球类和民族体育运动项目。在安排基本运动项目时要考虑不同学生的个体差异，在统一的基础上区别对待。譬如，田径、体操、球类等，只是项目名称与竞技体育的相同，具体教学内容与教学要求可以简化，同时应降低教学的难度要求，以适应班上所有学生的体育需求。

（4）韵律活动和舞蹈

韵律活动和舞蹈包括基本动作、表情歌舞、集体舞蹈等内容。这部分教学内容，既有利于学生锻炼身体，又有利于培养学生的协调性和活泼的性格，同时还有利于学生表达思想感情，培养表现力，发展想象力，陶冶情操等。通过教学，教师可使学生了解韵律活动和舞蹈的基本常识，学习基本动作及其组合，重点培养学生正确的身体姿态和开朗的个性。在教法上，动作的练习要注意与音乐配合进行。

（5）基本体操

基本体操主要包括队列和体操队形、徒手操和轻器械操等，是体育教学的重点内容。队列和体操队形是对身体姿态和空间知觉的基本训练，是培养组织纪律性的重要手段。徒手操和轻器械操内容多样，对培养优美的身体姿态、全面锻炼身体有较好的作用。基本体操的教学应注重提高身体的基本活动能力，注意基本动作的规范化。

（6）球类活动

球类活动是根据学生身心特点，进行的足球、篮球、排球等活动。球类活动趣味性强，具有良好的综合锻炼身体的效果，能培养学生团结合作精神和竞争精神。这类教学，应以学习基本技术、提高身体基本活动能力为主，教学形式也应灵活多样。

（7）民族民间体育

这是我国人民在长期生活、生产实践中积累起来的养生和健身方法。各学校可选择一些本地区的乡土体育活动作为教学内容。这部分教学内容活泼有趣，一般应以集体练习为主。教学过程中教师要注重基本姿势的练习和锻炼身体的效果，并适时地进行爱国主义教育。我国是一个多民族国家，民族体育文化源远流长，体育与健康课程应当大力开发和利用宝贵的民族、民间传统体育资源，如蒙古族的摔跤、维吾尔族的舞蹈、朝鲜族的荡秋千、锡伯族的射箭、彝族的射弩、白族的跳山羊等。

### （二）课外体育活动的全纳性

#### 1.学校课外体育活动的全纳性

这里所说的课外体育活动泛指学校早晨上课前、课间和课外体育锻炼。学校应针对不同学生分类、分层安排课前和课间体育锻炼，针对不同年级、不同类别学生设计课外体育活动内容，具体锻炼的时间可因人而定。在开展大课间体育锻炼活动时，改变课前和课间只做广播体操的单一活动内容，增加防治脊柱侧弯操、眼保健操、跑步、球类活动、民间体育、游戏活动等内容。与此同时，学校应紧抓课外体育锻炼和校内体育比赛，保证每个学生每天一小时体育锻炼时间。班级、锻炼小组或课外体育俱乐部是课外体育锻炼的基本组织单位。锻炼内容可以由锻炼小组或班级确定，学生也可根据自身特点自选体育锻炼内容。

#### 2.校外体育活动的全纳性

随着我国人民生活水平和教育水平的不断提高，学生的校外体育活动形式越来越多种多样，活动场所越来越多，活动内容越来越丰富多彩。因此，我们必须倡导全纳教育思想，引导、鼓励和指导所有学生以不同的形式和方法积极参加家庭体育活动、社区体育活动和竞赛、县镇的体育活动和竞赛、少年宫体育活动、业余体校训练和体育俱乐部活动，并不因为部分学生的特殊性，将他们排斥在这类活动之外。让他们积极参与这类体育活动，可以培养他们的集体主义精神，增强他们的社会适应能力，有利于他们今后更好地融入社会、适应社会和更好地生活，当然这需要学校、家长、社会共同支持和努力。只有这样才能真正实现全民健身、全民体育的目标。

## 三、全纳教育理念下的青少年体育教育方法

随着社会的发展、学校体育教学改革的不断深入，有些教育方法已不能适应当代教学的需要。改革传统的教学方法应取其精华、舍其陈腐，以适应现代体育教学；同时，新的教学思想、新的教学观念、新的教材和教学目标，必然

要有相适应和配套的教育方法，这就需要教育工作者从实践中、从理论研究中创新。

全纳教育要求体育教师将学生作为独特个体来接受与认可，时刻考虑学生的个性差异，满足其对体育的不同需求，接受他们的身体机能和体能的差异，并在学生各自的基础上引导他们获得最大的身心健康发展。这就要求体育教师采取适宜的体育教育方法，既满足大多数学生的需要，又考虑特殊学生不同的体育需求。

全纳教育理念下的体育教育方法与传统的体育教育方法的最大区别在于，全纳体育教育区别对待不同的教育对象，因材施教。具体表现在：第一，全纳体育教育方法中注重发挥学生的主体性，充分发挥教师的主导作用和学生的主体作用，让体育课堂的每个学生都是学习的主人，课堂上的每个学生都是"演员"，教师是"导演"，其主要职责是保证每个"演员"都能得到淋漓尽致的发挥。第二，全纳体育教育方法做到多样性与针对性相结合，这是体育教育内容的多样性决定的，更是学生不同体质水平和运动能力决定的。即使是同一体育教育内容，对不同学生所采用的教育方法和手段也不尽相同，要因人而异。只有这样才能做到正确认识健身体育教育与培养体育专门人才教育的关系，树立普及与提高相结合，以普及为主，坚持面向全体学生，树立全面培养的观念，使教育向"启智、调心、育人"综合多样发展。第三，全纳体育教育方法与学生的个性特征相结合。这就要求教师要了解和熟悉学生的内心世界，在平时的教育中主动和学生接触，深入了解每个学生的个性特点、心理健康状况，对所教的学生切实做到心中有数，对症下药，实施恰当的体育教育方法，保护学生的自信心与进取心。对班上不同层次的学生设置不同的体育学习目标，既让所有的学生认识到自身的不足，又让其能够看到希望，从而促使所有学生身心健康得到有效发展，为学生终身体育打好基础。

全纳体育教育方法与常规的体育教育方法一样，包括体育教师指导方法（包括体育基础理论知识指导方法和运动技能指导方法两种）、学生体育练习方法等内容。只是在实施这些体育教育方法时，全体体育教育顾及特殊学生的体育需求，对他们分门别类地实施体育教育方法。

## （一）全纳体育基础理论知识指导方法

### 1.基础理论知识分类

第一，提高对体育认识的相关知识。

第二，关于人体发展和运动生理、卫生方面的知识。

第三，关于各项运动的知识和锻炼身体的方法或知识。

2. 教学方法

体育与健康基础理论知识常用的教学方法主要包括讲授法、谈话法、演示法、讲练法等。

（1）讲授法

讲授法是体育教师按照教学计划的规定，以学生能接受的简洁语言，向学生系统、连贯地传授体育与卫生保健知识的方法。讲授法应做到精、准、新、熟。根据体育与健康课程的教学目标、教学内容、教学对象和教学条件，讲授法一般分为讲解、讲述、讲演三种方法。讲解法是教授体育与卫生保健知识的有关事实现象、定理与定律的方法；讲述法是向学生叙述体育事实材料或描述体育事件过程及其结果的方法；讲演法是教师借助语言与非语言交际工具，完整系统地讲解体育相关事实，而且深入分析与讨论相关的事实、事件、定理，并得出科学结论的方法。

全纳体育基础理论知识讲授法提出的新要求：

①保证教授内容的科学性与教育性，注重班级特殊学生病理的收集与分析，并对残障学生进行个别讲解与辅导；

②提高运用语言的技巧与艺术性，讲解时注意语音语调，既保证大部分学生学习了相关体育卫生知识，又让班上部分特殊学生不受伤害；

③在扩大体育知识量的基础上，提高黑板板书质量；

④充分调动班级所有学生的学习主动性，构建和谐、轻松、愉快的体育与健康基础理论知识课堂。

（2）谈话法

谈话法又称问答法，是体育教师与学生以口头语言的交流方式，要求学生运用已有体育知识与经验，回答体育教师提出的问题，从而获得新知识的方法。在运用谈话法时应注意：

①正确选择提问的内容，让学生能从多方面、多角度进行回答；

②正确选择与运用提问的方式，尽量让所有学生参与进来，让每个学生感受到自己在积极主动地学习，真正成为体育与健康课程学习的主人；

③要鼓励与激发学生积极思考，特别要关注那些性格内向的学生，鼓励他们发表看法。

（3）演示法

演示法是教师通过展示实物、模型等直观教具，或利用幻灯、投影、录像等设备演示，使学生获得或巩固体育知识的方法。在运用演示法时应注意：

①明确演示的目的与任务；

②做好物质准备；

③选择适当的时机，采用适当的方法；

④教具的大小要适当，以便能让学生清晰观看。

（4）讲练法

讲练法是将体育方面的知识传授与技能培养结合在一起的方法。在运用讲练法时应注意：

①根据体育教学目标与教学内容，选择讲练法的具体运用形式，有时候采用以讲为主，以练为辅；有时以练为主，以讲为辅；有时讲练并重。做到讲练结合，相得益彰。

②在讲练前，做好充分的教具准备。

③练习时，注意加强对特殊学生实际练习的帮助与指导。

## （二）全纳体育运动技能指导方法

### 1. 语言法

语言法指的是在体育教学中，体育教师运用各种形式的语言，指导学生学习掌握体育课程学习内容，进行练习的方法。常用的语言法主要有讲解、口令与指示、口头评价、口头汇报、默念与自我暗示等。

在体育课程学习过程中，学生违反纪律、做错事的现象是在所难免的。这时教师不要一味批评或指责学生，要运用表扬与批评相结合的方法来教育学生，从而达到调动学生的学习积极性的目的。特别在那些残障学生经过体育学习和努力完成体育技术动作时，体育教师点一下头、竖大拇指或用赞许的目光和喜悦的面部表情来表示赞赏，这将给他们极大鼓舞和激励，将增强他们体育学习的信心和提高其对体育课程学习的兴趣。当然，表扬要恰如其分，不能过，否则会使学生面红耳赤、尴尬不已。教师要熟悉批评教育对象，了解每一个学生的特点，根据错误的性质、影响大小给予批评或采用暗示的方法。批评教育时，教师要以满腔的热情、善意的语言讲清道理，使学生乐意接受教师的教诲，教师应动之以情，晓之以理。

### 2. 直观法

直观法指的是在体育教学中教师通过实际的演示或外力帮助，使学生借助自身的视觉、听觉、触觉、肌肉本体感受器官来直接感知动作的方法。在体育教学中常用的直观法有动作示范、教具与模式演示等。

值得一提的是，课前体育教师要对直观法的具体方式进行分析，了解所授班级学生的基本情况，考虑使用这种方法是否合适，这种方法是否适用于班上所有学生，为了班上一些特殊学生，是否需要更换成其他方法。同时，在使用直观法时，示范或演示角度是否合理，怎样让较弱势学生能轻松地掌握相关体育运动技术和要领等，都是体育教师必须认真考虑的。

3. 完整法与分解法

完整法是从体育项目动作开始到结束，不分部分和段落，完整、连续地进行教学和练习的方法。完整法的优点是教学中能保持技术动作结构的完整性，便于学生形成每个动作技术的整体概念，缺点是应该分解而又不宜分解的动作给教学带来了困难。

在使用完整法教学时，不能一概而论，鉴于班上学生的差异性，一部分学生在教师运用完整法教学后能迅速掌握动作技术要领，接受能力差的或者有运动障碍的学生可能不能快速掌握。此时，体育教师有必要对部分没有掌握的学生使用分解法。完整法和分解法结合使用，二者相得益彰可达到良好的体育教学效果。

分解法指的是将完整的技术动作分成几部分，逐段进行教学的方法。这种教学方法的优点是把动作技术的难度相对降低，将复杂的体育动作简单化，便于学生掌握和突出体育教学的重点和难点，同时还有利于提高学生学习的信心。其缺点是不利于学生对完整动作的领会，不利于学生完整地掌握动作要领。

在对体育技术动作进行分解教学时，体育教师要了解学生学习和掌握技术动作的情况，有必要对不同的学生再进行分解与细化，争取让所有学生都能尽快掌握体育课程教学要求的动作技术要领。

4. 纠正动作错误与帮助法

纠正动作错误与帮助法是体育教师为了纠正学生的动作错误所采用的教学方法。在体育教学中，学生的技能提高是伴随着动作错误的不断出现与不断纠正而实现的。体育教学中的纠正动作错误和帮助，特别对运动障碍学生来说，不仅是他们掌握体育运动技能的需要，也是使他们避免运动损伤的需要，更是增强他们对体育学习信心的需要。

5. 领会教学法

领会教学法指教师通过强调动作技术专项培养学生认知能力和兴趣的方法。领会教学法是以项目介绍和比赛概述作为运动项目的开始，让学生了解该项目的特点和比赛规则，从而使学生一开始就对该运动项目有一个全面的了解。领会教学法使用时，教师要对所授班级学生进行合理分组，不同层次学生安排不同的合理的教学内容和练习内容。

6. 游戏法与竞赛法

游戏法是体育教师在体育课程教学过程中，组织学生做体育游戏来完成体育课堂教学任务的一种教学方法。游戏法通常有一定的情节和竞争成分，体育游戏内容与形式多种多样。在游戏中结合竞争、合作等要素可以帮助体育教师在教学的过程中培养学生的思考和判断能力，陶冶学生的情操，对学生进行心理锻炼等，因此在体育教学中游戏法被广泛采用。竞赛法指的是教师通过组织学生比赛使学生进行技能学习和练习的一种教学方法。

在使用游戏法与竞赛法时，体育教师只有做到以下几点，才能更好地提高体育课堂教学的成效。首先是依据班级学生的特点和体育能力选择合理的体育游戏项目；其次是在游戏或竞赛之前对学生进行分类，并在关注学生差异性的基础上进行合理分组（队），只有游戏或竞赛组别分配合理、科学，才能体现体育游戏和竞赛的公平性和可比性，才能激发学生的斗志。再次是制定公平、灵活、操作性强的体育游戏或竞赛规则。游戏或竞赛规则设置要考虑弱势学生进行游戏或竞赛的障碍和要求，必要时可以降低对他们的要求和更改规则，使之简化。最后是游戏或竞赛结束后，要适当进行奖惩，要加大对弱势学生的奖励。

## （三）学生体育练习方法

学生体育练习方法指的是学生在体育教师指导下，按照一定的要求，相对独立地进行体育学习与练习的方法。体育教学中的学生体育练习方法包括自学法、自练法、自评法。

1. 自学法

自学法指的是在体育教师的指导下，学生学习体育与卫生保健知识，学习、掌握动作技术的方法。自学法主要包括学生自主阅读法和观察法。

2. 自练法

自练法是学生在教师的指导下，以学生自身的独立活动为主，有目的地反复进行身体练习或实际操作，掌握体育与卫生保健知识，形成、巩固、提高运动技能的方法。自练法包括模仿练习法、反馈练习法、强化练习法。模仿练习法是学生按照教师提供的动作模式进行模仿性练习。反馈练习法是学生通过获取自己所掌握的运动技能、操作技能与标准动作之间的差异的信息，以加强自我诊断，不断改进与提高自己运动技能与操作技能的方法。强化练习法是学生在多次反复练习的基础上，为了更好地掌握运动动作，创设比较复杂多变的练习条件与外部环境，通过自我强化，进一步巩固、提高运动技能的方法。无论是模仿练习法、反馈练习法，还是强化练习法，体育教师都要分析学生的个性特征，并根据学生个体差异和具体要求给予及时辅导，特别要恰到好处地帮助特殊学生完成自我练习任务，最终实现体育与健康课堂教学目标。

### 3. 自评法

自评法指的是在教师的指导下，学生相对独立地依据一定的标准对自己所学的知识、所掌握的运动技能进行判断，促进知识与运动技能学习的方法。自评法包括目标自评法、动作自评法和效果自评法。

## 四、全纳教育理念下的青少年体育教育组织

体育课的组织指的是为实现体育课的教学目标所采用的各种合理措施与手段。体育课组织的内容包括理论课组织和实践课组织。理论课组织主要包括课堂常规讲解、集中学生注意力、提问讨论、板书、演示挂图模具、组织学生朗读、课堂测验和练习以及布置作业等内容。实践课组织主要包括课堂常规（包括课前常规、课中常规、课后常规三个部分）讲解、体操队形排列、编班分组和分组教学、组织学生锻炼身体、场地器材的布置以及体育干部的培养和使用等内容。

### （一）全纳体育实践课堂的组织

在教学过程中，教师、学生、教材三者通过复杂的相互作用使教学成为一个动态的统一过程。在这一过程中，教师采取一定的组织教学形式和手段来完成一定的教学任务，实现教师的"教"和学生的"学"的目标。然而，教无定法，任何教学方法和组织形式都是根据一定的教学内容和教学对象而制定的。组织体育课堂教学，一般从以下几个方面进行。

### 1. 抓住课堂常规，实施教学过程

体育教学过程是为了实现体育教学目标而实施的，使学生掌握体育知识和运动技能并接受各种体育道德的教学程序。它包含教师和学生两大基本要素。教师和学生为全纳课堂教学的动力源，故在体育教学中，全纳性要求体育教师须将每个学生作为独特个体来接受与认可，时刻考虑他们的个性差异对体育的不同需求，接受他们的身体机能和体能的差异，并在学生各自的基础上引导他

们获得最大的身心健康发展。

体育教学过程是学生掌握体育知识、形成运动技能、提高运动素质以及体验运动乐趣的综合过程。要在这一综合过程中贯穿全纳性教育，可以借助以下四条途径。

①教师要制定周密的教学计划，提高大多数学生的运动技能，增进学生身心健康，完成体育课教学目标和教学任务。

②教师要根据学生的差异性特征，选择教学内容和身体练习负荷强度，按照学生的实际体育运动能力情况开展体育教学，满足学生的不同身体练习需求，并要对所有学生的全面健康发展保持信心。

③教师可将全班学生按照体能、运动技能水平进行分组，体能和运动技能水平相近的学生分在同一小组。这样全班学生被分成若干小组，教师在班上体育骨干的帮助下，针对每组学生特点采取不同的教学方法和手段，使得每个学生都取得发展与进步。

④教师要建立和谐的体育课堂氛围。课堂中教学活动的参与者没有"你""我""他"的概念，只有"我们"的概念，每一个人都是"我们"的一分子。在体育知识、运动技能学习过程中，教师可营造民主、平等、欢迎接纳所有学生的教学氛围，使每位学习者都感到自己是受欢迎的、受尊重的。学生是学习的主体，每个学生都应充分发挥个体独特的优势。体育教学中体育教师与学生之间、学生与学生之间相互尊重、相互合作、相互帮助，教师应帮助学生不断排除学生在体育学习和活动中的各种障碍。教师应对所有学生都寄予希望，不歧视和排斥任何有运动障碍的学生。

2. 抓住教学内容，认真组织教学

（1）同一内容的组织教学

体育课中，同一内容在不同课时中重复练习的难度要求是不一致的，同时鉴于学生的个体差异，同一内容对不同学生的要求也不尽相同。如三年级投掷这一内容第一次课的要求是教会学生投掷方法；第二次课则要求学生初步掌握投掷方法，学生通过多次的重复练习进一步掌握投掷方法，重复练习的难度会有所提高。因此，教师在教学中对同一内容如果每次都采用同样的组织教学方法，学生自然会感到枯燥无味而注意力分散。因此，对于同一内容的重复练习，教师要根据"动型"规律逐步提高动作难度，适当改变组织教学方法，激发学生的学习兴趣，对班上的特殊学生更要适当降低难度，改变组织方法，可由集中教授转到个别指导，也可以结合游戏的方式进行。如上面举的投掷一例，随着课时的变化，教师可采用"打靶"一类趣味性游戏或竞赛等，达到教学的目的。

（2）不同内容的组织教学

体育包括田径、球类、技巧、武术、体操等多方面的内容，不同的内容有不同的特性。因此，教师在教学中要善于把握各内容的特点，挖掘内容潜力，将组织教学与内容特点有机结合，分析学生对不同内容的领悟程度。为了让所有学生都能参与到体育课程学习中来，体育教师有时可以针对班上不同类别和层次的学生，选择不同的体育内容进行教学，改变传统的组织教学形式，变学生被动地接受为主动地学习，从而充分发挥每个学生的主动性和创造性，提高教学效果。

3. 抓住身心特点，激发学习兴趣

学生的生理和心理特点主要表现为有意注意时间短，兴奋过程和无意注意占优势，好奇心强，好动、好模仿、好竞争等。同时一节课中，学生学习的注意力集中程度、意志和情绪等心理活动也是不同的。教学中，教师要充分利用学生的生理和心理特点组织教学，合理安排教学内容。一般而言，学生的注意力在每节课的前半部分最佳，意志力在每节课的中后部分最强，情绪则在每节课的后半部分最好。根据这一特点，教师在组织教学时应把新内容安排在每节课的前半部分，这有利于学生对新内容的学习、理解和掌握；在每节课的后半部分则应安排一些竞争性、游戏性较强的内容，激发学生学习兴趣。同时，教师要做好主教材与辅助教材的搭配，尤其要抓住主教材与辅助教材的内在联系组织教学，以提高课堂教学效果。

在教学中，教师应针对学生生理和心理特点，灵活运用组织方法。教师的组织教学要尽量体现出"新、奇、活、实"，采用形式多样、生动活泼、能够使学生产生强烈兴趣和新鲜感的组织形式，以增强教学的吸引力，激发学生的学习兴趣和热情。如一节课中，把准备部分（热身）设计为"开放式"教学，放手让学生自主学习、自主探究、相互合作、相互交流等，放弃传统的慢跑、集队、做操。把基本部分教学（传授知识、技能）设计为"情境"教学，让学生感受情境中体育的魅力，感悟活动的乐趣，陶冶美的情操。把结束部分设计为舞蹈放松（随音乐）、意念放松（智力拼图）。同时，教师在教学中还要充分发挥手势、眼神、语言的作用，即运用手势指挥、眼神暗示、语言激励的组织方法。手势、眼神是无声的语言，具有其他组织方法不可替代的作用。如学生在教学中注意力分散开小差时，教师用眼神暗示，就能使学生集中注意力。教师的语言激励要以表扬性、勉励性的语言为主，以不断激发学生的学习兴趣。

总之，教师在教学中要根据教学内容，因地制宜，因人而异，因材施教；教师要根据具体情况，灵活运用组织教法，创新教学过程，确保课堂教学的有效实施，从而实现教学目标。

## （二）体育实践课堂组织形式

教学组织形式涉及教学活动应怎样组织和进行，教学的时间和场所以及设备等应如何有效地加以控制和利用等问题。在体育课堂教学中，教学组织形式运用得合理、科学、恰当，对提高课堂教学质量具有直接影响。在过去的几十年里，学校体育在课堂教学结构的改革上做了许多有益的探索，但在教学组织形式上几乎没有什么变化，常见的课堂教学组织形式主要有班级教学、分组教学、个别教学和复式（合班）教学几种形式。随着基础教育课程改革的不断深入，体育课程在"素质教育""健康第一"和"全纳教育"思想的指导下，在许多方面正发生着巨大的变化，其中，有关课堂教学组织形式的许多新课题需要进行深入的研究。

目前，在体育教学中，主要采用的是以自然教学班为单位的教学组织形式，即男女混合班上课。其中，班上特殊学生的体育教学一般也是采取"随班就读"的方式进行的。同其他普通学生一样，这些特殊学生无论是室内理论课还是室外实践体育课，均"随班就读"。这种教学组织方式的优点是形式固定、组织方便、便于学生相互了解；缺点是难以基于学生之间、男女学生及学生个体差异区别对待。班级教学是以行政班为单位的教学组织形式，是我国体育教学的基本组织形式；班内分组教学和个别教学则是班级教学的补充；我国的山区、牧区、渔区由于学龄儿童（指一个年级）人数少，只好两个或三个年级放在一起进行教学，这就是复式教学。

1. 班级教学组织形式

（1）自然班级教学

自然班级教学又称全班教学，是按年龄、文化程度把学生编成一定人数的行政教学班，按照课程表上课的一种教学组织形式。这种班级统一教学的组织形式是目前小学课堂教学中普遍采取的基本组织形式。它是以自然教学班为单位的教学组织形式，即男女混合上课。自然教学班（主流）一般每个班50—70人。在绝大多数情况下，体育教学与其他学科一样，都是采取这种以行政划分的班级来进行上课的，即全班学生根据教师提出的任务和要求，在教师统一指导下，同时或依次地进行练习。这种组织形式一般在场地宽敞、器材充足的情况下使用。

采用这种大课堂式的组织形式，教师同时面对全班学生进行教学，所有学生每次的学习内容、学习进度都是一样的，其优点是教师不必将同样的内容和问题重复若干遍，便于教师的统一指导、全面观察，增加了学生互相激励、互相帮助的机会。但此种组织形式同时也存在着一定的局限性，其主要方式是教师讲，学生听、练，课堂成为演出"教案剧"的舞台，教师是"主角""主演"，能力强的学生是"主要配角"，大多数学生只是"群众演员"。相对小组活动形式来说，学生之间的交往不多，教师通常只与一小部分学生交往频繁，而容易使另一部分学生游离于教学活动之外，因而对每个学生的情况得不到确切和及时的反馈，对不同个性的学生进行针对性的指导比较困难。换句话说，班级教学组织形式难以适应学生在学习速度、学习方式和个性方面的差异，教师难于进行个别指导，不易充分调动和发挥每一个学生学习的积极性。

由于种种原因，就目前和今后一段时间内我国中小学的现状而言，体育课采用行政编班仍将是主流。因此，体育教师应考虑的是如何对班级教学组织形式进行改革，并将其同小组教学、个别教学等形式相结合，以发挥教学整体功能。

（2）合班分组教学

合班分组教学即将同年级几个班级的学生重新编班分组，由若干体育教师分别进行教学的相对稳定的教学组织形式，通常有按性别分组、按体质健康水平分组、按体育水平分组、按专项能力以及兴趣爱好分组等。

合班分组教学的优点是可以根据学生的不同情况制定教学目标，选择教学内容，调控生理负荷；能充分调动学生学习与锻炼的自觉性、积极性。其缺点为给课程安排增加难度，教师人数少、场地器材不足的学校难以进行。

（3）小班化教学

相对来说，小班化教学的人数并不是很多，一般20—30个学生为一个班。研究表明，实践性课堂教学的人数最好控制在20—30人，以便于教师及时关注每一个学生的学习情况，手把手地进行辅导。学生越少，教师对每一位学生进行辅导与关注的程度就会越高。可见，小班化教学有利于教师对不同学生进行具体的辅导，特别是有利于对能力差的学生进行辅导，在课堂教学时有条件、有时间允许每个学生按照自己的速度来达到同一教学目标，允许学生采用各自不同的学习方式，可以在一定程度上使不同学生的需要得到满足。可以预测，随着教育改革的深化，小班化教学组织形式必将在不久的将来得到推广。

2.课内教学组织形式

（1）全班教学

全班教学就是对全班学生进行的统一教学。其优点是便于统一调动指挥，全面照顾学生，有较高的练习密度；缺点是不利于区别对待、个别辅导。

（2）班内分组教学

班内分组教学是根据课程的教学目标和要求将全班学生分成若干个小组分别进行教学，以实现教学目标的教学组织形式。采取分组教学主要是考虑到班中学生之间的差异，教师可根据需要灵活掌握教学要求与教学进度，调整教学组织结构。相对全班教学来说，这种组织形式更加个性化，更能增加小组成员合作学习的机会。目前在大多数学校体育教学中仍采用男女合班上课的形式。因此在教学中，除低年级外，可以按不同性别分组，按掌握情况分组，或是根据身体发育、健康状况和体育基础分组，也可以以相同内容和不同内容分组。

班内分组方法有随机分组、同质分组（体能和技能大致相同的划分为一组）、异质分组（男女搭配分组；不同体能与技能的分在一组）、合作分组、帮教分组、友伴分组等。班内分组教学的主要形式有分组不轮换和分组轮换。

分组不轮换是将学生分成若干组，在教师统一指导下，各组按教材内容安排顺序，依次独立进行学习并完成教学目标。其优缺点与全班教学的基本相同，一般在场地器材条件充足的情况下，应多采用这种教学形式，以便提高练习效果。在小学阶段，特别是在小学高年级，一般采用分组不轮换的形式，即男生、女生分别在同一课中按不同的内容进行学习。

分组轮换是将学生分成若干组，在教师的指导和小组长的协助下，各组分别学习不同性质的教材内容，按预定的时间轮换学习内容的教学组织形式。目前，小学体育教学中较多采用这种教学组织形式。其优点是在班级人数多、场地器材不足的情况下，可以使学生获得较多的实际练习的机会以及提高练习的密度，培养学生独立学习的能力，有利于学生互帮互学，能提高学生自学、自练、自评能力；其不足之处是教师不易全面指导学生，不易合理安排教学顺序和灵活掌握教学时间。分组轮换的形式有很多，教师一般采用以下几种形式。

①两组一次等时轮换。在学生人数不多、学习新内容比较困难、复习内容也比较复杂的情况下，可采用这种教学组织形式。

上课时分成男生、女生两大组进行相同内容的分组练习，一组学习新内容，另一组复习旧内容。

②两组一次不等时轮换。在学生人数不多、学习新内容比较复杂、需加强辅助练习时，可采用这种教学组织形式。如上课时基本部分28分钟，第一组学习跳远16分钟，其中前4分钟进行跳远辅助练习，后12分钟进行跳远练习；第二组练习攀爬（复习），到12分钟时由教师讲解示范跳远动作，指导安排辅助练习（4分钟），到16分钟轮换，第一组复习攀爬，第二组练习跳远。这种形式便于教师指导做辅助练习，能够保证学习的时间和效果。

③三组两次等时轮换。学生人数多，器材较少，新内容比较容易，复习内容比较简单或学生已掌握比较熟练的复习课，适合采用这种教学组织形式。上课时，把学生分成三组，教学内容安排成等时的新内容和两项旧内容，如基本部分时间为30分钟，第一组学习新内容，第二组复习第一项旧内容，第三组复习第二项旧内容，到10分钟时依次轮换一次，到20分钟时再依次轮换。

④四组三次等时轮换。在学生人数较多、综合课考核前的复习课或是体能练习时，可采用这种教学组织形式。如在进行立定跳远的练习时，可将全班学生分成四组分别练习不同的内容，到一定时间，四组依次轮换，再到一定时间再轮换一次，到3/4时间，再次轮换。这种教学组织形式能巩固学习效果，但对教师的组织管理水平和学生的自觉性要求较高。

⑤先合（分）组后分（合）组，指上课时先全班集中练习同一内容，然后分组练习不同的内容，并按时轮换，或反之。在课程的内容有时不易分开练习时可采用这种组织形式。如对学生某方面的成绩进行测定、评价时，先集中进行成绩测定前的辅助练习，然后分组复习学习过的内容，到一定时间再进行轮换。此外，根据教学的需要还可以实行临时分组等形式进行教学。

由于小组中各个学生的情况不完全相同，分组教学组织形式依然存在着一定的不适合个别学生需要的局限性。不论采用哪种分组教学组织形式，教师都应照顾到体质较弱的小组、运动技能水平差的组和女生组，优先保证他们按合理的顺序进行练习。此外教师还应重视体育骨干的培养和发挥他们的作用，他们可协助教师做好分组教学，同时教师需加强对学生的自觉管理能力的培养。

3. 个别教学

个别教学指的是教师因人而异地单独指导个别学生的学习。它与个别辅导有所区别，个别辅导是全班教学组织形式的补充，对学习进度慢的学生进行辅导，为学习进度快的学生提供提高练习活动；而个别教学组织形式是与全班教学组织形式并立的，是教师分别与每个学生接触，以学生自学为主，教师进行必要的辅导。

有时形式上虽有很多学生同在一起学习并接受一位教师的指导，但如果教学时教师对一个个学生单独进行指导，那么这样的教学就其实质来说是一种个别教学。其优点是能做到有的放矢，有利于学生个性发展，真正体现因材施教；不仅使优秀学生能进一步提高自己的运动技能水平，更重要的是能帮助后进生及时补上自己学习上存在的缺陷。但在有限的时间内，一个教师要面对几十位学生，如果单个具体指导，就很难完成教学任务。因此，这种教学组织形式常穿插于集体教学活动中，作为全班教学和分组教学的补充。但在小班化教学中，采用这种教学组织形式比较合适。

在教学中恰当地采用个别教学组织形式，会大大提高学生练习的兴趣和信心，如在低年级学生学习"持轻物投准"时，先采用全班教学，在学生初步理解动作要领的基础上，让学生分散自由练习投准。此时，教师可不失时机地采用个别教学组织形式。由于小班人数少，教师就有足够的时间，一个不漏地关注和指导学生，让每个学生都点燃学习的内部动力，这样学生就会越学越有信心。个别教学强调的是让学生通过自主学习，达到目标要求。例如，练习中可以允许学生根据自己的能力选择不同的距离来进行投准，并不断提高自己的能力，教师可在进行个别指导时通过逐个提高要求来提高学生各自的能力。运用这种教学组织形式，能使教师根据各个学生的需要，与学生一起确定学习范围和进度，并为学生提供各种材料，给予学生一定的反馈和评价，以更好地达成教学目标。

4.复式教学

复式教学指的是由一位教师在同一节课上分别对不同年级（两个或两个以上年级）的学生进行教学的组织形式。它一般适用于一些师资力量薄弱和办学条件较差的地区（如山区、牧区、渔区等），由于同年龄和知识水平相近的学生人数较少，如果进行个别教学教师数量不够，因而由两个或两个以上年级的学生共同组成一个班级，由一位教师进行教学。复式教学虽然是一个教师要兼教几个年级，给教学管理带来了不小的困难，但它也具有一些独特的潜在优势。

由于复式教学包括的年级多少不等，因此在编班时应根据不同的情况采用不同的做法，一般有单班多级复式、两班复式等形式。由于复式教学班上学生年级不同，教师教学时要考虑的问题很多，如动静的搭配问题（如低中年级复式教学时可安排二动二静；低高年级复式教学时可安排一动二静、二动一静等）、线路问题、时间分配问题、学生自学能力培养问题、如何建立良好的课堂常规等，这些问题都需要教师认真思考。因此，教学时采用何种组织形式教师都要根据实际情况来全面考虑、灵活掌握。教师只要正确加以组织、合理编班，注意小助手的培养和利用，复式教学同样可以取得较好的教学效果。

5.俱乐部制教学

这里所指的俱乐部并不同于由社团、体育爱好者自发组织的较为松散的自由体育俱乐部，而是由教育行政渠道（体育部）所组建的体育教学俱乐部。

体育教学俱乐部打破了原有体育课的传统做法，把体育教学、课外体育活动、运动队训练三者有机地融为一体，成为一种综合的体育教学组织形式。这种教学组织形式就目前来说还是属于理想型的教学组织形式，但相信在不久的将来，这种教学组织形式将会被更多的学校所采用。

俱乐部制教学以学生为主体，教师由原来的传授者变为组织者和辅导者。教学的基本形式是教师集中辅导，学生分散练习。每周教师以体育课的形式辅导一次，并要求学生参加本俱乐部辅导站的活动1—2次。俱乐部的活动时间绝大多数安排在下午，不占用正课时间，这样有利于集中安排俱乐部杯联赛和俱乐部组织的其他活动。

为了解决学生体育学习的连续性、阶段性问题，学校可以将俱乐部分为初级和高级两种形式。依据各项目的特点，可以分设男、女俱乐部，以解决性别差异的问题。此外，还应注意的是俱乐部活动必须依据学生的个人兴趣和爱好进行，以发展学生的个性，培养和完善学生独立人格为目标。

# 第三章 我国青少年体育教育中的复合教育

## 第一节 青少年体育教育中的德育

### 一、体育教育中德育的特点

体育教育包括思想教育因素，按照体育教育特点进行思想教育，这是一个不以人们意志为转移的带有规律性的现象。

#### （一）德育是学校教育的首要任务

纵观古今中外，各国教育无一例外地均重视德育。德育是教育者按照一定的社会要求，有目的、有计划地对受教育者施加影响和培育，使他们养成所期望的品德，也就是对受教育者在心理上施行有目的、有系统的意化作用。对德育这个概念，不能理解为一般意义上的道德教育，其内涵应包括人们的政治态度、世界观以及道德品质等方面的教育。

我国是社会主义国家，我们的目的是要建设社会主义社会，最后实现共产主义。各级各类学校设有政治课，专门对学生进行马克思主义基本理论和思想政治教育，以及富有时代精神的道德品质教育，其他各门课程也要结合各学科的特点把共产主义思想意识、社会主义道德情操贯穿在整个学校教育中。

社会主义精神文明是社会主义的特征之一，高度的精神文明要求人们要提高自身的社会主义道德风尚和伦理修养水平，树立共产主义远大目标，增强精神动力和奋斗意志。所以，进行思想品德教育是建设社会主义现代化强国的一个重要手段，是社会各个领域的责任，更是学校教育的责任。体育教育是学校教育的一个重要组成部分，向学生进行思想品德教育，是体育教育责无旁贷的义务。这是社会的需要，新的历史时期的要求，绝不能忽视。

### （二）体育教育与德育的密切联系

体育属于人类总文化范畴，它本身就是社会精神文明的一个组成部分。体育教育同德育的密切联系还表现在体育教育所具有的教育性，因为体育教师在向学生传授知识技能和培养学生能力的过程中能影响学生的思想感情、培养学生良好的意志品质，对学生世界观的形成起积极的影响作用。不论什么样的教学都在客观上对学生起着教育作用，不起积极的教育作用，就起消极的教育作用。早在19世纪，德国教育家赫尔巴特就提出了教学的教育性问题。他说："我不承认有任何无教育的教学。"又说，"教学如果没有进行道德教育，那么它只是一种没目的的手段；道德教育（或品格教育）如果没有教学，就是一种失去手段的目的"。马克思列宁主义揭示了教育的本质，更强调教育与教学的统一，以及教学的科学性和思想性的统一。我们应正确利用教学的教育性这一客观规律，充分发挥教学在思想教育中的积极作用，使教学成为培养社会主义新人的重要手段。

体育教育同德育教育有着密切的联系，是由体育教育过程自身的特点所决定的。人的道德习惯、道德观点和道德情感在运动的特殊条件下会显露得明显。众所周知，道德修养的标志之一就是看一个人如何对待他人，如何对待他人的行为、成就或挫折。学生对待体育运动成绩、对同班同学参加竞赛和完成课业的反应是各种各样的。有的人真诚地为同伴的成就高兴，有的人却很冷淡，有的人则嫉妒。一个善于思考的教师往往能够利用这些表现来了解学生的道德观。

体育活动为进行各种教育活动提供了各种可能性，学生或者是准确地按照信号和指挥进行活动，或者是在自由选择的情况下进行活动，这些活动会提高学生的行为责任感，对学生有一定的自我评价和自我组织作用，对培养学生的自律性起很大作用。

### （三）体育教育中思想品德教育的特点

#### 1.寓思想品德教育于身体练习之中

任何一项运动技术的掌握，都要经过一个复杂的实践过程。由于运动技能的形成过程是按照条件反射模式进行的，经历动力定型的过程要付出很大的体能和体力，在练习中学生会产生很多的生理性反应，如疲劳感、疼痛感、酸胀感等，因而会引起一系列的心理活动，如怕苦、怕累、怕疼、怕伤等，在此情形下学生需要坚强的意志来克服一系列心理障碍。因此，也可认为学生掌握运动技术的过程，同时也是培养优良道德意志品质的过程。

学生进行各种身体练习时，思维活动和有机体（学生身体）直接参与学习活动，学生通过反复的身体练习来掌握运动技能、发展身体、增强体质。在进行体育活动时，学生的思维活动极为活跃，他们专心地思考如何掌握技术，如何运用技术、战术，如何在竞赛中击败对方取得胜利。在大脑活动中心转移到运动中的情况下，思考其他问题的意识活动时间就必然会减少，因而平时被意识控制或掩盖着的心理活动、思想意志品质的真实性及内心世界等极易得以表现，如有的活跃，有的稳健；有的沉着，有的急躁；有的自信坚定，有的胆小懦弱；有的自尊心极强而勇敢顽强，有的知难而退且不求上进；有的患得患失，有的爱护集体而不惜牺牲个人得失；有的认真负责，有的敷衍了事；有的礼貌文明，有的蛮不讲理；等等。学生的真实心理活动在平时是较难掌握的，而在体育活动时，基于体育运动具有表现性强的特点，这种心理活动便易于掌握，这就为教师有的放矢地进行思想教育创造了极为有利的条件。

2.寓思想品德教育于规范要求之中

机体活动的形式多种多样，活动的范围也比较广，教师如果没有一定的规范限制就很难进行教学活动。因此各学校都制定有教学常规，对集合、整队、队形变换、队形练习等均有规范要求。为了促进学生身体的发育，使学生达到一定的运动量，教师要采取不同的组织形式和措施，要求学生按计划完成规定的运动量，如规定跑的距离、动作的次数、练习的组数，限定在一定时间内完成什么动作等，以保证教学任务的完成。体育活动的特征之一是竞赛性，凡竞赛都有规程和规则，如田径、体操、球类等活动都具有一定的规则，即使是活动性游戏学生也都应遵照规程、规则进行，教师在活动中评定成绩。

学生长期参加规范的、严格的、有组织的体育活动，在教师的培养指导下养成了组织纪律观念和遵守纪律的自觉性。作为体育教师，他们必须把握体育运动规范性强的特性，严格执行课堂教学常规，培养学生服从命令听从指挥的习惯，使学生在竞赛中能够严格、准确地执行命令。

3.寓思想品德教育于集体活动之中

体育教学是在一定组织形式下进行的，为了方便教学，有时还要分小组进行活动。学生长期在班组织、队组织的集体中学习、训练和比赛，这为培养学生的集体主义精神创造了先决条件。学校体育从内容到形式，从方法到要求，都具有强烈的集体性。因此，无论参加哪一项体育活动的评比或体育竞赛都面临着一个为集体争取荣誉的问题。即使是单项个人竞赛，也都要纳入团体总成绩之中。在体育竞赛活动中，任何一个成员，无论他在竞赛活动中扮演什么角色，当他尽到了自己应尽的义务，为争取集体荣誉做出了自己最大的努力时，他就能充分体验到内心的愉快和满足，他所承担的义务和自己内心的需要就结合了起来。在竞赛活动中有主力队员，有替补队员，还有队内的工作人员以及呐喊助威的"拉拉队"队员，他们都在为集体荣誉贡献自己的力量。因此把握住为集体争荣誉这一点，以此来培养学生热爱组织、热爱集体、热爱祖国的情感，并将其深入道德行为的自觉培养中，这是体育教师进行集体主义教育的大好时机。我们要在体育活动中大力提倡相互尊重、互教互学、相互配合、团结协作、抛弃个人私心杂念、先人后己、公而忘私的集体主义精神。

4. 寓思想品德教育于竞争交往之中

体育运动最富有竞争性。体育运动的竞争性既是物质力量，又是精神力量，二者的辩证统一可产生巨大的作用。竞争者首先要有实力，其次要有高尚的意志品质和心理素质。实力，包括运动员的体能体力、身体素质以及技术战术等内容。高尚的意志品质和心理素质，包括高涨的情绪、勇敢顽强的斗志、坚毅果断、不怕苦、不怕累、自信、自制、敢于求胜、善于取胜、积极向上、勇于拼搏，以及胜不骄、败不馁、服从裁判、遵守纪律、与同伴默契协作等内容。运动竞争是技术、战术的智力竞争，是身体素质的竞争，是意志品质和心理素质的竞争，也是思想作风的竞争。

体育运动项目是多种多样的，要提高各个项目的运动技术水平除需要某些共同的意志品质保证外，不同的项目又需要不同的意志品质和心理素质来保证。例如，长跑侧重于以毅力和恒心为保证，球类运动侧重于以自信、果断、坚韧不拔等为保证。运动技术的提高和竞赛的获胜依靠意志品质，意志品质又要在经常的运动训练中逐渐磨炼而得以增强，二者是相互联系、相互制约的。

普通体育课虽然达不到专业比赛那样高的层次，但其中包含的道理是相同的。普通体育教学中，在一节体育课结束前，教师经常要采取一些竞赛的方式来提高学生学习的积极性。参加竞赛的同学会表现出力争上游、努力拼搏的精神面貌，不直接参加竞赛的学生也都会自动为同学呐喊助威。因此，体育教师要抓住体育运动竞争性强的特点，在教学中密切联系实际地对学生进行集体主义教育。同时，体育教师还可以用模范事迹启发诱导学生重视思想品德修养，并在教学中根据不同项目的不同特点要求学生用自己的意志努力克服行动中碰到的困难，提高思想品德教学水平。一般体育锻炼和运动竞赛，交往性都很强，

竞赛还有利于学生调节人际关系。在运动竞赛的交往中学生要以社会主义道德规范和行为原则约束自己，使同学之间互相产生亲近感，这有利于培养学生谦虚、谨慎、忠诚、合作、礼貌、团结、友爱、互相尊重的优良品质。在运动竞赛中我们提倡健康的体育道德风尚，坚决反对搞歪门邪道，要求运动员尊重对方，服从裁判，理解观众，讲文明懂礼貌，能够虚心向对方学习，要求裁判员做到严肃、认真、公正、准确。

## 二、体育教育中德育的内容

### （一）社会主义思想品德教育

教育青少年一代要加强对社会主义思想品德的培养，首先要提高他们对社会主义思想品德的认识，让他们懂得什么是社会主义思想品德，弄清社会主义思想品德和资本主义、封建主义思想品德的区别。只有提高了他们的认识水平，才能使他们在待人接物时建立起美好的情感，并且以顽强的意志在长期的磨炼中、在生活实践中与旧的情感进行艰苦的斗争，从而建立共产主义理想信念。信念是深刻、炽热、顽强的思想和道德意志的有机统一，而其统一的基础是人们履行社会主义义务的社会生活实践。在树立坚定的思想和道德信念的过程中，人们的行动也随之逐步成为习惯。从培养思想品德来看，认识是前提和根据，情感和意志是内在条件，信念是核心和主导力量，习惯是行为的自然延续。

### （二）爱国主义教育

热爱祖国是社会主义教育的重要内容，热爱祖国、保卫祖国是中华人民共和国宪法规定的每个公民应尽的义务。爱祖国主要表现在对社会主义祖国、对领导人民建设祖国的中国共产党的热爱，对建设社会主义和实现共产主义的关心，对社会主义祖国无限忠诚。体育运动对培养爱国主义精神有重要作用，具体表现在两个方面：一是为建设祖国、保卫祖国而锻炼身体；二是做出优异成绩，为国家做出贡献，为国家争取光荣。努力锻炼身体是爱国主义的具体表现，我们必须从这种崇高的道德观念出发认识和对待体育教育。

### （三）集体主义教育

集体主义教育是社会主义思想道德教育的基本内容之一，体现了工人阶级和广大劳动人民群众的根本利益，它是社会主义道德用以调整个人和社会关系所应遵循的根本指导原则。在社会主义道德中贯穿着集体主义的基本原则，爱祖国、爱人民、爱护公共财物，同学间互相友爱、互相关心、团结合作、遵守纪律等，都是集体主义的表现。集体主义基本原则的主要内容就是，从人民的根本利益出发，坚持集体利益高于个人利益，在保证集体利益的前提下集体利益与个人利益结合起来，当两者发生矛盾时，个人利益必须无条件地服从集体利益。

学校体育几乎都是集体的活动，要求学生有组织、有纪律、密切合作、互相帮助，共同完成某一活动。体育活动能够增进个人与集体、个人与个人之间的感情，因而体育课比在教室静坐的文化学习课有更多的进行集体主义教育的机会，可以发挥更好的集体主义教育效果。

### （四）民主法制和组织纪律教育

学生在体育活动中，特别是在游戏和体育比赛中，每个人必须遵守游戏或体育比赛规则，在规则面前人人平等，任何人违反规则都要接受处罚。这是青少年起初接触到的民主和法制的教育。由于青少年非常喜欢进行游戏和体育竞赛活动，其拥有的参与游戏和比赛实际活动的知识和经验是比较丰富的。他们不但懂得规则的内容，而且常常为犯规和不犯规进行民主的讨论和裁决；对于应当怎样才能取得游戏或比赛的胜利，他们也常常进行民主讨论，每个人都要服从民主的决定。这些都是民主法制的初步教育。在体育运动中，强调遵守规则，发扬民主讨论的精神，对学生有重要的教育意义。

### （五）劳动教育

劳动是人类得以生存和发展的首要条件，没有劳动就没有人类社会。我们应培养学生热爱劳动、爱惜劳动成果和尊重劳动者的品质，这对培养社会主义建设者有重要的意义。我们要教育学生热爱劳动人民，发扬艰苦奋斗的精神。艰苦奋斗是中华民族自尊、自信、自强精神的反映，我们要使学生养成热爱劳动的习惯，教育学生公共财物是广大劳动人民辛勤劳动的成果，不论是学校公共财产，还是社会公共财产都要爱护，鼓励学生积极参加在体育课和课外体育活动中搬运器材、布置场地、清扫运动场、整理器械和修理器材的劳动，使学生从微小的好事做起。

## 三、体育教育中德育的基本途径

### （一）严格教学，教书育人

体育教学是完成体育教育的基本途径，也是向学生进行思想品德教育的重要途径。思想品德教育与技能教学、增强学生体质是统一的，进行思想品德教育既是教学任务，又是增强学生体质的保证。在体育教学中进行思想道德教育可借鉴以下几点建议。

### 1. 突出教师的榜样作用

教师的精神面貌、道德修养、治学态度是至关重要的，育人先育己，育人先正己，只有这样教师才能以自身行为去熏陶、感染学生。如体育教师终日在户外上课，不论是严寒还是酷暑，那种不怕苦、不怕累的精神就能使学生受到感染。

### 2. 结合体育教学的特点

教师要对教学中的每个环节，如队列教学、课堂常规教学、教材安排、组织形式选择、队伍调动及场地器材布置等做周密考虑，并根据学生的年龄特征和班级具体情况实施教育。如利用严格的课堂常规对学生进行教育；教师提前10—15分钟到达场地；上课时师生互相问好，下课时互致再见；要求学生必须做到令行禁止等，使学生能够遵守纪律、服从命令、听从指挥。

### 3. 结合教材内容特点深究教材思想性

体育教材内容繁多，有的教材本身思想性就强，有的则不明显，教师要挖掘教材中的思想教育内容。如排球战术教学就带有较强的思想性，只有集体配合，才能充分发挥个人的特长，提高全队的战斗力，这里就包含着集体主义的协作精神和为他人创造条件、甘当铺路石的思想。又如，传球技术，它本身思想性不强，但传球具有动作细腻、技术娴熟等特点。根据这一特点，教师可要求掌握技术者对待工作要具有兢兢业业、踏实认真的态度。因此，在进行传球教学时，教师应提出培养踏实的作风和做到精益求精的要求。

体育与卫生保健知识，一般都有较强的思想性，教师应注意运用辩证唯物主义立场观点方法，组织体育教学活动，揭示知识暗含的道理，从而使学生明确体育与生命的关系和懂得"生命在于科学运动"的道理，了解体育与德育、智育、美育的关系，懂得健康的身体是事业成功的支柱，以激发学生为实现崇高理想而自觉上好体育课和参加体育锻炼的积极性。同时教师需要结合学生思想实际，进行爱国主义、社会主义精神文明教育。大部分游戏教材具有一定情节、主题思想、竞赛方法和比赛规则，教师可利用游戏特有的教育因素，对学生进行团结友爱、相互合作、维护集体等多面的教育。

### 4. 坚持规范性指导

"规范性指导"，就是利用制度和规则指明行为规范标准，指导学生行为从而收到培养良好道德意识、良好行为习惯的效果。教师除了要求活动要在一定规则限制下进行外，还可以就课堂纪律和教学工作提出种种要求，作为学生行为的准绳，如集合要快、静等。要发挥制度和规则的教育作用，教师就必须认真执行，严格要求，否则规范不能变成行为反而会使学生心理出现问题，导致教育活动失败。

5. 突发事件的处理

体育教学中人常处于动态中，活动空间大，活动因素多，在课中常出现一些教师难以预料的突发事件。如果是一般性事件，教师可及时进行教育处理；如果是教师一时难以了解清楚的事件，教师应先让学生照常活动，待课后调查清楚后，再进行教育处理。处理时教师要分清是非，以理服人。

### （二）加强课外体育活动的教育性

学校课外体育活动包括早操、课间操和课外活动。它是学校体育教育的重要组成部分，也是向学生进行思想品德教育的重要途径之一，在增强学生体质，养成锻炼习惯方面起着重要作用，也是活跃生活、陶冶情操、树立良好学风和校风的有力手段。

在课外体育活动中，加强思想教育工作，可采取评比、表扬等办法。例如，早操评比、达标评比、年终总结，评选优秀体育干部或体育积极分子。在各项活动中，开展评选精神文明队、精神文明队员、文明裁判活动有利于对学生进行思想品德教育。

### （三）严格训练，整体育人

学校体育教育中的课余体育训练，也是完成体育教育任务不可缺少的途径。在课余体育训练中，一般学生负担较重，训练间歇短，训练条件比较艰苦。因此，学生易产生怕苦怕累、怕影响学习等思想活动。所以做好学生思想工作，是保证训练任务完成的重要一环，同时也是育人的一种手段。课余体育训练最根本的任务是推动群众性体育运动的开展和培养全面发展的人才，树立德、智、体、美全面发展的典型。学生通过训练不仅能提高自己的运动成绩，同时也能培养自己的顽强意志和拼搏精神。

## 四、体育教育中的德育方法

教育方法是教育理论中最复杂的内容。我们通常将教育方法理解为一种途径，借助于它，既能实现社会提出的总的教育目的，又能完成教育过程所要解决的具体任务。

## （一）教育要求法

教育要求法是一种最重要的教育方法。如果没有真诚的、直率的、有说服力的、热忱的和坚定不移的要求，那就不可能开始进行群体教育。

教育要求以反映社会行为为准则，道德规范的原则是对这种要求的最高概括。因为这种要求，在学生面前展示了他们进行自我教育的远景。教育要求可以起到激励作用或抑制作用，这种作用以各种指示的形式贯穿在体育教育各项活动中。

教育要求的方式可以是直接的，也可以是间接的。直接要求表现为各种指令、指示、口令，是用一种严肃的、坚决的口吻提出的，有指导性作用；间接要求不显露教师的权威性，它表现为建议、请求、暗示，它与直接要求的区别在于间接要求可引起心理变化，以成为引起行为的动因。间接要求有赖于学生本身的动机，因此，间接要求无疑要取决于接受要求个人或整个群体的发展水平。

## （二）陶冶教育法

陶冶教育法是教育者有目的、有计划地利用情感和美的环境在品德形成中的特殊作用，通过自身的爱，以情染情的迁移作用，借以一定的境（景、形、声、氛围、风气等），遵循以境触情、以境陶情的原则，对受教育者进行潜移默化、耳濡目染的熏陶感化，使受教育者在品德情感和品德认识上乃至性格上逐渐完美化的一种方法，即"陶情"和"冶性"。

陶冶教育法在整个德育过程中，同说服教育和实际训练相结合。实践证明，单调地、过多地运用说服教育和实际训练这两种方法，有时容易引起受教育者的对立情绪。陶冶教育法最显著的特点是，它体现了教育者对受教育者无私真诚的爱，对受教育者的理解、尊重、关怀和信任。而这种教育的"爱""理解""尊重""关怀""信任"，在整个德育过程中是取得教育成效的基础，是启迪受教育者心扉的钥匙，是促使受教育者奋进的催化剂，是教育者和受教育者实现心理接触的接触点，这也是教育者的教育机智、教育才能的血和肉。

陶冶教育法置受教育者于一种活动情境之中，这种情境必须具体、生动、形象、直观，富有浓郁的"色、香、味"，而且能像磁石一样强烈地吸引着受教育者，这种情境从表面上看好像是"无求的""自发的"，实际上是经过教育者精心设计和安排的。受教育者在不知不觉中，在有意识和无意识的作用中，犹如身临其境，全神贯注地进入角色，经过较长时间的定向熏陶渐渐地达到陶情冶性之目的。

陶冶教育活动是教育过程的基本组成部分，既有内容丰富的受具体任务制约的活动，又有学生群体同教师一起参加的情境活动。所创造的情境，主要作用在于它的教育气氛。体育教育活动以及运动竞赛的情境客观上使参加活动和竞赛的班级处于相互制约的各种关系中。高涨的活动热情、互相帮助、友好相处，在这种人人相互依存的情境中，利己主义在很大程度上被抑制，集体主义教育会潜移默化地深入学生内心。

有组织的体育课、体育活动值日工作情境能发挥学生的组织作用和能动性。学生在某段时间内在维持公共秩序和集体纪律方面起主要作用，学生对值日生工作的态度又从根本上影响他们的行为。

在体育教学中，常常运用情境教学法，教师根据具体教育任务可以创造一些专门性游戏情境。如为了使两个彼此对立的少年重新和好，可以把他俩安排在同一个运动队里，让他们去共同夺取胜利；在组织性较差的集体里，安排一些遵守一定规则的专门性游戏，以加强学生的组织性，促进他们意志发展。陶冶教育法的形式是多种多样的，可以贯穿在一节体育课或者一组情境中，教师可以运用不同方法来创设一定情境，其中故事化、形象化教学是最基本的陶冶教学法。

### （三）实际锻炼法

实际锻炼法是教育者根据德育任务精心设计创设各种实践活动，有目的、有计划地训练受教育者，使之成为具有优良品德行为习惯的一种方法。实际锻炼法又称练习法、训练法。心理学家波若维奇指出："不能只用说服、奖励、惩罚的方法来培养青少年的个性，要教给青少年掌握固定行为的方法。"实际锻炼法的实质是为了在学生身上形成和巩固道德行为和习惯，使他们多次重复同样的动作和举止，并重复引起这些举止动作的行动动机。从生理学上看，行为习惯是多次重复和巩固某种动作形式的结果，因为这样会在肌体和环境之间形成一定神经联系。从心理学角度讲，教育者要努力创设一种情境使受教育者在这种情境下产生积极的动机去进行锻炼实践，即如果不通过实践锻炼就不可能收到好的教育效果。实践活动和交往是学生思想品德形成和发展的源泉和基础，所以实践活动必须贯穿于体育教育始终，而体育教育恰恰具有实践性特点。实际锻炼法在体育教育中的运用方式有以下几种。

#### 1. 体育课活动

教师有目的、有计划地培养学生的责任感、义务感、荣誉感、创造精神、团结互助精神和顽强拼搏精神。

**2. 课外活动**

教师应让学生都担任一定工作，交给他们具体任务，这有助于培养他们关心集体的主人翁精神。教师应根据每个学生的特点让其承担不同工作、不同任务，以便因材施教。

**3. 运动竞赛活动**

教师应让学生在运动竞赛中扮演角色、担负任务，助力他们在比赛中夺取胜利，有目的、有计划地培养学生为集体荣誉拼搏及胜不骄、败不馁、团结协作、平等竞争的精神。

**4. 制定和执行规章制度**

制定和执行学校各项规章制度（包括体育卫生制度和生活制度）。合理的制度是加强实际锻炼的一种带有强制性的辅助手段。制度是一种无声的命令和行为的时间表，学生每天在规定的时间内必须重复某种行为。这种重复使学生开始时感到一定紧张和不自由，逐步习以为常感到自如，进而形成良好习惯。各类学校中的课间操、课间休息、早操以及作息制度，都是要求学生进行实际锻炼的重要制度。运用实际锻炼法最好从小开始，坚持先入为主的原则；实际锻炼法不是机械训练，要与说服教育法、陶冶教育法相结合，训练要持之以恒，多检查，防止消极因素干扰。

## （四）榜样法

榜样法是与直观概念相联系的，是复杂的道德概念、美学概念的具体化，它能激起某些复杂的感情。榜样能提高精神境界，激起各种美好的感受与向往。

在教育方法体系中有各种各样的榜样。革命领袖的形象代表最崇高的道德理想，它是学生的志向和远大的道德目标；同年龄的英雄人物的榜样，学生较容易模仿；教师本身榜样的力量也是巨大的。

青少年时期，由于他们有了一些生活经验、社会道德标准和对周围环境探索的动机，他们在模仿榜样时有很大的选择性。他们所崇敬的榜样开始与他们憧憬的社会地位产生联系，但是这个时期的青少年毕竟缺乏足够的辨别是非真伪的能力，再加上他们具有极其强烈的自我意识，要求独立，喜欢英雄，富于冒险探奇精神，所以他们所选择的榜样往往是带有种种传奇色彩的人物形象。在这种情况下，一些粗暴的行为、哥们义气、逞强斗殴往往会被误解为"英雄行为"。在体育活动中特别是在比赛中，某些有意犯规、粗野动作、锦标主义、个人突出等，往往成为他们效仿的榜样。因此教师对这一时期的学生选用榜样法进行教育时要十分注意。青少年的思想日臻成熟，他们对周围环境和人都有较为明晰的看法，他们对待榜样的选择带有非常明确的目的性，对榜样的崇敬不再是单纯的模仿，而带有扬弃的特点。

在体育教学中运用榜样法时，教师要以身作则，只有严于律己，才能施教于学生。由于体育教学的自身特点，教师在运用榜样法实现教育目的的过程中，如果失去了在活动中树立典范这个特点那其就不是体育教学法了。青少年喜爱活动，在众多的体育活动项目中，经常会涌现出各式各样典型的人和事，这些典型的人和事会对他们产生很大影响。教师要善于抓住这些看起来是偶然，而实质上经常出现的人和事，在教学中加以肯定、引申、发扬，使其成为学生的典范，这是十分必要的。

### （五）奖惩法

表扬与奖励、批评与惩罚均为辅助性教育方法。奖励的目的在于从情绪上巩固学生良好的行为举止。当取得的成绩受到别人的重视和表扬时，个人会对自己的活动感到满意，这种满意的心情能够巩固良好行为，激励他们取得新成绩。但是，如果奖励这种方法在教育上运用不当，经常使人产生强烈的感受，它就有可能走向自己的反面，使人产生虚荣心，经常想突出自己。

对学生的不良行为起抑制作用的惩罚，也具有与奖励同样的作用机制。惩罚总是使人产生一种不良的自我感觉，一种不愉快的心情，这种感觉和心情对今后类似行为会起抑制作用。但这是一种严厉的办法，因而不宜经常对同一个人采取这种办法，否则，惩罚就会无效，完全失去其应有的作用，或造成师生情绪上的对立和思想上的隔阂，甚至使学生苦闷消沉、自甘暴弃。

# 第二节 青少年体育教育中的智育

## 一、体育教育与智育的关系

体育与智育相互联系，对人的全面发展具有重要意义。体育与智育的相互联系是辩证统一的，智力的增长和发展要求体力也得到相应发展，而身体素质的提高，又会改善进行智力活动的条件，从而对学生的工作能力和学习成绩产生一定影响。巴甫洛夫说："我毕生热爱脑力劳动和体力劳动或许更热爱体力劳动，当手脑结合在一起的时候，我就感到特别愉快。我衷心希望青少年能沿着这条唯一能保证人类幸福的道路继续前进。"巴甫洛夫所说的道路，正是体力与智力结合、手脑结合、全面发展的成才之路。

古往今来，教育历来都是培养人才的事业，对于开发智力资源有着极其重要的作用。所谓智力，就是人认识客观事物并运用知识解决实际问题的能力。一般来说智力就是我们平常所说的心理过程中所表现出来的观察力、注意力、记忆力、想象力、思维能力和分析判断力等构成的统一体。人的智力是物质的反映特性在人的心理、意识水平上的一种表现形态。人的心理意识则同任何心理反应一样，处于一系列不同序列之中。也就是说，智力不是孤零零、无依无靠的东西，智力的发展首先依靠它的物质承担者——大脑的发育成熟，其次依靠人的各种实践活动的深入进行。

## （一）体育教育促进智力发展

### 1. 体育锻炼增强人的体质，促进大脑发育

智力活动是人的大脑这个物质所产生的。当然，人类不能离开社会而存在，人的思维活动取决于社会实践，包括经验和知识。但归根到底，脑的活动是物质的机能。恩格斯曾说过，"思维是脑的产物"。生理学家谢切诺夫从生理学角度分析认为："生命的一切意识的和无意识的动作，按其起源来说，都是反射性的。"

经常参加体育锻炼能增强人的体质，而健全的精神来源于健全的身体。同时体育锻炼有利于增加脑的重量和大脑皮层厚度，增加脑神经细胞树突，为智力发展创造了良好的物质条件。

### 2. 体育锻炼使大脑获得营养和氧气

人体中唯一管思考、管记忆的机器就是大脑，它是人体总管家。大脑的工作必须有充足的营养和氧气供给。而充足的氧气和营养供给又同人体健康状况有直接关系，同时有助于提高大脑的思维能力和记忆力。

### 3. 体育锻炼能提高脑细胞反应速度

经常参加体育运动的人视觉、听觉等感觉器官都比较敏锐，大脑神经细胞反应速度较快，大脑皮层的分析、综合能力也较强。国外有学者指出："测定一个人脑细胞的反应速度，可以看出他们的思考速度和智力。"大脑的功能包括对信息的接收、选择、分析、判断、整理、加工、存储和传递等。从大脑生理学来说，左脑进行的是合理的论理、分析思维，右脑是情感和意志的舞台。在培养创造性思维时，左脑的活动是右脑活动的必要前提，在左脑活动的基础上，调动起右脑活动的兴奋，这种使左右两脑运动自如的活动，属两脑综合型

活动。这种类型的活动对培养创造性直观想象是有利的。人的大脑中有很大一部分潜力（主要是右脑）未曾加以利用，体育运动正是开发右脑的有力手段。

4.经常运动可提高大脑对疲劳的耐受力

大脑皮层各神经中枢对人体活动的管理是有分工的，根据兴奋与抑制过程相互诱导规律，运动时管体力活动的神经中枢高度兴奋，加大了对管脑力活动的神经中枢的抑制，使之得到休息。运动后管脑力活动的神经中枢的功能得到恢复，从而有助于提高学生的学习效率。

5.经常运动有助于掌握各种学科技能、技巧

经常从事体育运动全面发展了人的身体素质，提高了身体的灵巧性、协调性、力量性、耐受性，以及适应各种条件和环境的应变能力，有助于学生掌握各种学科的技能、技巧。研究资料和实践证明，学校代表队运动员能够更快掌握各种技术性动作，工作效率也比较高，并且比不经常运动的人更坚强，更多地具有豁达合群的个性以及相互配合的精神。

语言机能和运动是密切相关的，所以运动对治疗语言障碍是有效的。有学者曾让语言能力高的一群儿童和低的一群儿童进行辨别反应的练习，结果说明在学习初期语言能力高的一群儿童明显占优势，但当语言能力提高到一定程度后，这种差别有缩小趋势。语言能力和运动的这种关系，是由于运动时伴有智力活动这一事实而产生的。许多材料表明，运动能力的发展水平与相应的智力基础相关，如果没有一定的集中注意强度、敏锐观察感知能力、牢固记忆能力以及顽强的意志、稳定的情绪，是不可能完成有效的运动技术任务的。从这个层面上说，体育教育是一般基础教育的基础。教师可以通过单纯运动来刺激学生的智力发展，为学生学习提供基础条件。

## （二）智力发展有利于体育教育

经常从事体育运动可以促进智力发展，但并不是只要运动就会发展智力，也不能否认，体力发展与智力发展两者之间存有矛盾。在具体安排上，体育运动与科学文化知识学习有一个争时间、争体力的矛盾。如果安排得当，能使它们相得益彰，不但可以使运动锻炼促进智力发展，而且可以使发展智力有益于健康。运动员的脑子要比一般人的灵，但用脑不勤奋他们也会成为一事无成的人。体育运动促进人的身体健康，进而能够促进智力发展，但并不是成为运动员就等于智力发展了。因为智力活动的直接承担者是大脑，大脑的健康发育属于生物运动范畴，而智力发展属于思维运动范畴，两者有本质区别。大脑良好

发育只为智力发展提供可能性,将这种可能性转变为现实还需要一定发展过程。在这一过程中,勇于实践、勤奋用脑就是这一转化过程的重要条件。脑子好比是刀,思考、动脑好像是磨刀,刀子愈磨愈锋利,头脑愈用愈伶俐。科学家曾得出这样的结论:劳动(其中包括智力劳动)能锻炼神经系统,游手好闲对神经系统有害。实际上人如果整天无所适从,日子久了会变得精神不振、反应迟钝,甚至晚年易患老年性痴呆。有人调查了世界上400位杰出的文化名人,如祖冲之、李时珍、陆游、托尔斯泰等,发现其中寿命最长的恰恰是一些大量用脑的发明家、科学家。美国斯坦福大学对全国获得优秀奖金的人进行调查,结果表明智力高的人比智力低的人身体更强健更健康。这个大学的研究人员追踪观察美国数十名天才儿童少年时发现,他们的体质和精神远比一般儿童的好。我国对超常儿童这方面的研究结果和他们的结论基本是一致的。体育教育可以促进智力发展,为学习知识提供良好的身体基础。体育教育本身也包括增强体质的科学知识,智育也为学生锻炼身体提供有关科学知识,两者在培养全面发展的年青一代目标下统一起来,相互促进。

## 二、体育教育中的智育要求

### (一)加强体育知识、理论教育,提高学生体育文化素养

从宏观角度看体育是人类所创造的文化的一部分,它反映了人对自身进行变革的认识。现代体育文化的发展,要求体育教育要重视体育知识和理论教学。知识是锻炼身体的向导,是掌握运动技术的先决条件,有了科学知识和理论指导,才能使运动锻炼建立在科学基础上,提高锻炼效果。加强体育知识理论教学,还可充分发挥体育课的教育功能,促进学生德、智、体、美全面发展。有学者通过对体育课的研究指出:"再现的方法使学生活动缺乏独立性和创造性。而把科学知识与体育教学联系起来,使学生掌握活动的规律性和运动对机体影响的规律性,对所学的实际动作从理论上弄通,这才是成功体育教育重要的特色之一。"现代社会体育已经成为人们生活的重要组成部分,人们进行运动,不只是防病健身的需要,还是个性发展、调节情感、社会交往、娱乐和丰富生活的需要。因此我们要让学生了解体育,能欣赏竞技运动比赛,能组织小型竞赛,了解更多的体育保健、养生健身知识,提高文化素养水平。当今,发达国家都在体育教育过程中加强知识理论教育,增加理论讲授课时,充实理论知识内容,加强理论知识考核。

加强知识理论教育,除了要上好室内理论课、保证课时数,还要把基础知

识贯穿于每一节课之中，在传授技术时，不仅让学生知道怎么做，还要让学生懂得为什么要这样做，说明每一个具体技术动作细节的价值。例如，进行耐久跑的教学过程中，在指导学生呼吸时，教师不仅要告诉他们呼吸节奏和跑的节奏相配合，还要使他们知道这样有利于气体交换和血液循环，提高有氧代谢，加强跑的能力，久之能改善呼吸系统和血液循环功能，学生因而能够有意识地自我训练。

### （二）加强弱侧机体运动，开发大脑半球潜力

人的智能等高级神经活动是通过大脑实现的，大脑的两半球分别支配着对侧肢体的运动和感觉，肢体运动和感觉的信号又不断传入对侧大脑，为大脑的发达提供信息和条件。就是说，大脑半球的发达程度与对侧肢体的运动息息相关，运动激活了脑细胞的功能。科尔佐娃的实验证明，训练婴儿左手能加速大脑右半球语言区成熟，训练右手能加速大脑左半球语言区成熟。这一实验说明，手的活动对大脑语言区成熟，对大脑的发育具有促进作用。现代生理学证明，大脑两半球的功能上有显著不同。左脑具有语言、概念、数字、分析、推理等功能，即左脑的功能同逻辑思维有密切关系，右脑具有音乐、绘画、空间、几何、想象、综合等功能，即右脑同形象思维与情感关系密切。据调查，96%的人主要用右手活动，这促进了大脑左半球的逻辑思维能力的发展，而使右半球的形象思维发展较差。联合国教科文组织在关于大脑研究的报告中说："人的大脑中有很大一部分潜力未曾加以利用。"体育活动正是开发右脑功能的有力工具。有的学者指出，若能改变这种"忙闲不均"的状态，调动大脑两半球的积极性，那么他们所能完成的事业可达惊人程度。

在体育教学和训练中，应有意识地增加弱手练习内容。如弱手持实心球、垒球投准、掷远，两人互握弱手拔河，弱手运动传球、投篮以及编创弱侧体操，加强不习惯活动一侧肢体的力量性和技巧性练习。青少年在体育活动中应养成"左右开弓"的习惯。

### （三）加强学科间的横向联系，引导学生学以致用

体育科学不是一个单一的学科，而是由许多学科组成的学科群。它包括从社会科学方面研究体育的科学、从自然科学方面研究体育的科学。它是采取多学科的理论知识和方法进行研究的一门科学。在体育教育理论知识讲授中所涉及的内容是十分广泛的，体育科学必然同许多学科具有密切联系。如果学生善于用所学过的数学、力学、生物学、物理学、卫生学等课程中的知识，他们就

能够更好地理解所学的运动动作的意义和结构。教师在教学中应明确各年级体育理论知识同相关学科的联系，在教学中要使理论与实践密切结合，就要将与运动动作客观规律有联系的理论知识、与身体练习对机体影响的理论知识，尽可能在体育实践课中进行讲授，或依靠学生在其他课上获得的知识让学生自己领悟他们所要完成动作的规律。例如，在学习跳远时，可以向学生讲明跳远者跳的远度取决于什么；在学习投掷项目时，教师可以给学生提出从各种角度推掷铅球的任务，并比较每次的成绩。学生要能将所学的健康教育知识、卫生保健知识运用于实践，努力做到学以致用，由知转化为信，由信转化为行，从而达到增进健康的目的。

### （四）注重培养学生分析问题、解决问题和自学自练的能力

分析问题、解决问题能力的培养是学校教育的最重要任务之一。所谓解决问题指的是学生在学习过程、日常生活和社会实践中，面临新情况，有新问题需要解决时，寻求处理手段和办法的过程。唐纳德·约翰逊认为，解决问题包括准备、生成和判断等阶段。准备指的是确定问题的性质，确定有哪些信息以及解决方法，有什么约束条件等；生成指的是想出一些可供选择的解决方法；判断指的是对这些方法做出评价。顺利地解决问题需具备的条件：①正确理解问题，要注意问题每一个细节和特性，弄清问题的性质和复杂程度；②掌握解决问题的资料和有效方法；③有效地运用策略和制订计划；④通过复制和逆推方法检验结果。

在体育学习、体育活动和竞赛中，学生会遇到各种问题，而且条件千变万化，体育学习的特性为培养学生分析问题、解决问题的能力创造了条件。教师要给学生充分的独立活动时间，使他们能够发现问题并自我解决；教师要重视运用启发式、发现式、学导式教学法，培养学生分析问题、解决问题的能力。教师特别要培养学生独立自学能力和自我锻炼能力，使他们将来走上社会以后仍能坚持不断地学习体育知识和运用体育手段。使学生自我锻炼身体，终身进行体育运动锻炼，是体育教育的重要任务之一。自学能力指的是较少依赖别人的帮助而可以自己独立进行有效学习的能力。学生自我锻炼能力指的是学生自觉地参加体育锻炼并能运用科学方法进行锻炼的能力。学生在锻炼中要把主动性和科学性结合起来，必须消除体育学习的盲目性和无知性。学生自我锻炼能力的形成，需要学生保持持久的对体育的间接兴趣，具有坚持性、自制力，养成自觉锻炼的习惯，同时学生还要掌握多方面的运动技巧和科学锻炼的方法。教师

要让学生学会根据个人实际情况制订锻炼计划或"运动处方",使他们掌握防治创伤和自我监护的方法。为了培养学生的自我锻炼能力,教师本人需要成为自我锻炼、养生健身有素的范例。古人说:"授人以鱼仅供一饭之需;授人以渔则终身受用无穷。"这说明教人以方法的重要。在体育教育中,往往存在一种片面性,即侧重于传授运动技巧,而忽视传授科学锻炼身体的方法,从而影响了培养学生自我锻炼的能力。

### (五)重视创新思维与能力的培养

在体育学习和体育活动中培养创造性思维与能力,应做到以下几点。

#### 1. 要保护好奇心,激发求知欲

好奇心、求知欲、自信心与创造力紧密相关,相互制约。人得到鼓励和赞扬将会导致探索精神和行动的发展。人如果受到不合理的惩罚,则会由于丧失信心而抑制了好奇心和求知欲。

#### 2. 创造条件,积极参加创新性活动

教师要全面了解学生,掌握学生智力形成、发展规律,同时又要深入研究体育教材,挖掘教材的科学性,让学生主动参与创新性学习活动。例如,学生掌握舞蹈或体操技巧单独动作后,就可让学生自己动脑筋创造技巧小联合或小型舞蹈组合。在组织形式上也可让学生领做、领队指挥或小组带队分组练习等。开展多种形式的体育活动,能够使学生在实践中培养创新能力。体育活动的形式:①成立兴趣小组,如武术队、棋友会等;②举行体育知识讲座、比赛等;③开展体育社会交往活动,如校际比赛、联欢、节日郊游、参观运动会等;④搞好课外体育活动,如早操、课间操、课余运动训练、课外活动等。在上述活动中,教师要注意培养体育骨干,依靠积极分子,并注意轮流吸收一部分学生参加体育竞赛活动的组织工作,有意识培养学生社会活动能力、组织才能及创新能力。

#### 3. 善于发现和正确对待有创造潜力的学生

研究和实践证明,创造力较强的学生大多数具有的特征是淘气、顽皮和不受约束,所作所为常常不合常规,在体育活动中往往有嬉戏态度。由于传统观念的影响,有些体育教师常常喜欢守纪律、听话的学生,因此对于具有上述特征的学生难以容忍。其实,学生顽皮捣蛋,很可能含有创造因素,教师应积极引导,发掘其内在积极因素,培养学生的创新能力。

# 第三节　青少年体育教育中的美育

体育教育中的美育，既是教育的目的，又是培养塑造全面发展人的手段。美育渗透到学校教育各学科，在体育学科中尤为突出。长期以来，人们把文字、美术、音乐等认为是美育学科，严重忽视体育教育中的美育。对于体育，人们往往只注重它在增强体质方面的作用，而忽略它在美育教育方面的作用。实际上，体育教育中的美育，不仅有其独特教育手段，而且有独特教育效果。它不像美术，是通过图画中的线条、色彩、形状来使学生感受各种色彩变化的美，以及观察造型的庄重美和优雅美；它也不像音乐，是通过音响、节奏旋律来塑造音乐形象，发展学生听觉的。它是通过体育教育培养完美人体和美的心灵的，是一种富有多种艺术因素的人体运动美的教育，是培养青少年艺术美的一个重要方面。

## 一、体育教育与审美教育的关系

审美心理结构与人的体质结构存在密切的联系，这使审美教育同体育教育的完美交融、有机结合成为可能。但是我们也必须看到，审美心理结构同人的体质结构又毕竟属于人的本质的不同层次，因此作为以完善各自结构为目的的教育活动也必然具有不同的规律，显示出不同的特点。毫无疑问，研究这些规律和特点，弄清审美教育与体育教育的区别对于科学地进行审美教育和体育教育具有重要意义。

### （一）审美教育与体育教育的区别

1.心灵塑造与体能培养

审美教育的目标在于完善个体审美心理结构，通过对审美感知力、想象力、理解力的培养，即通过对审美能力、审美趣味和审美理想的培养，以塑造美丽心灵。审美教育注重人的"心"的方面的培养，体育教育则重在人的"身"的方面的锻炼，以促进个体的体格强健、体能的全面发展，提高个体对外界环境的适应能力和生存能力。

2.审美形式与标准范型

由于审美教育重在心灵塑造，体育教育重在体能培养，因而二者实施教育

136

的媒介也必然不尽相同。审美教育所凭借的媒介如前所述，主要是现实和艺术中的审美因素，即各种各样的审美对象。例如，为了培养个体的视觉审美能力即对色彩、线条的直观感受能力，可以各类绘画和雕刻及其他造型艺术作为审美教育的基本媒介，通过直接审美便可以培养视觉感受力。而体育教育所凭借的媒介，与审美教育相比，不限于审美对象，是多样和广泛的。体育教育通常把身体强壮健美、精神饱满、精力充沛、具有示范意义的整体形象，作为实施体育教育的主要媒介。从静态上看，它应是同良好的精神状态相适应的强壮有力、无病理反应的健康体魄，比例适度、均匀协调的体形，均衡分布、丰满的肌肉，富有生命活力和弹性的皮肤等。从动态上看，它应是在强烈的竞技运动中能够充分发挥人体潜能，动作协调、灵敏，具有较高速度、耐力、柔韧性等。

总之，人体包括人体的内部构造和外部形式，以及人体运动的内部结构和外部形式，均可作为体育教育的媒介，具体说就是体育教师和优秀体育运动员。受教育者通过他们，或就在他们的体质总体上，确立自己的目标和理想，以他们为范型，完善自己的体质。因此，在体育教育中，施教者往往又同时就是教育媒介。施教者这种一身二任，在审美教育中不如体育教育那样突出，这就对施教的体育教师和优秀运动员提出了体质规格方面的要求。

目前，对于优秀运动员的施教者的地位，尚没有引起人们从教育学的角度加以注意和研究，对于体育教师的规格要求，虽然引起了重视但并不明确，且从施教媒介的角度，则还须进一步强调。因此，从教育媒介来看，审美教育的媒介是审美形式，体育教育的媒介则是标准范型。体育教育除了教师这一重要媒介外，为完成示范任务而制定的教育计划、大纲及体育教材、场地、器材乃至一些自然物质条件，也都可作为体育教育的媒介。

3. 自由观照与意志操作

如果说媒介是实现教育目标的条件，那么教育目标最后实现则依靠特定的方法和手段。审美教育与体育教育由于目标的不同、媒介的不同，实施的方法和手段或者说途径也就不同。

以培养和塑造人的美丽心灵为目标的审美教育除了需要受教者亲身参与美的活动，还需要通过一定的教育手段指导受教者进行自由观照活动，这是审美教育的重要方法和手段。而在这一点上，体育教育则不同，以培养和发展人的体质、造就强健体魄和身体机能为目的的体育教育，是通过示范作用和自我身体操作来实现的。在审美教育中，艺术的鉴赏和艺术的创作，虽然是一个动眼，一个动手，却可以殊途同归，达到审美心理结构的完善。体育教育如果只动眼，不动手，不亲自去操作一番，它就永远达不到完善身体教育结构的目的。此外，在审美教育中，观照是一种超功利的对于形式的自由感受，是在情感的触动下，感觉、想象、理解等一系列心理活动的产物。而在体育教育中施教者的示范和受教育者的实际身体操作，则显示出强烈的功利特色，它需要意志力的参与，没有"战胜自我"的顽强意志，任何施教者的示范都不能引起受教育者自我身体操作活动，使体质得到锻炼。可见，审美教育同体育教育在教育目标、教育媒介和教育途径上有严格的区别，各有自己的独立的教育系统，是不能相互取代的。

## （二）体育教育与审美教育的联系

审美教育与体育教育尽管在教育目标、教育媒介和教育途径上各有其特点，但是这两种教育又是相互交融、相互渗透、互为手段、互为目的的。审美教育与体育教育作为完善人格结构的整体进程的两个侧面，存在着密切的联系。

### 1. 体育教育是审美教育的基础

人的体质结构是审美心理结构的物质基础。体质结构的改善，直接影响审美心理的健康发展。运动生理学研究表明，身体运动在增强体质、强壮体魄、开发体能中占有突出的地位。在增强体质的含义中包括神经系统的改善和人的感知能力、应变能力的增强。研究发现，一个以右手劳动为主的成年人，其大脑左半球的机能占优势，左侧的体积比右侧的大。这说明，以身体活动为手段的体育教育，对大脑神经系统发育完善有重要意义。而且，体育教育还能丰富神经细胞突触中传递神经冲动的介质，并可通过在传递神经冲动时引起酸离介子的释放缩短神经冲动在突触延搁的时间，加快突触的传递过程，从而提高神经系统的灵活性。这种灵活性的提高，突出表现在人的感知器官和运动器官的反应能力的增强。

体育教育有助于大脑的良好发育，又有助于感官能力的增强。而敏锐的感官活动能力和丰富的大脑活动能力，正是审美教育得以实施的依据。所以，在这一点上，体育教育和审美教育二者统一了起来，前者不断地发展心理的生理基础，后者则在生理基础上完善审美心理结构，促成理想个性的实现。

### 2. 体育教育的审美渗透

体育教育不仅为审美教育创造了物质基础和条件，同时在体育教育中也总有审美教育的参与。体育教育的根本目的在于增强人的体质，而强壮的体质是通过健美的形式表现出来的。或者说，健美的形式本身就是增强体质的重要方面。众所周知，形式表现着内容，又制约着内容。对于某些脏器疾病，通过校正骨位就可以治愈，而正确的站姿和坐姿，不仅有助于内脏的和谐运动，而且有助于气血精神的舒顺调和。古人所说的"坐如钟，立如松，卧如弓"，正是看到了美的形式对于身体健康的重要作用。因此，体育教育的过程，也是建立美的形式的过程，而美的形式的建立，离不开对美的形式的感知和判断，以及对其有意的追求。这种有意涉及审美意识、审美心理结构。形成对美的形式的兴趣，正是审美教育的内容。体育教育中必然有审美教育的渗入。从体育教育的具体内容看，不难证明这一点。肌肉匀称，躯体雄伟，动作灵活、优雅，具有较好的协调性和节奏感等，无疑都可看作体质强壮、健康的外在形式，这些形式，正是中外美学家公认的人体美的形式。这种形式的获得，自然离不开对这种美的形式感知和对这种形式美的刻意追求。同样，在身体活动乃至运动竞赛中，对某种技能的运用达到自由的程度即在一定的规则规范下全面发挥身体的潜能，在其形式上，也总是体现为美的形式。这种美的形式，表现在人体运动上，应是身体各部位比例配合的和谐，实质上反映出身体内部活动与外部活动的和谐。这种和谐的运动形式正是身体运动目的与身体运动规律相统一的结果，即所谓合规律性与合目的性的自由统一。

亚里士多德认为体育形成健美的体格而不是野蛮兽性的体格。人与动物的肢体发展的区别，正在于人的肢体中已经积集了社会的属性，因此体育教育在发展人的作为生物存在的躯体的时候就同时塑造了人的作为社会存在的人体美。在人体培育的理想中，无论从体育教育来说，还是从审美教育来说，健与美都是紧密联系在一起的，在体育教育中必然渗透着审美教育。

## 二、体育美的特性与内容形式

任何事物和现象都有它自身与众不同的特点。体育美是美的事物的一种表现形式，它必然具备美的事物的一般特性。体育美的质的规定性使它具有自身独有的特征，这种特征寓于共性之中，概括起来有以下几方面。

### （一）形象性

美的事物现象总是形象的、具体的，总是可凭感官直接感受的。它们的内容通过一定的色、声、形等物质材料构成的外在形式表现出来。例如，运动员的健壮身体美指的是具体人，而不是"抽象人"，他们的美必须通过具体的体型、发达的肌肉、红润的面庞、黑红的皮肤等方面表现出来。

## （二）感染性

体育美不只是具体形象的，还有很强的感染力，它不是直接诉诸人的理智，而是诉诸人的情感，它以情感人、激励人、愉悦人。无论是健壮的身体、优美的动作，还是勇敢的拼搏精神都会使人们心旷神怡。体育美感染性的固有特点既不单纯表现在内容上，也不单纯表现在形式上，而是在内容和形式的统一中体现。体育美犹如一面镜子，使人可以从中看到自己充满力量和智慧的形象，看到自己丰富多彩的生活，因此，体育美才能引起人们喜悦的心情。

## （三）自然美与社会美的综合性

体育是具有一定形式的有机体活动，同时又是有一定形式特点的社会活动，因而体育美具有自然美和社会美结合起来的特征。体育美通过人的机体活动创造出身材匀称、肌肉发达、精力充沛的健康美，体育以其感性形式引起人们愉悦的心情，这是体育的自然美。体育的这种自然美不同于一般的自然美，如不同于风光的自然美，风光美往往被一种盲目的自然力所支配，而体育的自然美通过人们自觉而有计划的自身锻炼来实现。体育美又是具有社会性的，表现在体育活动是一种社会活动。体育美的产生和发展都离不开体育实践，体育美对人来说是一种社会价值，这种价值是通过体育运动实践逐渐形成的。它受政治、经济、文化所制约，这是体育美的社会属性。体育美的社会属性还突出表现在它的教育性上，国家和社会使体育美成为对年青一代进行全面发展教育的重要内容。体育活动中体育美的显现，总是带有自然美与社会美的综合性质。人体在运动中既显现出身体的健美，又显示出团结友爱、勇敢无畏的高尚情操。

## （四）相对性与绝对性

体育美并不是一成不变的，它随周围环境的变化而变化。在体育活动实践中，经常会遇到这种情况，一个对象，在此时此地是美的，可是到了彼时彼地，却不一定美了，这表明体育美具有相对性。例如，冰球比赛中运动员穿上冰球护具，风驰电掣般滑行显示了人的灵巧、速度和力量，自然会给人以美感。然而冰球运动员穿着那套护具去散步，那就反而显得丑了。

美之所以为美，丑之所以为丑，都有其质的规定性。在一切具有感性特征的体育活动中，美与丑的矛盾始终存在，并通过斗争互相转化，从而推动体育美的发展，这种斗争是无条件的、绝对的。

体育美的内容是极为丰富的，体育美的种类繁多。从体育活动的直接效果说，健美的体魄所表现出来的青春美、健康美、体形美、姿态美、风度美、力量美、速度美、造型美通过各种运动呈现出来。在竞技运动中娴熟的技术美和多变善战的战术美也都直接表现在运动之中，运动员为国争光、勇敢无畏、敢打敢拼的精神也经常表现在竞赛之中。

1. 人体美

人体美主要表现为人体健康，健康美是体育对人类文化的特殊贡献，也是对体育运动进行审美评价的重要标准之一。健康是人的第一财富，失去健康就失去了心灵和智慧的依托。健康美是人体运动创造的最基本之美，其实质是人的生命之美的表现。一切有损健康甚至摧残健康的行为都是不美的，因为它标志着人的本质力量受到损害、扭曲和摧残，如束胸、为减肥而过度节食。人体美的基本特点是发育健全、身材匀称、肌肉强劲有力而有弹性、行动敏捷、姿态端正、肤色红润、精力充沛，给人以全面而和谐的美感。

2. 运动美

技术一般指的是人们合理运用身体能力和动作提高运动成绩的有效方法、法则和要领。技术美是人体美和动作美的综合体现，具有准确、协调、连贯、有节奏感以及实效性的特点。技术美显示了人的本质力量能够使人们欢欣、愉悦、惊奇、赞叹。运动美除了包含技术美外，还包含战术美。战术包含集体战术和个人战术，是运动员在比赛过程中，根据临场发展变化合理运用技术所采取的有组织、有目的的预见性的配合行动，具有规律性、指导性的特点。战术美是技术美和素质美的综合体现。

3. 意志品质美

意志品质美主要表现为体育运动所特需的原则和精神风格。例如，"参加比取胜更重要"，"更快、更高、更强"，"团结进步、和平、友谊"，以及公正竞赛、机会均等、服从裁判、遵守纪律。思想美是社会主义体育美的特点，以社会主义、共产主义道德观念为准则，个人的思想品质会受到不同价值观、道德观、审美观的影响。但体育精神美，从总体上看，参赛者不论国别、民族宗教信仰，在"横杆面前人人平等"，符合体育精神就美，否则就丑。

4. 建筑设备服饰美

体育建筑是体育美的欣赏和创造不可缺少的物质条件之一。体育建筑既具有实用价值，又具有审美价值。装饰美主要指运动服装、场馆设备、电子仪器、灯光照明、环境的美化。运动服装的基本要求是具有吸湿性、保温性、伸缩性，样式美观适用，并要适合不同项目的特点和要求。

## 三、体育教育中对审美的要求

人体运动的各种动作是作为特殊的感性形式进入审美领域的。朱光潜说过，人体以其生动、柔和的线条和美的轮廓，有力的体魄和匀称的形态成为大自然中最完美的一部分，标志着星球上最高级生命的尊严。蔡元培认为："体操者，一方以健康为目的，一方实以身体为美的形式之发展，希腊雕像所以空前绝美，即由于此。"这两种论述与前述关于体质和美的运动形式关系的分析是一致的。我们可以进一步确认，体育教育遵循着形式美的规律。形式美是客观事物各种形式结构的美，包含事物形状、结构、体积、色彩、光线、质地、空间的美，以及各种声音的音色、节奏、韵律的美。在体育教育中，人体和人体运动以其美的形式而进入审美领域。对运动者自身而言，便是审美主客体融为一体，除视觉、听觉所感受的美外，还存在着一种本体所感受的美。这样，在体育教育中，受教者也就在亲身操作的运动中积累着审美经验，形成与发展审美心理结构。即是说，在体育教育中，必然地进行着双重的建构过程，即体质结构的建构和审美心理结构的建构。由于人的身体活动总是受心理活动支配的，于是，审美心理结构既在体育教育中建构，同时反过来指导体育结构的建构。因此，对身体运动的形式美的追求，便构成了体育教育中的审美模式。

在体育教育中，审美模式对于运动形式的影响体现在两个方面：一是塑造美的人体结构；二是塑造美的人休运动形式，包含动作的多样、统一、整齐、对称、比例、均衡、对比、和谐、层次、节奏等。依据这一内涵，体育教育中的审美教育应注意做到以下事项。

### （一）注重人体形态美和动作美的培养

人是自然界中发展得最好的动物。人的形态最为完美，动作最为复杂巧妙，以致表现为形象的美。在劳动生产中，在生活中，都有这种美的表现。在舞蹈、戏剧、杂技等艺术表演中，在体育运动中，更为生动地表现出人体形态和动作的美。它是自然美和艺术美的结合。我们看到游泳运动员强健的体魄和协调优美的动作时，就会产生一种健与美的感觉。所以，从古到今很多艺术家用绘画、雕塑等表现栩栩如生的人体美，给人们以美感。

1. 正常的生长发育和正确的身体姿势是人体形态美的基本要求

人体的形态美，主要表现为自然的或正常的体态，包括生长发育正常、肌肉丰满、姿势正确、动作自然等。为此，使学生具有正常的身体形态和正确的行动姿势，是体育教育的重要任务之一。特别是中小学学生正处于生长发育时期，身体的可塑性或可变性很大，由于不良的习惯或某部分肌肉较弱，常常形成低头、弯腰、驼背、斜肩以及"八字脚"等不美观的形态，走路时腿和手臂的动作不正确、不自然，这对青少年身心的健康成长将会产生不良的影响。因为，身体是一个人的形象和精神状态的表现，健美的体格会使人终身感到幸福和愉快，也是精神文明的一种表现。相反，虚弱的、不正常的、不美观的身体形态，将会令人感到不悦，精神上也会受到一定的影响。因此，学校体育必须重视学生身体的正常生长发育，使学生具有正确的姿势形态，这也是体育教育中美育的任务。

2. 协调和韵律感是人体动作美的重要因素

人体动作美主要表现为动作的协调和韵律感，任何优美的动作都是协调的和具有韵律感的。一个初学骑自行车的人，骑车时躯干、手、脚的动作很不协调，看上去很费力但骑不快或常摔倒；而一个熟练的骑自行车者骑车时轻松自然，不费力气而且骑得快。几乎所有的体育运动，美感都表现在动作的协调和韵律感上。体育教育就是要发展身体的各种活动能力，培养动作的灵敏协调，发挥动作的较大效率，使人的动作既经济又美观。体育教育尤其要注意培养学生坐、立、走、跑等动作姿势正确和协调，因为这是日常生活中最基本的动作，从美育的观点来说，这也是人的最直观的形象。人们在从事体育运动时，自己和谐地、有韵律感地完成某些动作，或者同别人合作完成某些动作，将会感到愉快，并由此产生美的感受。体育运动中的舞蹈、艺术体操、花样滑冰等，更是体育和艺术结合的典型，具有很好的教育作用。

## （二）教师注意自己的仪表、教态美和教法手段美

学生正处在长知识、长身体时期，求知欲和模仿性强，所以教师的语言、仪表、举止、精神面貌对学生有潜移默化的影响。

在炎热的盛夏或者严寒的隆冬，教师应能保持坚定、沉着、积极、乐观的精神面貌，处处严格要求自己，举止言谈文明礼貌，穿着整洁，富有朝气，教态自然，这样教师本身就成为审美对象，必然会激发学生的积极情绪，给学生留下健美的印象。体育教师同其他课教师相比，其榜样的影响更加突出，体育教师应以自己语言的优美、行动的文雅、生活的朴实、作风的正派给学生以美的感受。因为体育课传授知识技能不仅要靠教师讲解，还需要教师用形象的身体动作示范来感染学生，这样的教学双边活动，一定程度上是一种审美活动。作为一个体育教师，应注意结合体育教学对学生进行美的教育，讲授一些基础

的美学知识，帮助学生树立正确的审美观，并在示范动作准确的前提下，力求把动作做得轻松优美，以便能吸引学生，使学生产生兴趣，让学生跃跃欲试，为学生掌握动作技术创造良好的条件。对美漠不关心的人，极易将美的现象轻轻放过。教育者的吸引力，对提高教育效果有不言而喻的价值。学生的审美意识需要启发，这首先依赖于教师对美的了解，因此教师本身的美学素质水平如何，直接关系到体育教学中美育教育效果。

体育教学工作者应该培养一些自己对现实中美的感受、判断和评价能力，研究美感的生理、心理基础和社会根源，从科学的意义上懂得美、懂得审美意识，这样才能真正使美育贯穿于教学之中。

体育教育要注意教学方法和手段美，培养学生对美的感受能力、鉴赏能力、表现能力和创造能力。教学手段的选择上注意新颖多样、丰富多彩，教学手段要有针对性、科学性、趣味性。例如，体操队形图案要精心设计、经常变换、形式多样；准备活动的动作要优美大方、丰富多彩，这样学生做起来就会久练不厌、学而不倦，并可以达到感受美、表达美、欣赏美以及培养感受能力的目的。教师要特别从体育与卫生角度来训练学生的感官，以利于其日后健康地参加审美活动。

在体育教学方法和手段的选择上，要注意审美能力的培养。作为体育运动的观众所享受的美感多半是视觉上的，而作为运动者则是视觉上的，也是神经与肌肉上的感觉，教师要通过多种手段和方法，使学生的美感范围扩大，并且加深美感体验的丰富性和深刻性。

在体育教学中，教师可运用多种教法，特别是运用启发诱导法、发现法、探求法等，培养学生的想象力、创造力，丰富学生美的表现力。如教师教会学生几个舞蹈步伐和手势后，学生即可按教师要求自编一节或几节舞蹈，学生可采用不同的连接方式，创造舞蹈小组合。刻板的训练，往往使学生厌倦，但教法得当就会收到良好效果。教师要注意将系统的体育知识、卫生知识同美学知识的传授结合起来。

### （三）运用场地器材的布置和利用自然环境进行美育

体育教学主要是在操场上进行的，运动练习的器材场地是构成体育教学的一个重要因素。因此，教师在上课前应根据教学内容和目的把场地设计得美观、线条清晰，器材布局要符合美学要求，器材放置要井然有序，给学生以美感。根据课的要求，正确选择上课时的站队位置，把场地清扫干净，做到地势平坦，无石块和其他障碍物。在条件允许的情况下，尽力美化操场周围环境，如栽植花草，整齐地放置花盆等，让学生一走入运动场，在精神上有轻松愉快感。教师通过辛勤劳动使学生享受环境美，这是教师以实际行动对学生进行美育教育的具体体现。

在创造体育教学环境美时，教师应注意对场地布置、器材摆放、色彩的布置等进行综合考虑。教师要根据学生审美特点和教材内容，设计新颖的教学环境。例如，为提高学生机体活性和大脑兴奋程度把学生带到宽敞明亮、颜色鲜艳的环境中；为减少运动后的紧张和疲劳感，把学生领到比较宁静的地方，如绿荫下或颜色暗淡的环境中。再如，在学习前滚翻时，为使学生从各个角度观察动作环节，同时为使教学环境同动作要领协调一致，即蹬地时有直腿过程，滚动时团身有圆滑过程。在创造环境美时，教师要科学地运用色彩、形状和声响的形式美提高教育效果。例如，在双杠或跳马教学时，教师习惯上采用两列横队列于双杠或跳马（跳箱）旁边，这种形状本身给人以严肃感，无形中增加了学生的紧张心理，如改用三角形，则可使学生产生稳定感，进而可减少学生的心理压力。

曲线给人以优美感，可以使人产生愉悦感，因此体育教学中应利用曲线美学的特点，达到既可以强身，又令人赏心悦目的目的。尤其是在游戏活动中，教师应采用蛇形、"S"形、圆形队形和布置场地。

利用自然环境条件进行美育教育是行之有效的方法。大自然是审美教育的好课堂，自然美常会引起人们丰富的联想，它对陶冶青少年的情操有重要作用。经验证明，根据教学计划和学校体育工作安排计划，适当组织学生野游、登山、远足、泅渡等活动是有效地对学生进行体育和美育教育的好方法。在春天，把学生带到一片新绿的原野，让他们在大自然的怀抱中呼吸清新的空气和闻着温馨的花香，并完成教育教学任务；在秋季，组织学生登山比赛，那火红的枫叶、金色的阳光、林立的厂房、蜿蜒的公路能鼓舞学生攀登高峰。寓体育教育于自然美之中，让学生走出狭小课堂，不仅开阔了学生的眼界，振奋了学生的精神，丰富了学生的想象力，而且激发了学生对生活、对祖国的热爱。

## （四）体育教育将音乐引进课堂进行美育教育

音乐进入体育教学课堂是向学生进行美育教育的一个有效手段。试想，如果把悦耳动听、节奏鲜明的音乐引进体育教学课堂，让学生在优美的音乐下，进行准备活动、整理活动以及有节奏的循环练习，那么学生的学习情绪将会高涨。情绪的活跃伴随身体活跃，促进有机体尽快活动起来，血糖增加，呼吸和脉搏加快，为身体练习创造必要条件。特别是悦耳动听的音乐，通过人的听觉器官传入大脑，对神经系统是一种良性刺激，它激发情感、增强欲念，使体育课本身原有的和谐性、趣味性得到有效发挥，同时也激起学生身体锻炼的热情，使学生受到美的教育。

体育课教学中采用音乐伴奏，音乐的节奏需根据动作的速度和所要完成练习的节奏而定，不能生搬硬套。例如，太极拳的特点是轻松柔和、连贯均匀，教师可选用民族音乐伴奏辅以语言描述随着音乐的旋律使学生沉浸在美妙的想象中。处在美的意境中，学生对太极拳的内涵和特点将会有丰富的情感体验，打出行云流水般的意味。

### （五）结合技术训练和运动竞赛进行美育

体育美大量表现为运动技术美，结合技术训练进行美育就是要求学生在学习掌握运动技术时既是正确的、合理的，又是美的。应该说，美的技术都是先进的、合理的，因为它符合技术发展规律，体现了人的本质力量。

掌握运动技术是一个复杂的过程，它需要视觉、听觉、运动觉、肌肉觉、平衡觉等多种感觉参加活动。因此，根据专项运动技术的需要，有计划地培养学生各种感觉能力，是提高各项运动技术的重要途径之一，也是培养和提高学生审美能力及表现力、创造力的重要途径之一。教师要在练习中使学生明确在什么情况下动作完成得美，什么情况下动作不美，要反复强调对动作技术进行自我检查、自我体验。

在练习或训练中教师要培养学生为实现理想目标而艰苦奋斗和百折不挠的意志。在竞赛中学生的精神面貌十分重要。两强相遇，既是比身体、比技术、比战术，也是比思想、比意志、比气势，还要体现出青少年的心灵美。

结合运动竞赛要培养学生正确的胜负观，培养学生博大的胸怀、豪爽大方的气度、良好的道德品质，不以一时的胜负来判定自己的价值取向，做到赢得有理，输也不愧。鲁迅先生看长跑比赛时，对落在后面而坚持到底的运动员肃然起敬，为他的"不为最先，不耻落后"的精神所深深感动，说这种精神是"中国的脊梁"，并从中看到坚韧不拔的民族精神。可以说，他们虽输犹胜，因为正是在定输无疑的情况下才格外突出地显示出他们的意志力量、品格力量、精神力量和智慧力量，从而表现出一种超常美、崇高美。

# 第四节　青少年体育教育中的个性教育

## 一、个性与体育教育

"个性"这个词，在西方最早出现在拉丁文中，即"persona"，指的是古代希腊、罗马时代代表不同剧中人的演员佩带的假面具，如同中国京剧中代表不同人物性格的脸谱。"个性"是一个在哲学、理学、教育学、社会学、伦理学等中出现率最高的名词，但公认的具有权威性的定义至今没有。一般在体育教育中，个性指的是学生在体育活动中经常表现出来的比较稳定的个体心理特征总和。

个性的特征包括以下几个方面。①个性的整体性。个性是全面影响人的心理和行为的一种因素，对人的发展起决定性作用。②个性的独特性，即个性的差异性。"人心不同各如其面"，由于先天素质、后天社会生活及所受教育条件不同，人的个性差异很大。个性不是芸芸众生的品质，而是活生生的各自不同的人格。③个性的多面性。个性是由生物因素亚结构、心理亚结构、社会亚结构和个性倾向亚结构组成的。④个性的动力性。这是由个性的稳定性和可变性推导出来的特性，说明个性是人体的一个内在的动力因素，既可使人的心理行为稳定成型，也可使相对稳定的心理、行为在一定条件下发生变化。

人的个性应包含人的气质、性格、情感、意志、兴趣爱好、知识、智力、意向、经验态度、抱负、观念、理想等方面有别于他人的特点等内容。在相同年龄的学生中，可以发现有的聪明机灵；有的迟钝呆板；有的善于思考，能够做大量复杂的武术套路或体操动作；有的性情开朗喜好言谈，有的却性情孤僻不好交际；有的性格坚强不怕挫折，有的却性格软弱，经不起挫折和失败。这些都是个性差异。

个性与世界观、思想品质、道德规范不同，它不包含社会的伦理价值标准。人的个性是没有高低优劣之分的，但个性存在着是否成熟完整、完善的差别，因此也就存在着个性发展问题。个性发展过程不仅发生量的变化，而且发生质的变化。正因为这样，教育学把青少年的发展过程看作人的个性完善的复杂而又矛盾的途径。个性在现代哲学、社会学、心理学和教育学中被理解为具体人，其本质被马克思确定为社会关系的总和。

人应当形成个性，这是在一系列因素影响下进行的，并服从一定规律。形成个性的基本影响因素一般认为是遗传、环境和教育。遗传是前提，社会环境是决定因素，而教育起主导作用。有目的、有意识地培养发展个性，与无目的地听任自流，从社会效果上看是极不一样的。从历史的纵向观点来看，一个不尊重个性的时代，绝不是一个生气勃勃的时代。从当今社会的横向观点看，社会日益复杂，分工愈加细致，各个层次、各个领域、各行业都需要有各类不同个性的人去履行职责。一个组织需要最大限度地发挥具有不同个性人们的长处，以取得最好效果。一个没有个人独创性和个人志愿的、规格统一的个人组成的社会，将是一个没有发展可能的不幸社会。

体育教育在培养青少年个性方面起着独特的、其他教育形式难以起到的作用，这是由于体育教育所具有的几个特点所决定的。

第一，体育是人的独立行为活动。社会心理学家认为："研究个性不能离开活动。"体育教育过程中，学生是活动主体，与其他教育活动不同的是学生没有固定在一张课桌前，他们可以在一个广阔的领域里尽情游戏、奔跑、竞赛，他们的个性既可以充分展示出来，又可以在各项活动中得到充分发展。

第二，在体育教育活动中，学生有较广泛的社会交往和人际关系。"个性是社会关系的产物"，在体育活动中学生有较大的社会流动、较多的社会交往。社会学调查证明，经常从事体育活动的学生比一般学生要参加更多的社会活动和社会组织，他们在这些社会组织和活动中，个性可以得到充分发展和完善。

第三，体育活动是陪伴青少年终身的一项活动，它与人的密切程度常常超过其他活动，因此它对人的个性的塑造起着稳定而长久的作用。一方面，个性有选择活动的作用；另一方面，运动锻炼又在改造、调整、完善人的个性。

第四，体育活动项目丰富多样、种类繁多，每个人都可以从中选择一个或几个能使自己感到"合适的位置"，并在其中扮演一个"角色"，这种活动方式上的差异，可以加深个性差别。即使在同一个球队，中锋和后卫、主攻手和二传手具有不同的个性表现。

随着现代教育的发展，国内外教育界日益重视发展和完善学生个性。经济发达的国家都把发展学生个性列为体育教育的任务之一。日本、美国、德国、俄罗斯等都十分重视在体育教学中发展学生的个性。

为什么我国现代体育教育要注重发展学生的个性呢？首先，这是贯彻党的教育方针，培养现代合格人才的需要。体育教育的对象是不同年龄的学生，他们的体力、智力等身心发展水平都是有差异的，为了使他们在德智体诸方面生动活泼地、主动地发展，必须要注重发展学生的个性。其次，为了更好地完成体育教学任务也需要发展学生的个性。体育教育使学生在一个生动活泼的环境、气氛中进行练习，从中发展学生的身体，使学生身心健康发展。在这一过程中要动其参加体育活动之情，在练习中使其感到欢乐舒畅，在情感上使其感到满足，只有这样才能培养学生的锻炼能力，才有助于学生终身体育观念的形成，这是提高教育质量的需要。

## 二、动机、态度的培养与个性发展

人在一定社会生活中通过各种经验获得各种特有需要，如体育需要、艺术需要等，充分满足需要是个性发展的重要条件。需要是个性的一种状态，是个性积极性的源泉，是个体心理发展的动力，因此发展个性就必须在体育教育中培养动机。

### （一）动机概念和分类

学生从事体育活动，不仅要达到一定目的，而且是以一定动机出发的。一个人的行为活动总是由一定的动机引起的。例如，足球运动员参加足球比赛，他们也有一定目的，可能是为了获得胜利，使其所在球队晋级，也可能是为了锻炼身体。有的学生经常从事足球运动感到的是一种满足，那么他所体验的满足就变成了动机。动机是激励人们去行动的内驱力，是人的行动的内在动力，它是受客观物质生活条件所决定的，它能激发人为完成确定目的而努力，它常以兴趣、愿望、理想等形式表现出来。动机在人的行动中具有重要意义。一个人的动机决定一个人行动的质量。动机有很多种，下面仅介绍与体育教育活动有关的几种动机。

①联系动机。在体育教育过程中，学生总是要和他人交往发生联系。

②权利动机。权利动机指的是一个人有一种让别人按自己的意图办事的愿望。

③进取动机。进取动机指的是要求上进取得好成绩的动机，这种动机因人而异，正常学生是不可能没有进取动机的。

④追求社会相互影响的动机。此种动机指的是一个人在社会地位上希望得到社会承认，想在社会上有一定的影响。

⑤希望成功和害怕失败的动机。世界上没有只想成功不害怕失败的人，也没有只害怕失败不想成功的人。

### （二）诱发长远和正确的学习动机

社会对学生提出的要求，必然引起学生心理的不平衡，要缓解这种不平衡，学生就会产生对知识、技能学习的敏感倾向性，而这种倾向性就可以转化为学习动机。学习动机可以促使有机体释放出一定能量或产生冲动去进行学习与锻炼，如不怕寒冷和酷热进行锻炼，聚精会神地听课……从而满足了学习需要，学会某种知识或技能。当学习需要满足后，推动学习的内部力量就减弱了，这时，新的学习要求出现使学生心理产生新的不平衡，于是，为满足学习的新需要，产生新的动力……如此不断地推动学习。可见，学习动机来源于学习需要。

学习动机由学习需要引起，但学习需要并不等于学习动机。学生有了学习需要，同时又明确意识到满足需要的对象和可能性（如获得好分数，能够学会或受到家长的表扬等），也就是产生了学习目标，这时目标指向意念，并且当目标指向意念真正成为推动学生产生目标行动的内在动力时，学习需要就成为学习动机了。

目标指向意念（为学习需要和学习目标的意识提供良好机会），诱因可以分为外部诱因和内部诱因。外部诱因是引起学生学习目标指向意念的客观外在因素，如社会上良好的学习风尚、改革教材内容、改进教学方法，教师提高自己的知识水平、改进对学生的态度，师生集体营造良好的学习气氛等都可以成为引起学生学习目标指向意念的良好外部诱因。例如，一个学识渊博、品德高尚又热爱学生的好教师，就可能致使学生由于喜爱他而喜爱他教的这门课从而对这门课的学习产生强烈的向往和追求，显然，教师这时就成为学生学好课程的动机的外部诱因。内部诱因是引起学生学习目标指向意念的内在因素，如学生的浓厚兴趣、求知欲、志向、远大理想、坚定的信念、强烈的荣誉感和成就感等。例如，一个学生确立了为祖国社会主义建设事业做贡献的远大志向，那么他必然会有强烈的求知与求健的需要，会给自己设置较高的学习与锻炼目标，从而产生明确而长远的学习动机，促使他为实现目标而不懈地努力。

在教育过程中，进行理想教育和学习目的教育，实际上就是通过外部诱因帮助学生形成内部诱因。诱因具有促进（或诱发）学生学习目标指向意念的作用。在一定的诱因条件下，当学生明确意识到满足学习需要的目标时（即产生目标指向意念），学生就会产生强有力的学习动机去推动目标行动实现目标。

学生的学习动机有不同的类型，根据动机的动力来源，可分为内部动机和外部动机。内部动机即学习任务本身的动机（直接来源于学习活动），中心是求知欲和好奇心。学生在学习过程中对学习内容产生了解、理解、探索的渴求，对问题产生阐明和解决的欲望，因而能够自觉地、如饥似渴地去听课，完成作业，钻研、讨论问题，阅读课外参考资料以及积极锻炼身体。外部动机来自与学习活动有关的其他外部因素，如学好功课得到家长和同学的赞许，包括与将来升学、找职业相联系的动机，与未来理想相联系的动机。

学习动机是学生进行长期的、系统的学习活动的必要条件。学习动机在学习中的作用主要表现在以下几个方面：①发动学习活动，使之指向学习的对象和学习的目标；②制止与学习目标不相一致的行为，或防止某些干扰学习活动的内部因素出现；③推动学习活动坚持不懈、始终一贯地进行，如注意力集中、能积极克服学习中的困难。

### （三）提高目标设置水平，培养正确、长远的学习动机

学习动机是在一定诱因条件下形成的，要激发学生的学习动机，就要重视提供诱因。一方面，创设各种条件提供良好的外部诱因，另一方面采取教育措施，利用外部诱因帮助学生形成良好的内部诱因。在提供诱因时，重要的是帮助学生不断提高目标设置水平而不是空洞地说教。只有当学生的学习需要与其学习目标的意识结合起来时，学生才能产生学习动机，而且，学生学习的目标水平可以决定其动机水平。所以，要提高学生的学习动机水平，就要不断提高他们的目标水平。

关于确定目标方法对提高运动技能的程度的影响，弗雷什曼和葛内进行了一项力量计操纵实验。实验表明，对力量计操纵者每周确定一次目标，就比只确定最后一次目标的运动技能的提高速度明显。目标方法对提高运动技能的影响由此可见。确定目标方法必须具体、明确，并以定量化的指标确定目标。黑格尔做了一项学生跳高的简单试验。上课之前，他问学生能纵跳摸高摸多高（指摸高架按距离横列的根数），有的学生说能摸 14 根处，实际上他只能摸到 12 根处。那么教师第二次教学应让他摸多少根处呢？笔者认为让他摸 13 根处有利于培养学生的竞争动机。

小学生的学习动机带有被动性，他们不善于独立地提出自己的行动动机。中学生的学习动机就开始出现新特点，即远大的社会性动机日益发展。在体育教育中，中学生学习动机既有直接的学习动机（对承担一定运动负荷的满足，对完成复杂动作所感受到的情感），也有间接动机（为集体荣誉而勤学苦练）。中学生对体育的直接动机和间接动机以及兴趣的广度和深度随年龄变化而变化，呈阶段性特点。

### （四）激发学习欲望，培养学生兴趣

学习动机和需要直接联系，往往以兴趣和愿望的形式表现出来，而学习兴趣在学习动机中是最重要的一部分。学习兴趣是人们力求认识事物或从事某种活动的积极的较稳定的倾向。学生的直接兴趣和间接兴趣结合可以激发正确的

学习动机，从而提高学习效率。

求知欲是学生认识事物、探求真理时所表现出来的情感体验。教师在体育教学中要不断提出有启发性的问题，启发学生积极思考。

学习兴趣培养首先要和学生已有的知识联系起来，教师可以利用学生原有的学习兴趣激发他们产生新的兴趣。如学生看电影、做游戏等的兴趣，教师可以借助这种形式使学习动机迁移到体育活动中去。教师要通过教学内容和方法手段的新颖性激发学生的学习兴趣。教师讲授知识要注意系统性、逻辑性、趣味性，在选择运用教学方法时要注意新颖性。例如，教加速跑，不能每次课都采用计时跑、直线跑和纠正错误动作跑等方式，可以结合游戏等变换形式，提高学生学习兴趣。在教学中教师也可通过培养审美能力提高学生的学习兴趣，如优美的造型、矫健的身姿能激发学生对体育的热爱，并能陶冶情操。

根据生物信息反馈原理，教师应当使学生及时了解自己的学习结果，这种结果的反馈就可成为提高学生学习兴趣的信息。因此，学生及时了解学习结果可以激发他们的学习兴趣。评价也是激发学生学习动机的手段，教师要客观、公正、及时地对学生的学习结果给予评价。

在教学中教师还要创设情绪体验情景，激发学生学习兴趣。如在跑的练习中，设置一段"危险地带"要求学生快速通过，这样不仅能活跃学生气氛，还能激发他们的学习兴趣。

### （五）态度培养与个性发展

体育态度与个性发展有密切联系，一般态度指个人对有关的各种对象或情况的反应，受经验指示性影响而使精神做好准备的状态。体育态度有两类：一类是对体育本身的态度；另一类是通过体育而形成的态度问题。从体育方面来说，态度是通过身体运动经验决定某种对象（竞技运动、比赛体育教育）怎样感觉、思考和行动的一种倾向。对个人行动产生影响的感受，如是好感还是无好感，是积极的还是消极的，是接近的还是回避的等，都会对后天个性的形成产生重大影响。

### （六）确定正确的学习价值观，端正学习态度

学习态度是一个人性格特征的重要组成部分，也是学生对学习活动所特有的评价和行为倾向。学生的学习态度可以从他们对学习的意义的认识，在学习中所产生的积极或消极情绪、情感体验及在从事学习活动中的积极或消极行为表现出来。

学习态度好的学生，在学习中能够调动自身智力活动的积极性，使智力活

动保持最佳状态，从而取得好的学习效果。首先，良好的学习态度的激励，能够提高学生大脑神经细胞的兴奋性水平，使学生大脑充分活跃起来，从而使学生能够主动积极地参加体育锻炼，并主动接收知识信息和对知识信息进行加工编码。所以学习态度好的学生在接受和理解知识上必然是精益求精的，他们力求更深刻地掌握知识。其次，学习态度好的学生能够充分发挥自己的认知系统和动力系统对学习的调控作用，注意寻找学习的最佳方法和途径，经常对学习内容和学习方法进行反思，这样不仅能提高学习效率，还常有创见产生。再次，学习态度好的学生不仅能够完成课业任务，还能够从课外竞赛、课外活动、社会和自然中汲取知识营养，充分利用各种学习资源充实自己的知识宝库，所以他们的知识既深又广，同时能持久地记忆。另外，学习态度好的学生还能够主动在各种机会和情境中运用所学知识理论联系实际使知识变"活"。综上所述，良好的学习态度是取得良好学习效果的重要的非智能因素。

学习态度来自学生的学习价值观。学习价值观是由学生对学习意义的评价而产生的认知观念。一个学生的学习价值观必然影响他的学习态度，从而决定他在学习中的表现。

## 三、体育教育中发展个性的要求

### （一）认真识别和承认学生个性，对不同个性给予鼓励

要培养和发展学生个性，首先要发现和辨认个性。有位教育家说得好："游戏可以使孩子的天性暴露无遗。"胆大的与懦弱的，合群的与孤僻的，好动的与好静的，善斗的与怕事的……都可以在孩子们的游戏和运动中加以区分。只有识别出他们的不同个性才能施加引导和教育。另外，教师对不同个性的学生都要给予鼓励，要允许学生有不同个性，强求一致是不可取的。对个性鲜明的学生不应用一个模式去强求他们，而应允许他们保留那些似乎显得"不合群"的特点，更不要轻易用"狂妄自大""性情古怪""轻浮好斗""调皮捣蛋"等语言刺激挖苦他们。

### （二）要了解掌握学生个性差异，有针对性地"因材施教"

要发展学生个性，只是识别和承认学生个性还不够，还要了解学生个性差异，这对教育实践有着重要意义。学生个性差异主要包括以下几个方面。

1. 兴趣差异

学生的学习兴趣总是指向一定的学习内容、学习形式或学习活动。在广泛

的学习活动中，学生的兴趣常常会分化，形成对某一门学科或某一类学习的中心兴趣。这种学习兴趣的指向性，具有明显的年龄特征。广度是学习兴趣指向对象的广泛程度。兴趣广泛的学生，感兴趣的学科以及课外学习的范围比较广阔，他们能从广泛的学习中求得丰富的知识；兴趣狭窄的学生，只对个别学科或个别学习内容有兴趣。深度是对感兴趣对象反映的深刻程度，即对事物积极探究，深入本质的程度。如有的学生对感兴趣的学习内容深入钻研，一究到底，而有的学生对某项学习虽然有兴趣，却不愿深究，满足于一知半解。稳定性是兴趣保持的时间。有的学生学习兴趣稳固持久，能保持终身；有的学生在学习上见异思迁，兴趣也是"三天打鱼两天晒网"。效能性是学习兴趣对学习活动产生的效果大小。有的学生的学习兴趣只停留在期望和等待状态，并不能促使其按兴趣的方向去行动，这是缺乏推动力且不能产生实际效果的兴趣；有的学生对某学科的兴趣能驱使其积极学习，产生实际的效果。

学习兴趣在学习活动中起重要作用，其作用主要表现在以下几个方面。

（1）对未来活动的准备作用

一个学生从小形成的学习兴趣，可能导致他今后以至终生从事某种事业。因而，兴趣就成为准备从事未来活动的倾向。

（2）对学习活动的推动作用

学习兴趣作为学习行为驱动系统中积极、活跃的心理因素，对学生的学习起推动作用，越是小学低年级学生，他们的学习活动的积极与否往往是以学习兴趣为转移的，感兴趣的学科和某一节课，他们会积极、主动、愉快地学习，不感兴趣的就不想学，即使勉强地、形式地去学习，也感到是沉重负担。小学中、高年级的学生以至中学生，虽然学习不完全以学习兴趣为转移，但是有学习兴趣也是发挥学习积极性的重要方面，所谓"知之者不如好之者，好之者不如乐之者"就是这个道理。

（3）对学习活动中创造性的促进作用

学习活动不是被动地、机械地接受教师知识传授的过程，而是主动、积极地认识活动的过程，虽然学生的学习本身不是创造性活动，不以创造社会价值为目的，但是以创造性态度去学习却是取得良好成效、培养创造型人才的重要方面。

学生在兴趣方面的差异是多方面的，在兴趣的选择、深度、广度、稳定性方面都有差异。教师要积极扩大学生的兴趣范围，并且继而使之变成志向，最终树立终身体育观念。

2. 气质差异

人的气质类型与先天的生物特征相联系，是较稳定的心理特征，给人的个性心理特征涂上独特的色彩。但气质在后天社会生活环境和教育及实践活动影响下是可以改变或被掩蔽的，又具有可变性。作为气质类型本身，并无好坏可言，气质差异并不决定人的生活实践的方向、社会价值和成就的高低。每一种气质类型的人都可以在后天良好环境和教育影响下，在社会实践中成为品德高尚、学识丰富、贡献卓著的人，也可在不良影响下成为一事无成、品德低劣的人。不过，每一种气质类型的不同特点又都蕴藏着积极或消极的性格特征发展的可能性。并且，气质的不同特点对于人的实践活动的方式和效率有一定的影响。所以了解学生的气质类型，把握住他们气质发展的方向，对于提高学生的学习成效，以及培养学生良好的个性品质具有重要的意义。

在学生当中属于某种典型气质类型者是有的，不过随着年龄的增长和社会生活影响的加强，他们更多地表现出以某种气质为主的混合型的特点。了解学生气质差异，是做好教育教学工作的依据之一。

首先，气质是性格的基础。所以，要培养良好性格特征，应了解学生的气质特点，从而预测其性格特征发展的方向性，有针对性地做好教育工作。教师要利用各种气质的积极方面，注意克服其消极方面，使各种气质类型的学生都能形成良好的性格特征。例如，对胆汁质气质的学生，在耐力跑教学中，要求他既要维持一定跑的速度，又要合理地减少能量消耗；既要注意运用跑的技术，又要合理分配自己的体力，以便发扬其气质上朝气蓬勃、自信的积极方面，克服其气质上急躁、好高骛远的消极方面，促进其形成良好的性格。

其次，了解气质差异也是因材施教的依据之一。教师在制定教育教学措施时应考虑学生的气质特点，以收到良好效果。如对多血质学生应多给他们布置任务，创造条件让他们多参加活动，使他们在活动中学习知识、增长才干，培养他们持久耐劳的意志力和踏实细致的学风。对黏液质学生的教育教学应有耐心，教师无论在指导他们接受新知识的过程中还是在指导他们改正缺点的过程中，都要给他们留有余地，同时注意训练他们思维的广阔性、灵活性、敏捷性。对于抑郁质学生应注意多加关怀，让他们在集体中有锻炼和发挥自己才能的机会，建立轻松愉快的学习气氛，在练习中多给予保护帮助，多给予个别辅导，帮助他们树立完成运动动作的信心。在动作示范时，可请他们中做得好的出来表演，平时要多鼓励、多表扬，激励他们奋发向上，课内外要使他们加强全面身体素质的练习，教师要同他们一起进行运动竞赛，这样便于思想交流，可加深师生感情。对不同气质特点的学生应有的放矢地进行教育教学，只有这样才能达到使他们的品格和智力都得到发展的目的。

最后，指导学生了解自己的气质类型和特点，是自我教育的依据之一。在学习中，学生能主动利用自己气质中的优势来补偿气质类型中消极因素所带来的缺陷。如胆汁质学生就会充分利用自己思维灵活、敏捷的优势，补偿其粗心造成的失误；多血质学生可以用自己精力充沛、兴趣广泛、灵活迅速的优势，补偿其注意力分散、缺乏耐心的缺陷；黏液质的学生可用其稳重、细心、注意力专注等优势，弥补其思维迟缓、不灵活的缺陷；抑郁质学生可用其思维深刻、细致等优势弥补其兴趣狭隘、反应迟缓的缺陷。这样，他们都能够取得学习的良好效果。同时，学生了解到自己气质类型中潜藏的积极和消极因素，就能有意识地注意发扬其积极方面，克服其消极方面，使自己的品格发展有明确的方向性。

### 3.性格差异

性格差异主要表现在性格特征的诸方面，如是开朗热情，还是孤僻冷漠；是刻苦认真，还是粗枝大叶；是谦虚谨慎，还是骄傲自满等。学生性格千差万别，但可以按某种特征加以分类。现就个体心理活动倾向外部型或内部型，将人分为内向型和外向型。内向型人较集中于内心活动，一般表现为沉默、好幻想、较孤僻、反应迟缓。内向型人善于做精细、准确的小肌肉群活动，容易在不太紧张的情况下，取得竞赛好成绩。外向型的人一般表现为开朗、活跃、善于交际。外向型人适于做大肌肉群活动，愿意做速度性动作等。性格特征不是孤立的，而是互相联系、互相影响的。各种性格特征的结合，使得每个人都具有自己的性格特点。教师在教育工作中首先要摸清学生性格中的优缺点，使其克服缺点，培养良好性格品质，并且结合在体育活动中出现的问题，分析属于性格或其他方面的原因，从而对症下药。如果学生体育成绩不佳是因为懒惰造成的，那么就帮助他明确学习体育的意义，提高学习兴趣，并同家庭配合，帮助他制订体育锻炼计划，抓住微小进步给予表扬鼓励。如果一个学生由于学习不得法而体育成绩不佳，那么就要帮助他改进方法。

一个人的性格不是短时间内可以改变的，因此为了提高教育效果，教师必须采取灵活而持久的手段和方法，对学生进行较长时间的教育工作，不能急于求成。对于自卑的学生，教师不要过多苛求，要通过暗示、表扬等办法，使他们逐渐看到自己的长处和能力，以增强信心；对于自尊心强的学生，不要一味批评，要顾及情面，并设法在失败中使其看到自己的不足。

### 4. 能力差异

能力差异包括一般能力差异（注意力、观察力、思维能力等）和特殊能力差异。后者指在体育活动中的能力差异，如有的学生有出色的弹跳力等。在顺利完成某项体育活动时，往往不是某一种能力在起作用，而是多种能力共同在起作用。学习体育知识、掌握运动技术都需要有一定能力，而能力是在学习体育知识和掌握运动技术中发展的。能力的形成又促进知识技能掌握。各种能力出现的早晚因人而异，有的学生在童年就表现出体育方面的出众才能，甚至是体育天才，称之"早熟"；有的人才能显露较晚，称之为"大器晚成"。针对上述能力方面的差异，体育教师要重视早期培养，适时进行早期教育。教师还要通过教学、课外锻炼和竞赛等活动，重视发展学生独立从事身体锻炼的能力，使他们养成终身从事运动的习惯。教师要采取有效方法，启发学生思维，培养学生观察、判断、分析的能力。许多学生走向社会，随着年龄的增长，工作、生活环境及身体状况的改变，需找到相应对策，进行身体锻炼。所以，学生体育能力的培养是未来社会的需要，是未来生活的需要。

## （三）注意对后进生和独生子女的个性发展教育

后进生是学校那些思想品德和学业比较落后的学生，也称双差生。后进生在学业上所以后进，原因是多方面的，学习动机不明确、态度不端正是重要原因之一。后进生在思想品德上后进的原因更复杂，其中缺乏道德情感和意志努力也是重要原因之一。从个性发展的角度来看，后进生往往个人个性积极品质发展不足，反而消极品质得到充分表露。后进生并不是生来就后进，更不是永远不能变先进。体育教师要在体育活动中发现那些后进生个性中的积极品质，往往后进生在体育兴趣和能力方面并不差。体育教师应鼓励他们发展优点，并使其在体育活动中所表现出来的优良个性品质迁移到学科学习方面去，从而完善其个性，促进后进变先进。

独生子女由于环境与教育因素都不同于多子女，因此其个性特征也显现出一定的差异性。由于独生子女生理素质较好，家庭条件优越，社会格外重视，所以独生子女一般身体发育良好，认识能力发展快，性格开朗、活泼、进取心、自信心强。然而，独生子女在个性发展方面也易产生诸如任性、好发脾气、性格孤僻、不爱交际、胆小怯懦、独立活动能力差等问题，而且在体育活动中往往显露的更明显。独生子女在个性中存在的消极品质，大都同不良的家庭教育影响有关，所以，教师必须开展家庭教育指导工作，要防止"过度教育"，对学生教育要适度，不可硬灌。在体育活动中要加强训练，提出严格要求，培养学生的责任感，还要放手让他们参加各项体育活动，恰当施教，细心关怀，独生子女必定也会具有较为完善的个性并发展成才。

## 四、发展个性的方法

在体育教育中，发展学生个性的方法有多种，使学生掌握运动技能和发展体能教法，都有可能发展学生的个性，但在体育教育、教学过程中，发展学生个性还有以下几个比较适用的方法。

### （一）启发诱导法

这是由教师提出任务，启发学生自己去探求完成任务的具体途径，在教学过程中，引导学生逐渐达到教师要求，最后由教师提供正确答案的方法。其主要特点是，在授课时，教师提出要求，但不讲解，也不示范，以激发学生思维为主。教师也可采用多种手段提示，通过正误对比、短时间讨论等进行启发，正确地示范，尽可能让学生做，最后由教师给以正确答案。当学生学会后，教师可采用竞赛法、巡回法以引起学生的兴趣，提高学生学习的积极性。

启发诱导法以辩证唯物论的认识论作为哲学基础。教师在教学中应遵循外因通过内因起作用的辩证关系，重视培养学生的学习动机，激起学生学习的兴趣，促进学生乐于学、苦学、会学的学习态度和习惯的形成。教师要充分调动学生的主观能动性和创造性，发展学生的个性。

启发诱导法强调在教师启发引导的基础上，让学生通过独立思考和实践获得知识、技术和技能。赞可夫强调放开"背带"让学生独立行走，主张让儿童"下水学游泳"。这种教学方法注重把学生的学、问、思、辨、行有机地结合起来，全面发展学生的体力、智力。

### （二）学导式教学法

学导式教学法是在教师的指导下，学生进行自学、自练的一种方法。学导式教学法既是一种教学法，同时也体现了一种教学思想，它是一种充分重视"在教学过程中学"的因素的教学思想，在充分发挥学生主动性的基础上，教师采用各种教学手段创造条件积极引导，使学生主动探索，开发智力发展体能，让学生成为学习的主人，发展学生的个性。学导式教学法的教学模式如下：

提示—自学—解疑—精讲—演练—小结

第一个环节：提示。导入新课，提出本节课的目的与任务，激发学生学习的积极性。

第二个环节：自学。课前预练，课上自学、自练，学生通过反复练习，掌握重点，发现难点，为自学和教学提供依据。

第三个环节：解疑。由学生自己提问题，且学生通过练习与相互讨论或教师辅导进行答疑。

第四个环节：精讲。教师重点讲解、示范，着重讲解教材的重点、难点。

第五个环节：演练。学生课堂上反复练习，课后坚持自学自练，力求掌握动作技术。

第六个环节：小结。学生进行自我评价和相互评价掌握"三基"情况，教师也可对学生进行考核与评价，同时提出课外练习和对下一次课进行预习的要求。

以上的自学、精讲、演练是主要的基本环节，而提示、解疑、小结是辅助环节。上述各个环节组成的程序应该是自然流畅、环环相扣的。学导式教学法是"学"与"导"的统一，在学生自学、自练过程中，教师要善于引导，激疑设问，"学起于思，思源于疑"，要引起学生思考、探索的兴趣，使学生真正做到"知其然，又知其所以然"。

### （三）发现教学法

发现教学法又叫问题法。它是利用青少年好奇、好问、好学的心理特征，以培养学生探究性思维的一种方法。

"发现学习"的思想渊源可以追溯到18世纪法国启蒙思想家、教育理论家卢梭，他认为，要培养智德双全，身心两健的"自然人"，必须首先从体育抓起，从发展儿童的感官、增强体质开始。他还指出："如果你想培养你的学生的智慧，就应先培养他的智慧所配的体力，不断地锻炼他的身体……他的身体愈活动，他的心理也愈灵敏。"自卢梭以来的近代教学论中，有许多"发现学习"的思想闪光。19世纪下半叶，德国教育家第斯多惠也大力倡导此法。第斯多惠有一句名言："一个坏的教师奉送真理，一个好的教师则教人发现真理。"20世纪，实用主义教育家杜威也是发现教学法的倡导者，现代发现教学法的倡导者是心理学家布鲁纳。目前，国内外所倡导的发现学习、探究学习、主体学习、范例学习等都可以列入"发现学习"范畴。

"发现学习"的倡导者布鲁纳认为，这种教学方法首先能充分发挥学生学习的积极性和主动性；其次，能激起学生的学习兴趣，使学习者体验所学的概念，把握科学成果的研究过程。

运用发现教学法的一般教学步骤：先提出问题或创设问题的情境，使学生在这种情景中产生疑难和矛盾，按照教师提出的要求带着问题去探索；然后学生通过反复练习，掌握动作技术的基本原理与方法；再组织学生提出假设和通过实践进行验证，学生有不同的见解可开展讨论与争辩；最后对动作技术的原理方法和争论的问题做出总结，得出共同的结论。

例如，高中女生学习垒球投掷技术，教师上课简明交代本次课的目的与任务，但教师不向学生提供投掷的具体技术方法，而是要求学生自己探索把球掷远的方法，学生通过自己的反复练习，在已有的知识基础上，得到球的飞行距离与出手角度、出手速度之间的关系。在学生获得一些基本的体验和知识、技术原理之后，教师可以组织学生讨论，进一步促进他们理解投掷技术要领。学生有不同的意见和看法时，教师要鼓励他们发表自己的见解，组织讨论与争辩。在此基础上，教师帮助学生进行归纳总结，评估学生掌握投掷技术的程度，并进一步发现新的知识，从而巩固新的技能，达到体育教学的目的与任务。

## （四）程序教学法

程序教学法指的是对教材的学习具有严格的顺序性，以便学生最大限度地掌握教材内容，体现了最佳化的控制手段。程序教学是波尔曼于1917年提出的，1954年斯金纳进一步阐述了程序教学问题，以后西欧各国及俄罗斯都很重视对此种教学方法的研究。在我国程序教学在各科教学中也得到了广泛应用。

程序教学是一项现代教学方法和技术，其特征是按程序考虑学习内容，实现学习过程的有效性和经济性。程序教学是借助合理的方法，进行有控制性的教学过程。程序教学的本质是学习过程的独立性，包括学习时间、学习途径均由个人决定。所以，一般直线程序要考虑小步骤的原则，如搞大步骤就要考虑分支程序。正因为如此，程序教学具有错误较少的特征。直线性程序教学是将教材分成若干较小的分量，按照一定顺序（合乎教材内在逻辑性）将各种分量的教材分成若干"步子"，编制成系列组织教学。分支程序教学是将整个教材一份一份地分开，即分成比直线程序教学程序较大的"步子"，并为每份小单元提出任务，选择合理教法手段。教师对分成的"步子"进行按步检查，通过观察和测试，判断学生掌握教材的程度，并通过学生的信息反馈，确定下一步的教法和手段。因此，程序教学可以使每个学生最大限度地掌握教材，教师应建立模式化教法，以便使学生具有高度的自觉性和独立性。

## （五）指标法

指标法是教师根据教学小组每个学生的实际水平，预先向学生提出经过努力可达到的指标，学生按预定指标进行练习的一种方法。这种方法有助于培养学生的独立自主能力，使学生根据自己的情况，确定自己的目标，并寻求适合自己实际学习的途径和方法。其特点：第一，教师拟订的小组或个人的指标，力求得到学生的同意，并且是经过努力所达到的；第二，学生在完成指标过程中，强调学生的自我评价；第三，运动能力较强或体弱的学生，可按教师要求自拟指标。指标法适用于简易技术学习或提高身体素质练习的教材。

# 第四章  京津冀一体化环境下的体育发展

## 第一节  京津冀区域一体化发展

2014年2月26日，习近平总书记在听取京津冀协同发展工作汇报时强调，实现京津冀协同发展是一个重大国家战略，要坚持优势互补、互利共赢、扎实推进，加快走出一条科学、持续的协同发展路子。

### 一、京津冀区域一体化发展的动力机制

#### （一）京津冀区域一体化发展动力机制的概念框架

动力机制，指的是在事物运动与发展过程中，各种动力的作用原理与传导过程。动力机制的本质是描述动力与事物运动、发展的内在联系。那么，将这一概念引入区域发展之中，就可以将其理解为一种对区域发展起到推动作用的力量，以及协调、改善这些力量，使之在区域的发展中持续、有序发挥作用的各种因素形成的综合系统，包括这个系统的作用机理和系统内部各种力量之间的相互影响方式。

京津冀区域一体化发展是在经济全球化和信息化的大背景下的必然产物，京津冀区域是社会各领域不断演化、发展而形成的相互联系、相互制约的一个带有极强复杂性的大型系统。因此，京津冀区域一体化发展动力机制的概念就不会仅仅是一条定义那么简单，而是需要对区域和都市圈的理论研究和实际情况做通盘分析，由此构建一个京津冀区域发展动力机制的概念框架（如图4-1）。

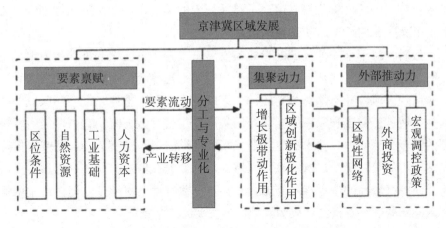

图 4-1　京津冀区域发展动力机制的概念框架

首先，对于动力机制的问题要研究的是要素禀赋，这是京津冀区域形成发展的基础和前提，更是区域经济活动主体选择行为的直接原因。要说要素中最关键的部分，当然就是区域中的各种资源，也包括区位条件，这是发展经济所不可或缺的。这两项条件直接影响区域内的劳动生产率，同时还对产业结构的形成发展具有影响。一直以来，评价一个区域内的经济发展情况，首先要看的就是该地区的工业基础。那么，与工业紧密相连的就是是否拥有足够的人力资源，所以这么看来，人就成为发展经济诸要素中最积极、最活跃的因素。此外，区域发展的要素禀赋还包括资本、技术条件、政策制度等。如果能够将这些禀赋条件进行合理组合，则能够使地区经济得到顺畅发展，发展后劲也更足。相反，不同的分工与专业化促使区域间或区域内的产业转移，进而反作用于区域内的要素禀赋。

其次，区域的发展还需要集聚。对这一问题研究的目的在于摸准区域发展的规律和正确的途径。在这里需要说明的是，区域仅仅是一个空间的概念，区域的范围可大可小，但区域的大小并不代表区域内经济活动主体的集聚程度。集聚包括要素集聚和生产活动主体的集聚。为了更好地发展，突出区域经济发展的优势，就应该将经济活动主体的集聚放在第一位，要素集聚是因为经济活动主体通过集聚要素，可以获得分工效应、规模效应、外部效应带来的好处。

再次，经济活动主体的选择行为对要素集聚具有决定作用，集聚过程中的一切内外部的流动行为都是主体进行区位选择的结果。同时，要素的集聚是集聚的最终表现形式，要素是经济活动主体经济活动的对象。就京津冀区域经济发展举个实例，北京的中关村科技园区的建设和其对经济发展做出的贡献推动了京津冀区域的要素集聚，由此可见区域中的某一个体地区的区域创新，可以对整个大区域的经济活动带来积极影响。

最后，对于京津冀区域的形成与发展来说，来自区域的外部助力也是重要一环。提到区域总会让人联想到一个固定的地理环境，但就地缘经济来看，这里所谓的区域，并不绝对是封闭的，该区域作为一个整体，也会与区域外部的其他区域进行交流和联系。当区域的集聚作用足够强大时，它可以吸引区域外部的资金、劳动力、技术等生产要素来到区域内参与经济活动，抑或提供区域发展所需的某种资源。这种来自区域外部的助力在信息时代的今天显得更加重要，使得区域间的流动性不断增强，甚至有些资源会对外部的助力产生依赖，区域外部的生产要素已经成为推动区域发展的一个重要动力来源。

除了上述动力的表现之外，其还有如下几项对区域发展的推动作用表现（如图 4-2 ）。

①促进区域内部或外部的人口的流动和人才的集聚。

②促进区域市场的形成发展、产业转移和城镇职能的变迁等。

③交互作用的各相关因素又引致了地区间利益平衡、协调等社会发展和环境保护问题。

由此产业分工与城市职能变化、人口流动与集聚、点线面结构优化、城市流增强等都能成为区域发展的表现形式。

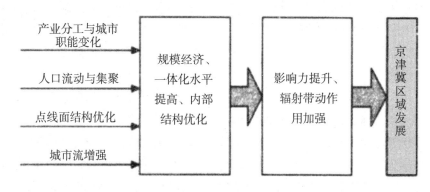

图 4-2　对区域发展的推动作用表现

## （二）京津冀区域一体化发展的基础条件

### 1. 区位条件

对于任何区域活动来说，区位条件如何都是非常关键的要素之一。区位条件能够全面反映出该地区与外部其他地区的空间和经济联系的方便程度，它决定着区域参与国际劳动分工和接受资金、技术、信息等生产要素辐射的方便程度，这就是区位条件之所以重要的原因。

从世界几个较为知名的都市圈来看，它们往往位于国家或洲际的中枢区位，有些甚至是全世界的政治经济中心。这些中心往往包含重要港口、金融中心、文化中心等重要条件，在此基础上其才更容易成为国家社会经济最发达、经济效益最高的地区。一个地区如果具有发展国际联系的最佳区位优势，则其自然能够创造出更多的新思维与新技术，从而对国家、地区乃至世界经济发展具有中枢的支配作用。

反过头来再看京津冀区域，该区域位于我国华北平原北端，总人口过亿，经济总量占全国的 1/10 以上。且三个城市相距很近，以至于其远郊区都可以相接。从地理位置上看，京津冀三地自然成为环渤海地区的中心区域，具有得天独厚的区位优势。北京与天津在地理关系上相邻，这两座城市与河北又是被包含的关系，由此三地就构成了天然的区域板块。

2. 自然资源

区域要发展，就必须拥有一定的自然资源。自然资源属于区域发展的基础条件之一。纵观国外各大城市，绝大多数位于适宜人类居住的中低纬度地带，且地形上多为平原。这是因为，无论是对于农业发展还是工业发展，广阔的平原都是建设之根。而对于社会和城市的发展来说，平原也有利于大规模的基础设施建设。因此，人口、产业向平原集中就显得非常正常与合理，由此导致平原汇聚了更多城市。而且，鉴于现代经济的发展对海运的依赖程度较高，临海区域无疑会获得更多资源。这里特别以矿产资源作为典型来研究。矿产资源对于地区工业发展来说是至关重要的。京津冀区域矿产资源比较丰富，储量大、种类多，具有较大的实际价值和潜在价值。

3. 工业基础

京津冀地区拥有良好的工业基础。这些工业涉及的类别很多，较为齐全，并且这些工业在发展中不断进行整合和优化。北京的工业以汽车、电子、机械等为支柱，众多工业企业放眼全国都具有较大的竞争力，其中高新技术产业最具规模，是北京经济的重要增长点和发展核心。天津工业表现出明显的综合配套能力强、技术高、管理严格的特点。改革开放以来，汽车、电子信息、生物工程等现代化高科技产业群基本形成，高新技术产业已成为天津新的经济增长点。天津的工业门类多样，形成了现代化的工业体系，综合优势尽显。河北省也是我国主要的工业基地，许多工业领域也排名全国前列，主要有煤炭、纺织、冶金、化工、电子、石油等。

4.人力资本

京津冀地区是我国高校、科研院所和高科技产业园较为集中的地区。由此使得这一地区笼络了较多高水平、高质量的人才。不仅如此，为了开展各种科研活动，还匹配了众多配套设施。

北京和天津已经成为我国最具潜力与扩散能力的高科技发展中心之一。其中，北京作为我国的文化中心，本来就具有集聚人才和资源的优势，其所拥有的高等院校和科研院所数量均居全国之首，这个优势更会吸引全国精英来此学习和深造。不仅如此，在重点高校数量、博士生培养规模、中国科学院和中国工程院院士的数量、科技成果、发明专利等方面，北京也占据绝对优势，始终在全国保持领先地位。除了高等院校和科研机构外，北京还建有专门发挥人才专业特长的众多科技园区和经济技术开发区，为人才最终学以致用提供了广阔的平台。天津近年来在人才培养和引进方面也逐渐突破传统，网罗高水平人才，取得了令人瞩目的成果。河北作为我国的人口大省，在区域发展过程中的人力方面以输出劳动力为主，其无论对于第一、第二产业的发展来说，还是对目前城市化发展所需要的各种建设来说，都做出了不可磨灭的贡献。与此同时，河北省近些年来也力求转变传统的人力资源结构，不断加大提升教育质量的工作力度，如致力于建设更多的高等院校和科研院所，相信未来河北省也会成为地区内部的人力资本重要集聚地。

## （三）京津冀区域一体化发展的内聚力

1.中关村科技园区：区域产业创新的引擎

2009年3月，国务院批复同意支持中关村科技园区建设国家自主创新示范区，并同意采取以下政策措施支持中关村科技园区建设国家自主创新示范区：开展股权激励试点；深化科技金融改革创新试点；支持新型产业组织参与国家重大科技项目；实施支持创新创业的税收政策；支持北京市积极利用政府采购政策，在中关村科技园区通过首购、订购、实施首台（套）重大技术装备实验和示范项目等措施，推广应用自主创新产品，支持企业自主创新等。中关村科技园区是国务院批准的我国第一个国家级高新技术产业开发区。它对于北京市乃至整个京津冀区域的高新产业的发展，起到了不可低估的带动作用。具体的作用方式有以下几点。

第一，中关村科技园区作为国家科技创新基地，它首先是京津冀地区的科技创新基地，是区域内促进技术进步和增强自主创新能力的重要载体。中关村科技园区是全国更是京津冀地区科技、智力、人才和信息资源最密集的区域。中关村科技园区作为京津冀地区区域科技创新的源头，在重大技术创新、高新技术研发等高科技含量增值环节，通过技术转化与扩散，带动了城市地区现代制造业的发展，促进了整个区域加工工业的产业升级，在科技创新方面起到了很大的辐射带动作用。

第二，中关村科技园区为地区经济结构的调整起到了促进作用。在园区内，以软件、集成电路、网络、通信等为代表的重点产业集群已经初步形成，其中高技术服务业发展迅速，占园区经济总量的45%，成为带动区域经济结构调整和经济增长方式转变的强大引擎，这样的发展模式促进了首都经济结构的调整和产业的升级。

第三，中关村科技园区的技术创新体系逐步完善，成为产学研有效结合的集聚区。以清华科技园为代表的大学科技园，新建了一批国家级重点实验室、国家级工程研发中心、技术孵化器、公共技术支撑平台。园区内高新技术企业共建技术联盟和产业联盟、与跨国公司共建研发机构、与大学和科研院所联合开展研发工作，这些新兴的模式成为技术创新的新形式，为产学研的结合提供了新的平台。

中关村科技园区走出了一条以自主创新为特色的高科技产业的发展道路，为北京市的经济结构调整与经济发展方式转变做出了重大贡献，同时也为京津冀地区高新技术产业开发区的发展与改革起到了重要的示范作用。国务院支持其建设国家级自主创新示范区的政策优势，将进一步促进其发挥区域自主创新的作用。

### 2. 滨海新区：区域产业全面发展的增长极

滨海新区作为带动区域经济发展的新增长极，将在产业和空间两个方面发挥增长极的区域带动作用。天津滨海新区位于环渤海地区的中心位置，辐射"三北"，面向东北亚，是我国北方重要的出海口，是京津冀地区的海上门户。滨海新区内陆腹地广阔，区位优势明显，产业基础良好，增长潜力较大，是我国参与经济全球化和区域经济一体化的窗口地区。滨海新区在电子信息产业、汽车制造、优质钢材生产等技术含量高、集聚效应强的产业方面有一定优势，这对于带动区域经济的快速发展将起到重要作用。具体而言，滨海新区对京津冀地区的带动作用体现在如下几个方面。

第一，完善市场机制，促进生产要素在区域内的流动。滨海新区在发展过程中整合利用了整个区域内的各种生产要素，包括人才、技术、信息、资金等。为了更好地利用这些资源，滨海新区需要积极与相关区域建立合作机制，并且进一步完善市场机制，这个过程将提高区域内的一体化水平，使生产要素能够在增长极的吸引作用下发生集聚效应，从而推动整个区域内的要素自由流动。

第二，引导产业的合理转移。滨海新区在发展产业战略上，一直坚持排除落后的、效率低下的、对生态环境和资源有负面影响的、难以形成产业集群的产业，这就涉及将这些产业通过合理的产业转移模式转移到区域内的其他县市。在进行产业转移的过程中，相关部门必将根据各地区的区位条件、比较优势，使转移出去的产业能够较好地与其他产业共存，这将促进京津冀地区内产业链的衔接和产业的合理分工。

第三，推动了区域内技术的扩散与产业的创新。滨海新区通过新技术和新的生产方式，吸引了其他地区的最新技术和先进人才，为承接国际先进技术转移做好了准备，同时也得以将自身的技术扩散到其他部门和地区。此外，滨海新区制造业的大发展，需要北京科技创新的支撑，这就推动了科研成果的区域内转化。

3.曹妃甸工业区：区域重化与能源基地

曹妃甸地区位于唐山南部沿海、渤海湾中心地带，是渤海沿岸唯一不需开挖航道和港池即可建设30万吨级深水泊位的天然良港。"面向大海有深槽，背靠陆地有浅滩，地下储有大油田"是这里区别于中国沿海其他港址的最显著的地理和地质特征。曹妃甸的港口开发及临港工业建设在区域经济发展中的作用日益突出，开发建设曹妃甸对于京津冀地区的发展崛起和一体化进程的加速，都将产生积极的影响。具体而言，它的带动作用体现在以下几个方面。

①曹妃甸港口为京津冀区域的发展吸引了大量的外部资源。港口是形成区域性交通枢纽的基础条件，开发建设曹妃甸港口，形成北方综合交通运输网，将会极大地改善环渤海地区的运输条件和对外联系条件。曹妃甸的深水港，使京津冀地区能够方便而充分地利用国内国际两种资源和两个市场，成为京津冀地区提高对外开放程度的一个重要支撑点。与此同时，为适应原材料采购全球化的新形势和企业竞争对原材料物流速度的高要求，曹妃甸以钢铁、石化为主的临港工业区建设将有助于在其辐射区域内形成相关产业集群，这些都将为京津冀乃至环渤海地区的快速发展增添新的优势。便利的交通使得京津冀地区能够更多、更好地利用外部资源；同时，也为区域内吸引到大量的外部资源（包括人才、信息、技术、资金等），这些资源的注入将为京津冀区域的发展提供强大的外部动力，推动区域的进一步发展壮大。

②促进京津冀地区的产业升级。开发与建设曹妃甸工业区，为京津冀地区产业升级搭建新的平台。曹妃甸港口建设和首钢向其工业区的搬迁，使其成为京津冀地区钢铁、石油、化工等大型企业进口原材料的供给基地和重化工业改造、迁建和持续发展的产业基地。同时，京津冀地区是我国重要的钢铁和石化生产基地，曹妃甸的开发建设带来的运输成本和规模成本优势有力地促进了这两大重要产业的发展。建设曹妃甸原材料大港，为缓解该地区的原油、电力紧张，增强钢铁和石油化工企业的竞争力发挥了重要作用。曹妃甸规划中的精品钢生产、大型装置炼化一体化和海水冷却火电项目等循环经济产业链，也将促进京津冀地区及周边地区重化工业集约化水平的提高。

③加强京津冀地区内各城市间的合作。2005年10月，曹妃甸工业区被列为国家第一批发展循环经济试点产业园区，工业区积极利用此机遇，建立和形成了一种新的生产模式，即生产企业之间、企业与其他领域的关联企业之间、企业与社会之间的化工原料、中间体、产品、副产品的互供共享，实现上中下游企业间无缝连接、一体化清洁生产，为周边其他地区大力发展循环经济起到了积极的示范作用。

此外，首钢转移到曹妃甸，是京津冀地区突破行政区域界限，进行产业布局和产业结构调整，探索大型企业跨地区转移的区域经济合作实践，对区域合作与产业分工的调整有十分重要的示范作用。首钢搬迁这一举措是在积极探索建立支持企业跨地区转移的政策协调机制，也是促进区域产业合理分工与协调发展，加深区域经济合作的一条新路子。北京可以考虑在此基础上进一步拓展到参与曹妃甸新区开发建设的其他合作项目，如企业参与曹妃甸的大港口、大钢铁、大化工、大电能等重大工程项目的开发实施。

## （四）京津冀区域一体化发展的外推力

### 1. 区域性网络

区域内的货物、人才、信息的流通必须依赖交通运输与通信网络，可以说交通运输与通信网络的发展将直接影响城市区域的形成和演化。物质性网络的发展主要通过以下几种方式对城市区域的演化发挥作用：第一，缩短了城市、企业、人之间的距离，增进了其相互之间的联系，降低了城市中心对企业和居民的吸引力，促进了郊区化、多中心化发展，城市区域内部城市空间得以扩张；第二，借助现代化的物质性网络组织，尤其是高速交通运输和现代通信网络，可以通过促进跨国公司金融贸易活动的持续增长强化区域中心城市的作用；第三，提高了区域主要城市内部及城市之间信息流动的速度与效率，进而促进了各城市之间在人才、技术、资金等生产要素上的密集互动，使得区域内部城市间的相互联系得以加强；第四，城市之间展开分工合作，并形成各具特色的劳

169

动地域分工体系，最终促进区域的全面发展。

同时，市场中各种要素资源流动形成复杂的非物质性网络，如市场网络、企业网络等，通信技术的发展将促进区域内非物质性网络的发展，有助于将区域内密集分布、分工合作的不同功能、不同规模的城镇连接成为功能整体。要素、资源、市场的集中促进了区域内城镇中心的形成，随着非物质性网络的发展，区域内部网络化程度将得到提高，城镇规模进一步扩大，城镇之间的分工更加合理、联系更加紧密。

京津冀区域内具有较为完整的对外交通体系，铁路、公路密集，港口、空港优势比较突出，为发展港口经济提供了便捷的出海通道和运输条件。区域内网络的发展为地区内生产要素的流动提供了必要条件，同时也间接催生了一些地区的产业集群。在京津塘高速公路沿线，已经建成了一系列科技园区和工业开发区。包括天津经济技术开发区、中关村科技园区、北京经济技术开发区以及河北廊坊经济技术开发区等在内的一条主要由高新技术产业和现代制造业为主导的新经济产业带已经显露雏形（如表4-1）。

表4-1　京津塘高速公路沿线产业带各类开发区情况表

| 序号 | 开发区名称 | 主导产业 |
|---|---|---|
| 1 | 中关村科技园区海淀园 | 电子信息、光机电一体化产业，新材料、新能源及环保产业，生命科学及生物医药产业，科技服务业 |
| 2 | 中关村科技园区昌平园 | 电子信息、生物医药、光机电一体化产业，环保及新材料、新能源产业 |
| 3 | 中关村科技园区丰台园 | 电子信息、生物医药、光机电一体化产业 |
| 4 | 中关村科技园区电子城科技园 | 电子信息、激光、光电子、机电一体化产业 |
| 5 | 北京顺义天竺出口加工区和空港工业区 | 电子信息、仓储物流、生物医药产业 |
| 6 | 北京经济技术开发区（亦庄） | 电子及信息、生物工程和新医药、新材料产业 |
| 7 | 北京顺义林河工业开发区 | 电子信息、汽车及零部件、生物工程和新医药产业 |
| 8 | 北京通州工业开发区 | 都市型工业、机电产业、基础产业 |
| 9 | 北京光机电一体化产业基地（通州） | 光机电产业 |
| 10 | 北京大兴采育镇工业园 | 环保建材产业、生物医药产业、都市型工业 |
| 11 | 河北燕郊经济技术开发区 | 信息电子、生物医药、新材料、绿色食品、旅游休闲产业 |

| 序号 | 开发区名称 | 主导产业 |
|---|---|---|
| 12 | 河北香河经济技术开发区 | 新型建材产业、服装加工业、旅游业 |
| 13 | 北京通州潮县新材料基地 | 新材料、生物医药、纺织机械产业 |
| 14 | 北京通州永乐经济开发区 | 电子、机械、物流产业 |
| 15 | 河北廊坊万庄农业高新技术产业园 | 农业高新技术产业 |
| 16 | 河北廊坊经济技术开发区 | 机械电子、汽车零部件、食品、新型建材、轻工纺织、生物制药产业 |
| 17 | 天津武清开发区 | 电子信息产业、新材料产业、机械制造产业、汽车及零部件产业、生物医药产业、新能源产业 |
| 18 | 天津经济技术开发区逸仙科学工业园（武清） | 电子工业、机械制造产业 |
| 19 | 天津北辰科技园区宜兴埠工业园 | 机电制造、生物制药、汽车配件、食品饮料、新型建材、橡胶制品产业 |
| 20 | 天津西青开发区 | 电子、轻工、机械、精细化工、生物医药产业 |
| 21 | 天津经济技术开发区 | 电子通信、食品饮料、机械制造（汽车）、生物医院产业 |

交通干线在高新技术产业带形成和发展中发挥核心作用，为京津冀地区的经济加速发展提供了必要条件。未来的发展中，区域内主要城市的现有交通基础设施的联系将会更加紧密，并将建设要素集聚、流通无障碍的新干线，进而加速京津冀地区的发展。

2. 外商投资

外商投资在带来国外先进的经济技术资源的同时，也带动了地区的闲置经济资源的优化，扩大了投资规模，并直接推动了出口规模的扩张，拉动了国内就业与生产需求，提高了企业素质，加快了地区产业升级的进程。

首先，外商投资对地区经济增长的贡献度逐渐提高。外资对京津冀地区经济增长的贡献主要表现在它有力地带动了地区经济总量的扩张。随着外资大量进入和外资企业的迅速发展，京津冀地区的外贸进出口格局也发生了变化，一直充当进出口主力的国有企业让位于外资企业。除此以外，外商投资企业所带来的涉外税收，也逐渐成为地区财政收入中增长最快的税源之一。

其次，外商投资增加了地区就业机会。外商投资企业在提供资金和技术的同时，在吸纳安置劳动力就业方面的作用也逐渐突出，一定程度上缓解了许多城市面临的就业压力。外商投资在解决就业方面的贡献主要表现为增加就业机会和提高劳动者收入，还在改变人们的传统就业观念，促进人才、劳动力市场的形成和发展，带动社会保障体系的建立，以及培养、使用人才，促进市场化的人才流动机制的建立，实现人力资源的合理配置等方面发挥了积极作用。

再次，提升地区经济质量。目前京津冀地区正处于加快结构调整、推进产业升级的关键时期，外商投资对提升地区经济质量的作用主要表现在以下几个方面。一是外资促进了经济结构的调整。外资带来的先进技术、工艺、设备和产品，推动了京津冀地区相关产业技术的进步，加快了产业结构调整的步伐。二是外资为地区的支柱产业注入了新的活力。目前，京津冀地区的支柱产业有电子信息、生物技术、现代医药、新能源新材料等高新技术产业，在这些支柱产业中以世界 500 强企业为代表的外资企业大量涌入，这些外资的进入促进了地区产品结构不断调整、优化、升级和技术水平的提高。三是外资进入对地区的"软"条件的提高发挥了积极作用。例如，促进了地区内企业的制度创新、技术创新与市场创新，还提高了企业的管理水平。

最后，构筑了本地的产业供应链体系。制造业的全球化布局已将众多产业链和价值链的中低附加值环节推移到了我国，在这一转移过程中，科技与制造业颇具潜力的京津冀地区表现出了积极的接纳与融入能力。目前，列入全球 500 强的企业已有众多在京津冀地区投资，这些企业的投资对该地区的经济发展发挥了强有力的推动作用，其辐射作用明显，具有区域核心"磁极"的作用，不仅带动了一批国内配套企业步入国际化大生产的分工协作网络，而且带动了一批中小企业在京津冀地区投资。在产业集群的发展中，核心企业的作用至关重要。近年来，外资企业在京津冀地区的部分产业集群形成中恰好发挥了核心企业的作用。

总之，外商投资对京津冀地区发展外向型经济，促进地区经济总量增长和结构优化，建立和延伸地区主要优势产业的产业链条，促使地区经济与国际经济融合发挥了不可替代的作用，对京津冀地区的发展与崛起起到了巨大的外部推动作用。

## 二、京津冀区域一体化发展的战略对策

### （一）加快区域产业转移，优化区域产业空间布局

京津冀地区要想进行产业之中的转变与升级，最佳的方式应该为力争通过区域统筹和规划来实现，如此才能优化区域产业空间布局，尽快构建出"一圈两核三轴四区多中心"的产业格局。为此，京津冀三地应该根据各自的产业优势和资源优势，有针对性和重点地完善产业分工体系，提高产业协作能力。

1. 构建"一圈两核三轴四区多中心"产业格局

为实现京津冀地区产业功能互补，同时落实《京津冀协同发展规划纲要》，京津冀地区在未来应不断优化区域产业空间布局，打造"一圈两核三轴四区多中心"的区域产业空间格局。

"一圈"为环首都创新、创业与文化休闲旅游产业圈，努力打造首都创新、创业、健康养老、休闲度假、观光旅游、生态农业、宜居生活基地。

"两核"即京津两市，两城市应大力发展现代服务业、战略性新兴产业、文化创意产业及部分智慧制造产业。

"三轴"即京唐秦发展轴、京津发展轴和京保石发展轴。京唐秦发展轴上打造京唐秦高新技术产业带，促进高新技术产业、临港产业和传统产业的重组与协作；京津发展轴上打造京津同城化，促进电子信息、生物医药等战略新兴产业和先进制造业的发展；京保石发展轴上积极发展以现代制造业、现代农业为代表的现代产业。

"四区"指创新发展区、临港产业发展区、现代产业发展区和生态涵养发展区。创新发展区主要发展高端、高效、高辐射的总部经济、现代服务业、高新技术产业；临港产业发展区主要依托曹妃甸新区、唐山港、秦皇岛港、渤海新区等，加强交通建设、港工联动机制建设和临港工业建设；现代产业发展区主要是完善现代制造业和现代农业体系，形成与北京互补的产业结构；生态涵养发展区主要解决张承地区经济发展与生态建设之间的矛盾，重点发展生态、旅游、文化创意等产业。

2. 完善三地产业分工体系

北京重点发展知识经济、服务经济、绿色经济，加快构建高精尖产业结构，重点发展总部、研发、设计等产业功能。天津重点发展先进制造业、战略性新兴产业和现代服务业，建设全国先进制造研发基地和金融创新运营示范区，强化"生产研发＋加工制造＋一定规模的总部经济"的产业功能。河北努力承接

北京非首都功能转移和京津科技成果转化，重点建设全国现代商贸物流重要基地、新型工业化基地和产业转型升级试验区，夯实现代制造、综合服务、原材料工业和现代农业等产业功能，各地市根据自己独特的资源与产业优势，承担相关产业功能。

3. 推进北京产业结构深度调整

（1）振兴首都实体经济

北京应通过加快工业互联网建设、推广新型智能制造和绿色制造模式等，加快高端装备创新制造产业发展；掌握产业变革方向，支持战略性新兴产业发展，壮大新一代信息技术、新能源汽车、生物技术等产业，战略部署空天海洋、信息网络、核技术等产业。这既符合首都北京的比较优势，也是未来经济、社会、环境发展的必然要求和趋势。

（2）建立与现代制造业相配套的现代服务业体系

北京应提升生产性服务业专业化水平，发展工业设计和创意、工程咨询、商务咨询、现代保险、信用评级、人力资源服务等产业；建立与国际接轨的生产性服务业标准体系，提高国际化水平；加强生活性服务业品质化发展，加快健康养老、文化娱乐、体育健身等领域的发展。

（3）稳步推进北京非首都功能疏解

重点疏解高耗能高耗水企业、区域性物流基地和专业市场、部分教育医疗和培训机构、部分行政事业性服务机构和企业总部等；高水平建设北京城市副中心，有效解决中心城区的城市病问题，使城市副中心合理分担中心城区的部分功能。

## （二）实施人口功能分区引导，促进人口均衡发展

京津冀地区应围绕人口协同发展的目标，发挥政府引导作用，有效引导人口均衡发展，合理优化人口地区分布，实施人口功能分区引导，把人口合理布局作为京津冀地区经济社会可持续发展的重大战略，统筹解决京津冀地区人口均衡发展面临的关键问题。

1. 实施人口功能分区引导

结合区域功能布局定位，可以将京津冀地区划分为人口稳定优化区、人口重点集聚区、人口适度增长区和人口限制增长区等四类人口功能分区。在未来的发展中，各功能分区应对人口发展采用差别化的人口政策。

人口稳定优化区包括北京、天津和廊坊，其应加快疏散中心城区人口，使中心城区人口向郊区转移，在市域内形成多中心空间发展格局，并引导人口向

周边地区转移。人口重点集聚区包括石家庄、唐山、保定、沧州和秦皇岛，人口适度增长区包括衡水、邢台和邯郸，这两个分区要承接人口稳定优化区过剩人口的转移，同时要提升城市自身对人口的吸引力。人口限制增长区包括张家口和承德，不应鼓励大规模发展工业，对人口增长也要有一定的限制。

2. 合理优化人口地区分布

（1）加快北京中心城区人口疏解

北京应鼓励部分行政办公、教育、科研、医疗等部门向城市副中心或新城等地区转移，加快中心城区产业升级，由此高效疏解中心城区人口。加快郊区城市副中心和新城的软硬件设施建设，提升城市品质与内涵，以及其对中心城区人口的吸引力。把人口疏解的责任和任务作为各级政府考核的具体目标，合理引导和加快中心城区的人口疏解。

（2）提高区域中小城市的吸引力

京津冀地区应加快各城市间的产业协作与基础设施建设，促进区域大中小城市的联动发展，缩小城市间的发展差距。加快中小城市的公共服务设施建设，构建完善的对外交通体系和公共服务体系，保障中小城市的基础设施和公共服务设施水平，提高中小城市对人口的吸引力，引导人口的自然流动。

3. 有效引导人口均衡发展

（1）稳步优化人口结构

京津冀地区应优化人力资源结构，贯彻落实人才强国战略和京津冀区域人才发展战略，推动人才结构战略性调整。优化人才年龄结构，合理吸引外来年轻人才，尤其是高素质、高技能、紧缺型劳动年龄人口来京津和其他地级城市就业，激发创新活力和动力。综合应对劳动年龄人口下降，加强老年人力资源开发，增强大龄劳动力就业能力。开展重大经济社会政策人口影响评估，健全人口动态监测机制。

（2）全面提升人口素质

京津冀地区应做好优生优育的全程服务，提高出生人口素质。在京津冀全区域普及健康教育，健全医疗保障和服务体系，尤其要完善区域内山区和偏远乡村的基本公共卫生服务体系，逐渐缩小城乡差距，实现基本公共卫生服务覆盖城乡居民，提高人口健康素质。在京津冀全区域构筑基础教育、高等教育、职业教育、继续教育一体化的终身教育体系，采用京津两市的高等院校机构到河北建立分校或分支机构等方式，全面提高全区域高等教育质量，为京津冀地区的经济社会发展提供需要的人才储备。针对外来流动人口，组织开展多层次、多专业、多元化的教育培训，促进人口负担转化为人口红利。

### （三）明确科技创新功能分工，加快构建区域协同创新体系

京津冀地区应充分发挥科技资源优势，通过明确京津冀三地科技创新功能定位，构建官产学研多元主体协同创新模式，打造以北京为创新枢纽城市的区域科技创新格局，深化科技创新体制机制改革，以推进京津冀区域协同创新体系的构建，促进区域经济发展方式转变，提升区域整体实力与综合竞争力。

1. 明确三地科技创新功能定位

京津冀地区应以构建区域协同创新体系为目标导向，充分利用北京科技创新资源丰富、天津研发转化能力突出、河北转型发展势头良好的优势，明确京津冀三地科技创新功能定位，强化分工与协作。

北京围绕提升自主创新和技术服务能力，坚持和强化全国科技创新中心地位，打造原始创新策源地、技术创新总部集聚地、科技成果交易核心区和全球高端创新型人才中心。天津围绕提高应用研究与工程化技术研发转化的能力，强化产业技术创新中心和先进制造中心地位，打造技术研发及战略性新兴产业创新成果转化基地、创新型中小企业集聚地。河北围绕增强重大科技创新成果集成应用和示范推广能力，打造科技支撑产业结构调整和转型升级示范区、高端成果转移转化集聚区。

2. 打造以北京为创新枢纽城市的区域科技创新格局

京津冀地区应合理配置科技创新资源，强化区域内创新网络联系，共同打造高起点、国际化、合作型的以北京为创新枢纽城市的京津冀科技创新格局。

北京作为京津冀区域协同创新体系的核心，应以打造创新枢纽城市为目标导向，加速形成全球科技创新资源的汇集地，积极打造高端产业的策源地，努力构建科技创新创业的栖息地，建设一批具有全国、全球影响力的创新企业。京津冀地区应不断提升北京作为重要枢纽城市、创新辐射源地、全球科技创新网络支点的地位，使其引领京津冀区域科技创新协同发展。

京津冀地区应以中关村国家自主创新示范区和天津滨海高新区两大功能区为核心载体，加速发展高端研发、知识服务和现代制造产业，推进研发成果转化。充分发挥两大核心载体的知识、技术、人才、政策等创新辐射溢出效应，可有效带动京津冀区域科技创新协同发展。

京津冀地区应加快建设一批支撑高技术产业发展的科技园区、研发基地，从而有效集聚高端创新资源，大幅提升科技创新能力，加快承接和孵化转化中关村国家自主创新示范区和天津滨海高新区的高端科技创新成果，促进科技资源开放共享和创新成果转移转化。京津冀地区还应探索跨省市科技园区联合共

建机制，加强联合科技研发和示范应用，打造一批支撑产业发展的创新基地，形成互利共赢、梯度传递式的科技园区发展模式，从而协同破解制约京津冀区域发展的重大科技问题，探索形成区域创新驱动发展新模式。

### 3. 深化科技创新体制机制改革

京津冀地区应针对阻碍科技创新协同发展的不利因素，开展有关行政管理、法制建设、科技金融、知识产权、股权激励、人才特区等体制机制方面的改革工作，坚持"政府引导、市场配置、重点突破、分段实施"的原则，按照"技术市场搭台、创新联盟引领、重大项目支撑、产业园区承载"的方式，联合出台一批政策措施。京津冀地区应研究制定重点技术成果目录，建设统一的科技资源开放共享平台。

①重点支持中关村国家自主创新示范区改革工作的先行先试。总结试点经验，凝练出可复制推广的先进政策措施向京津冀其他科技园区推广，鼓励和支持中关村在津冀两地建立科技成果转化基地。

②完善创新技术成果转移转化机制。建立健全重大创新成果的发现、评价、筛选和转化机制，探索建立股权、分红等创新成果转化激励机制，完善技术交易税收减免政策。

③健全科技创新投融资体系。创新多元化投融资方式，搭建科技金融合作平台。积极稳妥地引入众筹模式、天使投资，推动关键技术研发及产业化。完善"谁投资、谁收益"的投资合作机制，积极鼓励社会资本参与技术研发。支持金融机构进行科技金融创新试点改革。

④完善科技人才跨区域流动和联合培养机制。搭建科技人才信息共享平台，以项目为纽带，积极吸引国内外高端科技人才、专家来京津冀从事研发和技术服务工作，鼓励北京高端科技人才到津冀进行创新创业。建立京津冀人力资源开发孵化基地，加强科技人才和科技管理人才的联合培养。

## （四）优化综合交通运输网络，推进交通一体化发展

京津冀交通一体化发展应立足于京津冀城镇体系整体格局，满足北京非首都功能疏解和产业升级转移需要，进一步优化综合交通运输网络，加快建设高效密集轨道交通网络，完善区域交通协同发展模式，实现高等级公路全覆盖，建成交通智能化和运营管理力达到国际先进水平的区域交通协同发展体系。

### 1. 进一步优化综合交通运输网络

京津冀地区应进一步优化综合交通运输网络，改善区域交通格局，强化薄弱环节。

①在公路交通方面，重点针对区域内"断头路"展开路网建设，并积极提升国家和省级干线技术等级，力争跨区域消除国、省干线的瓶颈路段，提高公路通达能力。针对环京津贫困地区积极实施农村公路的提级改造工程，针对重点产业集聚开发区强化干线公路对接，针对京津冀三地之间的路网对接加快环北京高速外环建设，打通三地对接路网。

②以天津北方国际航运核心区建设为重点，完善津冀沿海港口集疏运体系，明确分工、加强协调，优化配置区域内港口资源，强化港口与陆路交通运输的高效对接，综合提升运输能力。

③完善首都机场服务功能，进一步提升北京航空枢纽国际竞争力。增强天津滨海国际机场的区域性航空枢纽作用，并充分发挥以石家庄正定国际机场为代表的河北各机场的比较优势，增强其对周边客货运输的集聚辐射能力，建设以首都机场为引领的京津冀区域机场群，形成层次分明、分工明确、优势互补、协调发展的航空服务体系。

④强化干线铁路建设，充分利用客运专线、普通铁路的富余运输能力，完善北京与周边城市之间的环状高铁网络，以疏解首都交通枢纽中心压力，提高城市之间的交通效率。进一步推进城际铁路、市域（郊）铁路建设，在区域范围内构建以城际快速铁路为主要骨架的交通圈。打造以北京、天津为核心，辐射周围地市的高铁交通圈，为京津冀区域打造现代化新型首都圈和具有较强竞争力的城市群提供有力的交通基础设施支撑。积极建设北京至张家口段城际快速铁路，推进京沈客运专线建设，积极规划建设北京至衡水的客运专线，改善河北交通薄弱环节，推动张家口、承德、衡水三市进一步融入区域协作。

2. 完善区域交通协同发展模式

在京津冀协同发展背景下，三地交通协同化发展格局尚未形成，区域内的交通合作仍然面临现实发展障碍。为尽快落实京津冀三地交通协同发展，政府有必要统一规划，将京津冀区域作为整体，对交通路网进行统筹协调规划，推动交通基础设施规划对接。京津冀地区应创新管理运营模式，打破行政边界进行联合管理和合作运营，建立区域综合性交通管理运营平台，推动铁路、公路、民航，以及城市公共交通运营等的衔接。京津冀地区可通过推动区域内交通"一卡通"互连互通等方式，完善一体化的运输服务网络。

## （五）加强生态环境保护，促进绿色循环低碳发展

为应对和破解重大生态环境问题，京津冀地区应遵循自然生态环境发展和区域协调发展的科学规律，以平等互利、合作共赢、严格标准、联合管理及源

头控制为原则，构建区域环境污染联防联控体系，完善生态环境保护协作机制，加强区域生态文明建设，重塑区域间、人地间的和谐关系。

### 1. 构建区域环境污染联防联控体系

京津冀地区应研究建立区域生态环境污染防治条例，统一建立一体化的环境准入和退出机制。构建区域生态环境监测网络，统一建立跨区域的大气、地表水、地下水和海域等环境监测预警体系和协调联动机制。统筹区域环境质量管理，建立跨区污染联防联控工作制度，完善协商机制、信息公开机制、公众参与互动机制等。制定区域性生态环境保护相关法律规范，构建京津冀协同应对体系，制定京津冀区域流域治理条例、大气污染防治条例等方面的法律法规。编制统一的区域生态环境保护规划，包括水资源可持续利用发展规划、大气污染防治规划、生态环境保护规划及空间发展规划等专项规划。联合设立生态环境协同治理专项资金，建立长效稳定的投入机制。

### 2. 完善生态环境保护协作机制

#### （1）建立完善生态环境协同治理市场化机制

京津冀地区应研究制定京津冀资源总量初始分配方案，引入市场机制，依靠价格调节，在全国率先探索建立区域节能降耗减排市场机制。积极推进建立区域碳排放交易市场；在明晰水权和排污权分配、建立健全总量控制和许可证制度的基础上，优先建立区域性强的水权和排污权交易市场，尽快形成基于市场的转让和补偿机制。建立和完善区域水资源的统一分配与管理机制，明确初始水权分配，细化水权类型，完善取水许可制度。加快引入市场机制，积极推行水价改革，逐步建立符合区域实际情况的水权交易一、二级市场。在水权市场逐步成熟的基础上，建立完善污水排放权交易市场，促进水资源合理配置，提高水资源的利用效率。

#### （2）建立完善区域生态补偿机制

京津冀地区应根据区域特点、区域部分生态补偿的相关实践，以及国内外经验进行生态补偿标准研究，制定区域生态补偿标准参考手册。通过政府转移支付、市场化交易、污染制造者和生态受益者支付、直接补贴等手段，对流域内禁止开发、限制开发区域，以及水源涵养区域内的农牧民给予生态补偿。京津冀地区应统一区域内的生态补偿标准，推进生态补偿区域转变发展方式，缩小生态补偿地区之间的收入差距。

# 第二节　京津冀体育产业一体化发展

推进京津冀体育产业一体化发展，对推动京津冀体育产业结构优化升级和提高京津冀体育产业综合竞争力都有重要的战略意义。本节以京津冀体育产业一体化发展为研究对象，依次对一体化发展的依据、意义、必要性、可行性、发展概况、发展问题、发展战略构想进行阐析，力求进一步夯实京津冀体育产业一体化发展的理论基础，为京津冀体育产业一体化发展提供理论与实践指导。

## 一、京津冀体育产业一体化发展的依据与意义

### （一）京津冀体育产业一体化发展的依据

#### 1. 区域经济一体化已成为我国区域经济发展的主要趋势

自 20 世纪 80 年代开始，区域经济一体化走向越来越显著。在西欧地区和北美地区区域经济一体化已经相对成熟的国际背景下，我国同样在大力推进经济合作进程。就我国来说，把区域经济板块设定为特色的经济竞争的格局慢慢形成，其对我国区域经济发展产生了显著的促进作用。长江三角洲（以下简称"长三角"）经济一体化持续加速，珠江三角洲（以下简称"珠三角"）和港澳经济的融合程度逐步加深，长三角和珠三角的经济总量都呈现平稳、快速的发展势头。长三角具体由江苏省、浙江省、上海市、安徽省组成，而狭义上的珠三角仅仅由一个广东省组成。

立足于区域战略位置的层面来分析，京津冀区域同时包含京津唐经济圈、北京直辖市以及天津直辖市，属于我国经济基础最坚实、发展速度最快的区域之一，同时被专家界定为 21 世纪发展潜力最大的经济带之一。在区域经济一体化不断加深、产业结构持续升级、信息化速度不断加快以及市场化进程持续推进的大背景下，京津冀一体化已经成为一种必然趋势。就现阶段来说，尽管京津冀分属于三个行政区划，但它们之间有着千丝万缕的内在联系，其互补性与依托性都十分显著，发展过程中应当将其作为一个经济区域整体统筹规划与布局，从而实现扬长避短与高速发展的目标。

2. 长三角、珠三角区域经济发展成功模式，对京津冀体育产业一体化发展有借鉴意义

在相关政府发挥推动作用的基础上，地区相互间开展多方面经济合作或者全方面经济合作，即区域合作。区域合作主要包括区域之间的要素自由流动、建立共同市场、建立经济联合组织、协调资源开发、协调经济发展政策、共同维护经济秩序、保持经济的稳定性等内容。从整体来说，区域合作的功能为：构建区域市场，确保内部不同区域之间的资源和要素朝着合理化方向流动；联合开发、利用资源，设法达到资源最大化目标；促使经济模式转变速度加快，对经济结构采取切实有效的调整措施和优化措施；想方设法加快区域一体化速度。倘若京津冀区域合作能够将本区域的资源优势和区域优势充分发挥出来，那么其将会对区域经济可持续发展产生显著的积极作用。

长三角凭借水陆交通发达、经济实力雄厚、人力资源丰富等多重优势，各地在发展过程中联系本地实际状况，逐步产生了特色显著的发展模式，具体就是江苏地区的苏南模式、浙江地区的温州模式以及上海地区的浦东开发模式。长三角把上海设定为枢纽，把南京、杭州、宁波、南通等设定为发展中心，逐步形成了"一枢纽、四中心、五圈层、六主轴"的产业布局结构。长三角构筑了宁沪杭甬产业带、沿江产业带和环杭州湾产业带三条跨省区的产业发展带，使得产业结构能级以及产业结构整体水平都出现了大幅度提升。珠三角以广州、深圳为中心，以东莞、佛山、珠海、江门为次中心，形成了广州都市带、珠江东岸带、珠江西岸带三条产业带，推进珠三角经济的发展。表4-2和表4-3分别是长三角产业发展轴状况和珠三角产业发展带状况。

表 4-2　长三角产业发展轴状况

| 发展带 | 重点城市 | 重点产业 |
| --- | --- | --- |
| 宁沪杭甬产业带 | 南京、上海、杭州、宁波 | 信息技术、生物制药、现代服务、新材料技术、先进制造业等产业 |
| 沿江产业带 | 连云港、上海、杭州、舟山、温州 | 装备制造、现代物流、精细化工、冶金加工、造船业等产业 |
| 环杭州湾产业带 | 杭州、宁波 | 临港产业，先进制造、电子信息、医药、服装等产业 |

表 4-3　珠三角产业发展带状况

| 发展带 | 重点城市 | 重点产业 |
|---|---|---|
| 广州都市带 | 广州 | 信息技术、生物制药、现代服务、新材料技术、先进制造业等产业 |
| 珠江东岸带 | 深圳、东莞 | 新能源、新材料、现代物流、精细化工、冶金加工、文化创意等产业 |
| 珠江西岸带 | 佛山、中山、珠海 | 能源化工、家电制造、电子信息、机械加工、物流等产业 |

以长三角和珠三角为比较对象，京津冀地区经济地位和这两个地区的经济地位依然有很大差距，一方面是因为区域壁垒大大加大了资源共享和优势互补的难度，另一方面是因为外向型经济发展速度缓慢，产业重叠现象十分严重。长三角和珠三角充分发挥了市场作用以及行政手段的作用，为区域产业协同发展注入了很大的动力，集理论高度、全局性以及可操作性于一身，为京津冀体育产业一体化发展提供了可供借鉴的经验。

3. 京津冀体育产业一体化发展协议的签订，使该区域体育产业发展过渡到崭新阶段

京津冀区域的经济互补十分强烈，因为各类体育产业的产业梯度尤为显著，所以它们相互之间的合作倾向同样十分强烈。具体就是北京以第三产业为主，具备全国最丰富的体育场馆资源、体育人力智力资源、体育金融与投融资服务资源，已经具备体育产业迅猛发展的基础性条件。与此同时，北京是国际交往中心，会不定期地举办国际体育交流合作活动，能够比较高效地整合国际范围内的优质体育资源。北京在这些方面的条件和优势都能够为自身发展体育产业提供优质环境以及强有力的支撑。京津冀合作发展体育产业能够将北京的辐射作用与带动作用充分发挥出来；天津市是以制造业为主，同时外向型经济占据的比重很大，所以天津市的崛起能够有效拉动京津冀整体发展，促使区域经济发展的支撑水平得到大幅度提升；河北省拥有丰富的资源，劳动力成本相对较低，市场十分广阔，拥有的社会资源、人文资源以及旅游资源等都达到了厚重的要求，如此能够在开发体育产业的过程中发挥保障性作用。

近些年来，国务院充分发挥了推动作用与引导作用，京津冀各级政府先后

开展了达到系统性要求的区域合作，同时签订了多个方面的合作协议，主要目的是进一步强化区域内部的分工和协作，设法使区域经济联系更加紧密，从根本上加快区域发展速度。立足于全局来分析，京津冀三方应当牢牢抓住各个方面的发展机遇，通力协作，科学发展，由此从根本上加快区域体育产业的发展。

## （二）京津冀体育产业一体化发展的意义

### 1. 有利于京津冀区域体育产业布局优化

综合分析近些年的情况能够得出，京津冀产业间融合程度在持续增强，但也有产业分工不足、要素市场有待完善、行政壁垒客观存在等多方面的问题，这些问题对区域产业协同发展产生了很大的负面作用。京津冀区域内的体育产业存在显著的互补性特点以及依托性特点，有着千丝万缕的联系，所以发展过程中政府应当立足于全局实施统筹规划。区域内实现体育产业完全不重复的可能性为零，但并非允许每一个产业均可重复，尤其是严禁其在同一个层次发展。区域内各地间应设置科学、合理的产业梯度，同时要全面满足错位发展的要求。就京津冀体育产业分工与合作发展来说，京津冀地区应当积极、充分地发挥中央体育产业发展意见的指导性作用，把现有产业的实际状况以及地区资源禀赋设定为出发点，政府应当适时加大宏观调控的力度，从而加大优化产业布局的力度，促使产业的发展层次与发展水平都获得大幅度提升。

### 2. 有利于京津冀区域体育产业结构的升级

构建区域分工和合作机制，对要素自由流通和资源配置效率都有十分显著的积极作用。京津冀三地体育产业结构的互补性特征十分显著，合作发展对比较优势的充分发挥有显著的积极作用，能够加快体育产业结构优化升级。由于北京和天津在人才、资金以及技术等层面都拥有显著优势，所以京津地区有必要科学调整产业发展思路，尝试将发展重点凸显出来，设法使发展水平得到大幅度提升；河北的区域发展空间较大，体育产业资源丰富，巨大的发展空间还有待挖掘。

京津冀体育产业合作发展，京津两市要全面利用河北发展空间以及资源条件，河北同样要接受京津产业转移，这都有助于优势互补、良性互动的区域体育产业发展格局的形成。

### 3. 有利于京津冀区域经济一体化发展

各地政府应全方位探究京津冀体育产业分工和合作的对策，在分析和探究体育产业发展规划时应将其置于京津冀大区域中，如此有助于自身从战略视角与整体视角来认识和分析区域体育产业发展规划，并能够对京津冀区域经济一体化发展产生指导性作用。就体育产业发展而言，京津冀三方均存在自由地发展规划的现象。北京参照"十三五"规划，密切联系各个地区的资源禀赋以及产业基础，促使自身的功能定位更加清晰明确，主动对产业集聚产生引导性作用，集中各方力量来打造北京奥林匹克公园、龙潭湖体育产业园、顺义潮白河水上运动集聚区、密云航空运动集聚区等八大重点体育产业功能区，逐步形成"一核两带多园区"的体育产业发展格局。天津参照"十三五"规划，密切联系不同地区实际拥有的资源禀赋以及产业基础，着力打造天津奥体中心、天津健康产业园、天津动漫游戏产业基地、蓟州区冰雪运动集聚区等重点体育产业功能区，建成东部体育产业发展带和西部体育产业发展带，逐步带动形成"双核双带多园区"的体育产业发展格局。河北依据"十三五"规划，密切联系各个地区的资源禀赋以及产业基础，在规划过程中始终坚持科学性原则，在布局过程中始终坚持合理性原则，逐步培育出一大批竞争力巨大的体育企业以及体育品牌，主动打造体育产业功能区，按部就班地构建拥有河北特色的"一核两带多园区"的体育产业格局。在京津冀体育产业合作发展的过程中，京津冀有很大必要将各自的规划归纳为统一规划，坚定不移地贯彻落实科学发展观，立足于空间层面完成统筹规划工作，从而形成分工明确、特色鲜明、优势明显、品牌知名度大的城市群体，从根本上加快京津冀区域经济一体化发展的速度。

## 二、京津冀体育产业一体化发展的必要性与可行性

### （一）京津冀体育产业一体化发展的必要性

针对京津冀体育产业一体化发展的必要性，三地应能够立足于总体经济差距以及合作现状等视角展开全方位分析。恰恰是由于三地存在差距且当前合作状况未能符合可持续发展的走向，所以三地有很大必要进行体育产业合作。

1. 总体经济差距要求产业合作

就当前来说，京津冀三地之间的经济差距呈现出越来越明显且持续加剧的态势，为此就需要进一步加强三地之间的产业合作，特别是要全面调动河北的积极性，促使其产业结构升级的速度持续加快，如此才能更快缩小河北和京津的差距。顺利签订京津冀体育产业合作发展协议为京津冀提供了不容错过的机会，这些机遇大大增加了京津冀体育产业合作发展的可能性。倘若京津冀能够牢牢抓住这次机会并做到充分利用，则京津冀体育产业将迈入崭新的发展阶段。

### 2. 体育产业可持续发展要求产业合作

不仅满足现阶段需求，也不会削弱子孙后代满足各方面需要的能力的发展，即可持续发展。可持续发展不但意味着维护、合理使用以及提高自然资源基础，而且意味着在发展计划与政策中增加对环境的重视和分析。可持续发展的目标是在满足人类多重需要的同时，促使个人获得全面发展；在对资源与生态环境采取切实可行的保护措施的同时，保证不会对后代的生存与发展产生威胁；十分重视不同类型的经济活动的生态合理性，反复重申要大力支持有利于资源和环境的经济活动，反之则坚决摒弃。

提出可持续发展战略，进一步表明现阶段的环境问题与资源问题已经演变成世界各国人民都十分重视的问题，许多国家的环境污染问题、资源浪费问题以及生态破坏问题都比较严重，环境保护与资源治理已经成为当下必须采取的措施。京津冀地区是我国经济快速发展的一个区域，在经济建设过程中难免会出现资源浪费问题和环境破坏问题，体育资源同样如此。由此可见，当前我们有很大必要开发京津冀地区体育资源，想方设法达到资源消耗最小、经济效益最大、环境保护最优三项目标，由此推动京津冀体育产业朝着健康与可持续发展的方向发展。

## （二）京津冀体育产业一体化发展的可行性

### 1. 京津冀体育产业的差异性与互补性

京津冀地区在区位上间隔距离小，交通方便，生产要素资源具有十分显著的互补性，具备贯彻落实产业合作的条件。北京不仅具备雄厚的经济实力和更加优化的体育产业结构，同时其体育产业结构无时无刻不在朝着更优化的方向发展；不足之处是北京体育产业结构未达到合理性要求，本体产业发挥的作用十分有限。天津是京津冀区域的另一个核心，经济基础稳固，人才竞争力和科学竞争力较强，使得天津体育产业的后发优势很大。河北省的唐山、廊坊、保定、邯郸等体育产业发展基础较好，张家口、承德等地区体育产业具备的地域特色十分显著，能够和京津体育产业形成优势互补的格局。由此可见，京津冀地区如今已经具备了体育产业一体化发展的基础。

### 2. 京津冀区域经济合作日益受到重视

国务院近些年来充分发挥推动作用与引导作用，京津冀各级政府着眼于多个层面贯彻并落实区域合作，积极主动地完成了签订合作协议的相关工作，主要目的是从根本上增强区域分工和区域合作的力度，促使区域经济联系得到质

的提高，加快区域发展步伐。京津冀区域合作战略研讨会等为京津冀体育产业一体化创造了很多难能可贵的发展机会。

## 三、京津冀体育产业一体化发展概况与问题

### （一）京津冀体育产业一体化发展概况

1. 体育产业产值快速增长

综合分析京津冀体育产业合作发展状况能够发现，三地的体育产值都呈现出快速增长的趋势。三地体育产业产值、体育产业增加值、体育产业产值占地区产业产值的具体比重都呈现出增长趋势，同时三地体育从业人员和增加值也有上升趋势，另外体育产业总收入逐年攀升。总而言之，京津冀三地的体育产业发展势头良好。

2. 初步形成现代体育产业体系

要想使体育产业发展速度更快，就一定要着手构建出结构科学、门类多种多样、科技含量高、创新意识强、拥有核心竞争力的现代体育产业体系。就近些年来说，京津冀地区把规划和建设体育产业体系设定为一项重要任务，想方设法推动体育产业朝着良好的方向发展。目前，京津冀地区的现代体育产业体系已经大体形成，具体来说就是北京市体育产业相对完善的产业体系已经基本产生，子产业类别具有多元化特点，体育产业开发领域朝着更大的范围拓展，产业效益越来越高。北京以社会资金投入为主的体育健身休闲市场体系初步形成，体育竞技表演市场获得稳步发展，体育中介、体育培训、体育用品等要素市场发展迅速，体育信息咨询机构不断增加，体育中介组织也已形成一定规模。北京市体育健身休闲业、体育竞技表演业、体育用品业增加值分别占产业总值的统计数据表明，北京市体育产业的发展已正式迈入体育核心产业快速发展、体育服务业产值比重快速上涨、体育用品产值份额逐步降低的高层次发展时期，同时大体形成以体育用品销售业、体育竞技表演业、体育健身休闲业、体育用品制造业为主体，多业协同发展的先进体育产业格局。

就近些年来说，天津市牢牢抓住并利用滨海新区规划建设契机，想方设法提高城市功能，由此使体育产业发展顺利搭上"顺风车"，相继产生了包括体育用品制造业、体育健身服务业、体育竞赛表演业、体育旅游业、体育彩票业、体育文化产业等在内的体育产业体系。与此同时，河北省在近些年将管理体制改革定位成抓手，不仅分析和兼顾了不同地区的要素优势，也积极总结和学习

了世界各国的先进经验，体育产业呈现出可喜的发展势头，慢慢形成了相对合理的产业体系。就现阶段来说，河北省已形成以"环京津体育休闲旅游"为品牌，以体育旅游业为基础，体育健身休闲业、体育竞赛表演业、体育彩票业、体育中介业、体育用品制造业等协同发展的具有河北特色的现代体育产业发展体系。

3. 初步形成了一批体育产业集聚区

从本质上来说，体育产业集聚区充当着体育产业发展的空间载体和主体。就近些年来说，京津冀三地都将规划和建设体育产业集聚区设定为重要任务。发展至今，京津冀区域已经出现了一批发展较好的体育产业集聚区。

北京市以城市整体规划以及国民经济与社会发展规划纲要为根据，密切联系区县原本就具备的资源特色以及发展基础，正确引领并促使体育产业各业态在各个区县以及各功能区的集聚发展，循序渐进地发展形成包括北京奥林匹克公园在内的八大体育产业集聚区。北京潮白河水上运动集聚区和龙潭湖体育产业园区都获得了良好的发展成效。

在体育产业集聚区的规划建设工作中，天津市主动吸纳文化创意理念，在分析并联系各个功能区资源的基础上高质量完成各项规划工作，逐步形成了天津奥林匹克中心、天津动漫体育产业基地、滨海高新体育产业研发基地等颇具特色的体育产业集聚区。天津市滨海高新体育产业研发基地和海河教育园体育中心都依托多方面力量，采取多项举措，先后获得了很多可喜的发展成效。需要补充的是，天津市还想方设法挖掘海河风景、小白楼金融街、津湾广场等资源，集中力量发展观光体育旅游、体育休闲娱乐等多个产业。

河北省坚持"有选择、有退出，积极培育、重点打造"的原则，大力推进体育产业功能布局朝着更加合理的方向发展，从而逐步构建出包括崇礼滑雪运动基地在内的多个颇具特色的体育产业集聚区。以崇礼滑雪运动基地为例，贯彻落实的举措有改建并扩建滑雪场，如此便于冬季发展高级、中级、低级配置合理的滑雪运动产业，春季、夏季和秋季发展滑草、滑沙、滑板、轮滑等极限运动；科学建立国际滑雪学院，将崇礼构建成我国影响力较大的国内滑雪教学、滑雪科研以及滑雪培训基地；采取多元化措施吸引国际滑雪用具生产商和滑雪设备生产商进入我国，从而构建在我国拥有巨大品牌影响力的滑雪用具生产基地以及滑雪设备生产基地；汇集多方力量，申办和承办世界滑雪领域的会议、培训以及展览。

4. 探求体育产业合作发展之路

京津冀三地近年来在体育产业方面的举措是为三地关于体育产业合作探寻

方法和策略、积极寻找三地体育产业一体化的发展思路。从整体来说，京津冀在相互合作的前提下发展体育产业，对三地体育产业圈一体化目标的达成有显著的促进作用，能够对区域体育产业具体要素流动朝着合理、高效的方向发展有促进作用，此外对三地体育产业实现可持续发展也有促进作用。

5. 形成一批特色体育产业品牌

近几年，京津冀分析并参照当地体育产业的发展状况和资源优势，想方设法把优势产业与特色产业的优势发挥得淋漓尽致，由此形成了一批拥有鲜明特点的体育产业品牌。举例来说，北京依托朝阳、海淀、延庆、顺义、东城等城区的道路，设计职业公路自行车赛道，这为北京市自行车运动注入了很大的发展动力，能够从一定程度上推动北京体育产业的发展进程；天津蓟州以蓟州国际滑雪场、玉龙滑雪场、盘山滑雪场等场地为依托，将体育旅游设定为当地一大特色，集中力量发展冰雪产业、冰雪用品制造业以及户外运动产业；河北崇礼将滑雪产业设定为当地特色，将建立并发展开放式滑雪产业基地设定为崇礼的发展目标之一，集中力量发展和滑雪存在联系的个别产业。

## （二）京津冀体育产业一体化发展的问题

### 1. 政府服务意识不强

对于区域间合作发展来说，政府的认可、支持、协调、推动或者政策倾斜都是不可或缺的。京津冀区域内地方政府主要是集中多方力量制定适宜的产业政策、投资政策以及税收政策等，针对京津冀区域合作开展并落实政策制定工作、产业规划工作、利益分配工作，机制创新的意识有待增强，这从某种程度上限制了京津冀区域合作。

### 2. 体育产业结构雷同

就京津冀区域内部来说，在合作意识不强、行政障碍以及由此产生的制度障碍与地域壁垒客观存在的大背景下，各区划常常会在体育产业发展历程中呈现出自成体系、各自为政的不良现象，始终未能形成切实有效的产业合作与分工机制，这大大加重了区间产业体系的趋同程度。虽然京津冀三地体育产业的产业梯度客观存在，但是区域范围内的产业合作十分有限，这不利于各地充分发挥地域优势，也会对特色体育产业的产生和发展产生阻碍作用。

### 3. 体育产业合作层次不高

尽管京津冀体育产业已经正式踏上合作发展的道路，但整体的合作层次有待提高，合作规模有待拓展，内部合作的失衡问题比较突出，京津之间的合作次数和合作质量有待提高，京冀和津冀之间的合作次数比较多。立足于体育产业合作深度与合作广度两个层面展开分析，目前合作停留在局部合作和松散合作的层面，深层次产业合作基本找不到，并未形成真正的区域产业梯度分工机制。

**4. 体育产业合作机制不成熟**

近些年来，京津冀区域为推进区域合作进程相继开展了各式各样的活动，具体包括召开京津冀合作论坛、签订合作协议、高层领导互访等。然而整体分析的结果表明，京津冀三地的体育产业一体化发展依旧处在探讨与造势阶段，和合作各方切身利益存在联系的具体方案以及思路方针并未形成。

从整体来说，京津冀体育产业合作层次有待进一步提升，规模有待进一步扩大，至今未能在寻求各方利益结合点和切入点两个方面出现实质性突破。

**5. 体育产业发展较不平衡**

在京津冀一体化上升为国家战略的大背景下，京津冀一体化速度不断加快，京津冀体育产业呈现出了良好的发展态势。从全局来分析，尽管京津冀体育产业发展速度迅猛，但京津冀三地体育产业发展并不均衡。就体育产业的发展力和竞争力来说，京津冀三地因为人口、经济、体育赛事、体育设施、相关产业等方面的优势存在差异，所以三地体育产业的发展力与竞争力难免会有差异。三地在体育产业发展力与竞争力方面的差异具体表现为北京市最强，天津市次之，河北省最弱；三地在体育产业发展速度与发展水平方面的差异同样比较显著，其中北京市最快，天津市次之，河北省最慢。

**6. 体育产业结构均欠合理**

京津冀三地的体育产业发展都有各自的特色，具体如下。

北京市以"高产出、高效益、高辐射力"为标准，不断加大在体育产业方面的发展力度，相继建立了奥林匹克中心区、龙潭湖体育产业园等八大功能区，构建出了全市南北有大型体育主题公园、东西有特色体育健身园区的基本格局；汇集多方力量打造体育和文化、旅游等行业存在联系的综合产业链，由此形成和体育相关的产业集群；集中力量使体育竞赛表演市场的品牌影响力与商业价值得到质的提升，顺利举办了一系列在世界范围内水平较高的体育赛事，由此得到的社会效益与经济效益都比较可观。这些方面的成功举措有效扩大了北京市体育产业的整体规模，使北京市体育产业结构呈现出日益优化的趋势以及较强的发展力与竞争力。

189

分析天津市体育产业发展空间布局能够发现，天津市采取多元化措施着力打造"一轴两带多园区"。详细来说，"一轴"即对接北京，沿海河和京津塘高速公路，将中心城区与滨海新区连接在一起的发展轴线。天津市持续集中多方力量来发展体育场馆服务业等多项产业，想方设法对全市体育产业发展产生更显著的引领作用、示范作用以及辐射作用。"两带"指的是东部滨海运动休闲带和西部户外运动休闲带，具体就是深入挖掘东部岸线蕴藏的资源，集中多方力量加大力度发展滨海运动休闲度假产业；设法将西部紧邻北京的区位优势发挥得淋漓尽致，着重发展将户外运动设定为鲜明特色的体育旅游业。"多园区"具体就是在"一轴"线建设各式各样的园区，在"两带"上建设多种类型的运动集聚区和运动装备制造业基地等，尽快构建出涵盖体育竞赛表演等门类的体育产业体系。

河北省在全面分析和兼顾本省区位、资源、产业基础等多重因素的基础上，汇集多方力量建构"一环引领、三极推动、五区支撑"的体育产业发展空间布局。具体来说，"一环引领"，即建设环京津体育产业隆起带；"三极推动"，即培育张家口奥运经济发展极、秦皇岛海洋体育产业发展极和石家庄都市体育产业发展极；"五区支撑"，即发展保廊沧体育用品制造集聚区、滨海运动休闲产业集聚区、"两山"户外运动产业集聚区、张承冰雪运动产业集聚区、冀中南特色体育产业集聚区，由此发展成健身休闲、竞赛表演、体育制造、冰雪、足球五大主导产业，以及体育培训、体育场馆服务、体育传媒、体育中介、科技体育、体育彩票产业六大潜力产业。

需要说明的是，尽管京津冀三地的体育产业发展的特色不尽相同，但存在体育产业整体规模偏小、结构不优的现实问题。立足于发展规模的角度来分析，从纵向角度来说京津冀三地体育产业规模都呈现不断发展壮大的态势，但从横向角度来说京津冀三地的体育产业规模和部分发达国家的体育产业规模还有很大差距需要跨越。最为突出的问题是，京津冀三地体育服务业整体规模偏小，经营单位的总体实力偏弱，体育服务消费动力有待增强。尽管天津市体育产业已经相继获得很多发展成绩，但和天津各式各样的体育资源、百姓持续增长的体育服务需求和体育产品需求相比，依旧存在很大差距需要跨越，具体表现是体育产业整体规模不够大，在拉动消费、招商引资、提供就业机会三个方面的作用不够显著；开发和利用体育资源的整体效率比较低，未能对社会资本和外资投入产生较大的吸引力。

立足于产业结构的视角展开分析，北京市体育服务业对体育产业增长的贡献率不断提高，体育服务业整体规模有待扩大，经营单位综合实力需要进一步增强，体育服务消费动力需要进一步提高。天津市体育产业结构还有必要加以完善，原因在于天津市资源优势突出的体育服务业所占的实际比重偏低；体育经营单位的综合实力有待增强，小微企业和轻资产运营企业要比大型企业、龙头企业、兼营企业、专营企业多出很多，与此同时很大一部分是体育系统下属事业单位或社会上的企事业单位的体育设施对外开放，在运营方面的动力与能力均需要大幅度增强。

7. 体育产业圈一体化发展机制尚不完善

具体来说，北京市在本市体育"十三五"时期发展规划中提出，创立京津冀单项体育协会联盟，全力打造京津冀地区群众体育品牌，不断加快京津冀体育产业圈一体化发展的速度；不断加大对体育生活化社区以及体育特色乡镇建设的力度，高质量完成全民健身设施布局的统筹工作，逐步形成以"一刻钟健身圈"为基础的全民健身设施网络，统筹京津冀体育产业错位发展。

天津市在本市体育"十三五"发展规划中提出，建立协同发展工作机制，具体包括建立京津冀联席会议机制、体育社团组织联系机制，成立京津冀体育产业协会，由此从根本上增加三地相互协商、相互协调、相互沟通的机会；打造京津冀体育健身休闲圈，建设一批体育健身休闲基地，三地协同组织和举办大规模的群众体育活动；举办教练员训练交流活动、联合举办高水平体育竞赛、轮流承办体育传统项目校际竞赛等，相互协作使三地竞技体育水平得到大幅度提升；深入挖掘并利用京津冀三地蕴藏的自然资源，建设数十个品牌活动基地，着力打造一大批体育服务业重点项目，为京津冀体育产业一体化发展注入巨大推动力。

河北省在本省体育产业发展"十三五"规划中提出，联合北京市与天津市建设京津冀体育健身休闲圈，在环京津地区建立大型且知名度较高的体育休闲基地；和北京市与天津市联合起来构建服务于广大群众的健身场馆群，实行"健身一卡通"；和北京市、天津市携手组织并举办在世界范围内知名度较高的体育赛事，科学构建高端赛事承办的联动合作机制，循序渐进地把京津冀地区打造成在世界范围内影响力较大的品牌赛事集聚区；联合三方力量打造京津冀体育产业带，逐步培育出拥有巨大影响力的京津冀体育产业集聚区，大力支持在京津冀区域内的企业借助多种形式整合资源，实现跨越地区、跨越行业、跨越所有制经营的目标；集中多方力量推进京津冀体育人才智库的建立进程，将包括运动员和教练员在内的多种优质人力资源统筹在一起，集中多方力量来推进体育人才的培养、交流。这些方面都充分证实，京津冀三地已经把体育产业一体化发展定位成一项重要任务，同时三地都表现出主动融入京津冀体育产业圈、加快推进京津冀体育产业一体化的意愿。

在实践过程中，京津冀三地的体育产业协同规模偏小、合作层次有待提高、内部合作未达到均衡性要求，河北省和北京市、天津市的合作比较多，但北京市和天津市之间的合作十分有限。就体育产业来说，京津冀之间的合作存在松散、停留于局部合作、深度和广度不足的问题，着重反映在体育产业结构同质化问题突出和京津冀体育产业梯度落差大两个方面，具体如下。

一方面，分析京津冀体育产业发展特色能够得出，北京市重点发展的八类产业和天津市重点发展产业雷同的有三类，和河北省重点发展产业雷同的有六类；天津市重点发展的六类产业，与河北省重点发展的十类产业雷同的有四类；京津冀三地重点发展的产业中有两类产业雷同。（如图4-3）体育产业的同质化充分说明京津冀体育产业结构存在趋同性问题，这不仅会对特色产业形成进程以及京津冀体育产业一体化发展进程产生制约作用，还会对京津冀三地之间整合并优化体育资源产生一定的消极影响，也会催生区域间的恶性竞争，由此出现京津冀体育产业综合竞争力被削弱的情况。

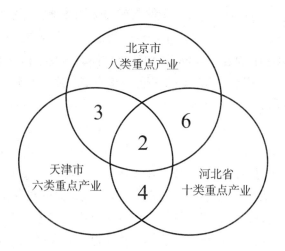

图4-3　京津冀地区重点产业比较

另一方面，论起体育产业的发展速度、发展规模、发展竞争力，北京市无疑都在京津冀三地中表现得更加强势，天津市次之，河北省相对最弱，三地反差较大的体育产业发展梯度无疑会对京津冀体育产业各方面的衔接和一体化发展产生显著的负面作用。就体育产业发展的区域格局来说，地处河北省的"环京津贫困带"，横亘在北京市与天津市之间并呈现出一种"孤岛式"，这无疑会对北京市和天津市之间体育产业的空间布局产生阻碍作用，并由此出现北京市和天津市之间体育产业衔接断裂的情况。基于这些情况，河北省提出了"一环引领"战略，具体就是建设环京津体育产业隆起带，加快推进京津冀体育产业一体化的发展速度。河北省要想尽快实现这一战略意图，必须把京津冀三地的力量联合起来。

从整体来说，造成京津冀体育产业协同规模有限、合作层次偏低的直接原因是京津冀体育产业圈一体化发展缺乏完善且成熟的合作机制。具体来说，北京市提出创立京津冀单项体育协会联盟，天津市提出成立京津冀体育产业协会，河北省提出联合组建京津冀体育产业协会，但怎样科学定位这些机构，赋予这些机构哪些功能，这些机构通过哪些途径将自身作用充分发挥出来，都需要探讨与论证，同时在实践过程中不断完善、持续发展。

## 四、京津冀体育产业一体化发展战略构想

### （一）京津冀体育产业一体化发展的规划设想

尽管京津冀在行政区划上被分成一省两市，但三地在经济、文化、地理三个方面是无法割裂的整体。京津冀一定要以积极主动的态度跳出行政区划圈子，在立足于全局的基础上完成各项规划工作与布局工作，推动京津冀体育产业圈一体化发展，设法使京津冀区域的综合实力得到大幅度提升。

立足于全局来分析，未来京津冀体育产业可按"一轴三核三带多中心"的区域发展格局进行空间布局。具体来说，"一轴"指串连北京中心城、天津中心城、滨海新区核心区的发展轴；"三核"指北京中心城、天津中心城以及滨海新区核心区；"三带"指环滨海湾休闲旅游带、山前传统发展带、环京津燕山和太行山区生态文化发展带；"多中心"指在一定区域规划的体育产业园，如北京龙潭湖体育产业园等。

#### 1. 指导思想

京津冀体育产业圈一体化发展，一定要坚持全方位贯彻落实《国务院办公厅关于加快发展体育产业的指导意见》，设法将市场配置资源的基础作用与政府统筹协调的功能充分结合在一起，在各个方面都紧紧围绕打造我国北方经济增长极的整体发展战略，想方设法把比较优势与区域整体优势的作用发挥得淋漓尽致，采取最适宜的手段培育发展和京津冀区域发展要求相吻合的体育产业集群，集聚多方面力量来构建集创新型、集约型以及生态型于一体的体育产业发展模式，循序渐进地实现京津冀区域内资源优化配置的目标。京津冀应运用

多元化措施促使三地的整体实力有所提高，推动区域经济朝着全面、协调、可持续发展的方向不断前进。

2. 规划目标

在当前到今后一段时间内，京津冀地区应全面贯彻落实党中央加强与完善体育产业发展的政策措施，以三地体育产业一体化发展的实际状况和生产要素禀赋为重要参照，加快体育产业结构的优化速度，从根本上提高创新水平，由此构建出以体育传媒、体育经济、体育研发等产业集群为龙头，以体育旅游、体育彩票、体育健身娱乐、体育竞赛表演产业集群为发展重点，以体育用品制造产业、体育彩票业为支撑的区域体育产业结构体系。截至 2017 年，京津冀区域内的高端体育产业比重出现了本质性提升，产业结构优化力度十分显著；创新水平获得大幅度提升；区域分工与产业布局的科学性特征日趋显著，体育产业一体化发展产生的实际效益出现大幅度提升。到 2022 年，京津冀地区争取形成高端体育产业服务业发挥主导性作用的产业结构，同时使体育产业结构达到合理性要求；形成一大批区域特色鲜明的体育产业品牌，从本质上增强体育产业对经济发展产生的引领作用与支撑作用；区域内部的协调程度要有所提升，逐步形成分工科学、特色显著的产业集群。

3. 规划内容

京津唐发展轴是串连北京中心城、天津中心城、滨海新区核心区的发展轴，此轴西起北京中关村，东至滨海新区，中间串连北京亦庄经济技术开发区、通州国家环保产业示范园、廊坊高新技术产业园、武清新技术产业园和天津经济技术开发区等经济开发区，在京津冀区域经济发展过程中发挥着主轴的作用。对于这个区域的体育产业，应当把发展体育产业研发，发展世界范围内影响力大的品牌赛事产业、高端健身休闲产业，推进国际体育的沟通和协作等定位成立足点，想方设法对京津冀体育产业圈一体化发展发挥引领作用、示范作用以及辐射作用。

（1）积极建设京津同城商务休闲区和京津体育产业研发基地等产业功能区

①京津同城商务休闲区。京津同城商务休闲区范围包括北京市的通州区、大兴区，廊坊市的市区、三河市、大厂回族自治县、香河县，天津的武清区。京津冀地区应立足区位优势以及高尔夫、旅游度假村、会展中心等资源，发展体育会展、休闲体育、体育娱乐、康体等产业。

②京津体育产业研发基地。京津冀地区应全面挖掘并运用通州区、廊坊市、武清区的电子信息技术优势，大力推动华为、中兴等企业发挥自身的依托作用，建立电子信息产业基地和电子信息产业园，汇聚多方力量发展体育电子信息产业、体育动漫产业等。

（2）着力打造高尔夫休闲运动区、温泉度假区等重点产业集聚地

①高尔夫休闲运动区。京津冀地区可充分依托第一城等高尔夫俱乐部以及周边资源，建立高尔夫学院，同时吸引有关企业入驻高尔夫休闲运动区，汇集多方力量发展高尔夫装备制造、高尔夫培训、高尔夫运动、体育旅游等产业。

②温泉度假区。京津冀地区可对区域内部的温泉度假村进行整合和归纳，促使配套设施与配套服务更加优化，采取最有效的手段打造温泉养生集聚地。除此之外，还可将温泉养生、休闲娱乐以及旅游观光等设定为着重发展的项目。

（3）积极发展北京时尚体育公园、龙马花园马术俱乐部等新兴特色体育产业园区

①北京时尚体育公园。北京时尚体育公园地处大兴区星明湖度假村内，主题特色分别是极限运动和时尚运动，该公园先后引入了世界领先的时尚体育发展理念与要素，服务对象是世界范围内的高端消费群体，同时组织了形式各异的极限运动培训、体育赛事和国际交流活动，对时尚和极限运动的潮流产生了显著的引导性作用。京津冀地区应尽最大可能建立达到国际水准、领先于我国各地的极限运动产业集聚区，集中力量发展体育健身休闲业和体育文化创意产业。

②龙马花园马术俱乐部。龙马花园马术俱乐部位于通州区潮白河畔，建有跑马道、马术障碍赛赛场、马术训练场、马匹调教场等，另外还可建设小型游泳池、餐厅等，并完善配套服务，重点发展马术运动。

## （二）京津冀体育产业一体化发展的战略思路

在经济全球化与市场化的大背景下，各地之间的要素流动速度大大加快，区域间经济依存以及互动效应越来越深，这为区域经济协调发展注入了巨大推动力。在当前以及今后的发展过程中，北京和天津都无法承担起更大区域范围内的经济竞争，京津冀区域合作发展成为大势所趋。对于京津冀区域发展来说，京津发挥着核心性作用，而河北则是京津经济发展的自然延伸，在京津产业转移的过程中发挥着承接性作用。京津冀地区可借助功能分工实现适宜各地区的发展目标，从根本上加快区域内部经济、社会、资源以及环境等多个方面的协调发展，由此逐步达到京津冀三地发展共赢的目标。对于京津冀体育产业合作

发展而言,京津冀三地一定要主动跳出京津,立足于战略高度,基于可持续发展,站在区域的高度来探寻发展之路。

1. 京津冀体育产业合作的基本思路

（1）建设区域经济共同体，在竞争与合作中实现共赢

世界各国区域经济发展的诸多实践都证实，区域内各地合理分工和积极协作是实现区域经济效益最大化的两条有效途径。京津冀体育产业圈一体化发展拥有相对明显的区位优势以及比较稳固的产业合作基础。京津冀三地要想使体育产业的综合竞争力得到质的飞跃，就必须密切协作、协同发展。京津冀区域内各地区都面临着体育产业结构优化升级的任务。京津冀肩负的重要任务是积极参与全球化竞争，从根本上提高产业竞争力。北京和天津应当尽早跳出行政区划的圈子，以积极主动的态度和河北展开密切协作，此外河北应当拓宽视野。需要注意的是，京津冀一定要彻底摒弃狭隘的行政区划观念，科学构建区域经济共同体，由此为体育产业合作发展提供良好平台，循序渐进地达到京津冀体育产业协同发展的目标。

（2）发挥各自比较优势，优化产业结构

由于区域经济发展过程中存在不同程度的要素空间分布失衡的问题，因此各地区之间形成了互补与竞争的关系。各地区应在综合分析并参照当地比较优势以及实际发展状况的基础上大力发展特色产业，由此逐步优化产业结构。就北京而言，其应当坚定不移地走发展高端体育产业的道路，稳步发展优势显著的体育赛事产业、体育健身娱乐业等发挥支柱性作用的产业，主动培育发展潜力大的体育旅游产业、体育中介产业等；就天津而言，其应当采取多元化措施来调整和优化产业结构，将发展体育竞赛表演、体育健身休闲、体育技能培训、体育用品制造、体育中介等产业设定为发展目标中的核心目标；就河北而言，其应当把资源优势与产业基础定位成立足点，集中各方力量打造滨海旅游等具有浓郁特色的产业，着重发展体育竞赛表演、体育健身娱乐、体育彩票等产业。

（3）引导产业合理布局，推进产业集群发展

因为京津冀地区的体育产业布局在很长时间内都处于各自为政的状态，所以造成各个行政区内部以及同一个行政区内部的产业布局速度都比较慢。要想快速提高京津冀地区的产业竞争力，同时使不同类型的生产要素成本有所减少，就一定要以积极主动的态度稳步发展产业集群。就体育产业一体化发展目标来说，京津冀地区应当全面分析区域规划以及国家划分主体功能区的详细要求，

严格遵循集中布局、集群发展的原则，精准定位京津冀区域内的重点发展轴线以及重点发展区域。放眼未来能够发现，京津冀区域内的各个地区应当坚决摒弃单体竞争的思想，密切分工与协作，由此为京津冀体育产业一体化发展注入发展动力。

（4）形成京津冀城市群，推进体育产业合作发展

判定一个国家或者地区在社会与经济两个方面的发展水平的关键性标志是城市群。截至当前，我国已经大体形成珠三角城市群、长三角城市群以及京津冀城市群。具体来说，京津冀城市群包括北京、天津两大直辖市，河北的石家庄市、廊坊市、唐山市、秦皇岛市、邯郸市、邢台市、保定市、承德市、张家口市、沧州市和衡水市。在京津冀体育产业圈一体化发展的过程中，其一定要以区域空间结构和各地自然条件与比较优势为重要依据，精确确定出京津冀区域内各个城市的功能定位，从而逐步形成区域内多层次发展的战略格局。立足于全局来分析，形成以京津唐为主发展轴，沿海产业带和京广线北段为副发展轴的空间布局，形成京津保、京津唐两个三角发展框架，大中小城市和小城镇相结合，多层次、开放型、产业联系紧密的现代城市体系。

（5）打破行政区划，共同构建体育产业带

体育产业集群是体育产业带得以产生和发展的关键性基础，具体就是各种类型的企业之间构筑出分工协作的关系。通常情况下，体育产业带由政府、企业以及社会这三大利益主体组成。在地方保护主义的制约下，很多生产要素区域间流通面临着前所未有的困难，实现体育产业优化升级更是难上加难，如此必然会对京津冀区域经济协调发展产生负面影响，所以说各级政府应当共同解决各个方面的问题。当前，京津冀体育产业带的空间布局是在现有行政区划的基础上进行的，京津冀三地通常都是把自身的经济发展设定为目标，未能将体育产业集群发展的地理邻近性考虑在内。在这种情况下，京津冀三地工作的侧重点只是针对各自行政区域产业体系的补强，这对京津冀体育产业一体化发展目标的达成有消极作用。为此，京津冀三地一定要大力革新理念并积极拓宽视野，从崭新的视角看待和分析区域合作问题，并由此提出行之有效的发展策略。在综合多名专家和学者意见的基础上，这里提出了跨行政区划产业带构建的一般框架，如图4-4所示。在政府、企业、社会三大主体分工与协作的基础上，京津冀区域内有关体育产业的生产要素的流通会越来越合理，体育产业将实现集群发展，由此发展成为拥有核心竞争力的体育产业带。

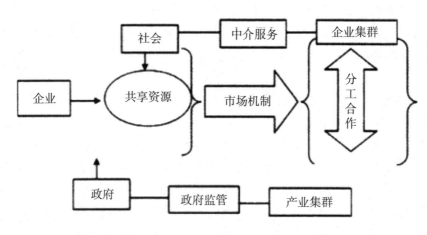

图 4-4　跨行政区划产业带构建的一般框架

**2. 京津冀体育产业合作的基本原则**

在体育产业一体化发展的过程中，京津冀有很大必要遵循有关的发展原则，不然将会使一体化发展难以产生并继续。京津冀体育产业一体化发展应当遵循的原则如下。

（1）互利互惠原则

在将区域内各个地区的利益考虑在内的基础上，京津冀地区应借助产业分工和合作，加快集聚效应与累积效应的产生速度，由此顺利实现互利共赢的目标。

（2）优势互补原则

京津冀区域内的各个地区应当遵循比较利益原则进行产业分工，凭借区域要素流动与商品贸易等形式实现优势互补的目标，从而加快推进区域共同发展目标的实现。

（3）市场主导原则

对于区域发展来说，京津冀三地一定要充分发挥市场机制调节的主导性作用，同时保证政府宏观调控发挥辅助性作用，由此协力推动市场平稳发展。

（4）系统协调原则

从本质上来说，区域发展应当实现整体性发展，应当制定统一的区域发展目标，同时要保证具有全面创新与完善的协调机制。

**3. 京津冀体育产业合作的机制**

在我国区域经济进程持续推进的大背景下，京津冀体育产业一体化发展必须正视并解决区域性矛盾与问题，同时尽快构建合作机制来协调处理发展问题。在充分借鉴世界各国区域体育产业发展成功经验的基础上，笔者认为京津冀体育产业合作机制应当包含以下几方面的内容。

（1）区域协调发展机制

纵观近些年其他国家大都市区政府变革可知，一个崭新的趋势是凭借法律层面与制度层面的调整，来重新确立大都市区政府体系的职责关系，由此构建出充分融合、有凝聚力的区域协调发展机制。如图 4-5 所示，区域协调发展机制是维度与层次都具有多元化特点的系统性机构。立足于区域内部来分析，区域间协调发展的本质是区域间产业和企业的合作，如此合作同样是凭借资金、资源、技术、人才等要素的流动达成的；立足于区域外部来分析，区域协调发展机制会受到政府和市场两个方面的作用。城市作为组成区域的诸多单元中的核心单元，对京津冀体育产业一体化发展发挥着不可忽视的作用，所以说有很大必要构建京津冀地区城市行政组织。京津冀地区城市行政组织可以形成相对完善的区域协调发展体系，对区域市场建设产生统一作用，从根本上加快区域经济协调发展的速度。

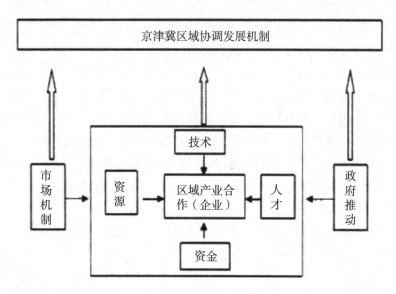

图 4-5　京津冀区域协调发展机制

（2）资源共享协调机制

对于市场经济条件下的区域合作来说，政府宏观调控和市场机制制衡都是必不可少的，此外，制定有助于资源共享的政策也有很大的必要性。相关部门和人员一定要高度重视自然资源利用的一体化规划，针对区域内的土地、能源以及水等各种类型的资源进行统一的规划与管理，大力支持集约化发展。

需要补充的是，京津冀地区有很大必要制定便于要素流动的政策，放开针对劳动力、科技以及资金等要素流动的约束，从根本上推动生产要素科学流动的进程。

（3）产业分工协调机制

在市场经济的大背景下，构建产业分工协调机制能够有效应对市场机制失灵或者市场机制存在不足的情况，原因在于，此类以主动培育企业为主体的区域经济合作组织，可以在市场机制以及自身趋利动机的双重影响下逐步达到资源有效配置的目标。在市场经济中，企业扮演的角色分别是资源组合配置的独立主体以及区域经济合作的主体，构建此类跨地区性的区域经济组织能够从某种程度上妥善处理分工过程中"市场失灵"的问题，同时在市场化改革中可为政府逐步退出分工机制提供最优化通道。京津冀一定要把市场的作用设定为基础，确定企业密切联系政府的协调政策，采取多元化措施把企业组织作为市场主体的作用发挥得淋漓尽致。

（4）产业绩效评价与约束机制

切实有效的绩效评价机制对区域经济合作是十分必要的，原因在于其能够确保区域经济合作始终处于推进状态。对于产业绩效评价和约束机制来说，其不能和市场规律相违背，各级政府不能把片面的经济指标设定为衡量合作绩效的具体标准，相反应当把区域经济协调发展以及可持续发展设定为关键性目标。在市场有待完善以及政府发挥主导性作用的基础上，产业绩效评价与约束机制的主要对象是区域合作中的地方政府，其能够有效激发地方政府之间相互协作的积极性和主动性，另外构建一种区域合作的约束机制同样是十分必要的。京津冀三地一定要充分发挥相关政策和法规对区域合作的规范性作用。

（5）利益补偿机制

当地方短期利益和长期利益出现冲突时，为了长远利益而放弃短期利益并对此类情况加以补偿，即利益补偿机制。通常来说，区域间合作利益分配失衡是无法避免的，只有凭借切实可行的补偿机制才能对各方利益产生最为理想的协调效果，方可使区域合作朝着更协调、更高效的方向发展。从整体来说，利益补偿机制能够从某种程度上推动区域间合作的开展，缺少该项机制造成区域合作消极或者区域合作中断的可能性比较大。在结构松散以及多个行政区域合作的情况下，要想为区域合作有序开展提供保障，就需要建立对区域合作具有推动作用的利益补偿机制。

4.京津冀体育产业合作的路径

（1）以政府为先导的产业合作路径

京津冀区域体育产业一体化发展要想达到宏观调控和长远规划的双重要求，就必须保证相关政府充分发挥自身作用。就现阶段来说，我国区域经济发展必须面对巨大的发展障碍，其中行政壁垒被界定为最大障碍，局部且暂时的利益可损害区域整体利益以及长远利益。面对京津冀体育产业同构程度严重的情况，要想有效规避体育产业结构趋同现象，就必须充分发挥京津冀各地政府的先导作用，科学建立京津冀体育产业合作指导委员会，从而为区域产业协同发展注入巨大推动力。对于京津冀三地政府来说，其一定要在创建统一区域产业机制与创造优良区域市场两个环节发挥应有的作用。

（2）以市场为主导的产业合作路径

对于区域合作发展来说，只有政府合作是万万不行的，原因在于如此会使计划经济形成的可能性大大增加，经济发展的活力同样会慢慢丧失。由此可见，京津冀一定要高度肯定市场机制的作用，充分发挥市场的导向作用，设法构建出开放、统一、公正、透明的市场合作机制。笔者建议采取的举措有建立京津冀产权交易市场，如此能够为跨地区产权重组、异地并购以及产权交易等行为创设有利条件。从整体来说，科学创建京津冀体育市场合作机制能够加大对行政区划破除的力度，能够更加彻底地消除制约要素合理流动的区域壁垒，由此能够达到资源要素优势互补以及共享的目标。

（3）以企业为主体的产业合作路径

对于市场来说，企业扮演着载体与参与者两种角色。不管是区域基础设施建设，还是区域产业重组和区域产业升级，均是由企业最终完成的。对于区域合作发展的整个过程来说，企业发挥着直接参与作用和带动作用。京津冀体育产业合作必然要以三地企业密切合作为基础，尤其是大型企业之间要密切合作，企业在整个行业中的地位和知名度可加快京津冀体育产业的发展速度。

5.京津冀体育产业合作的具体对策

（1）构建体育产业协调发展机制，加快体育市场体系建设进程

对于京津冀地区来说，整个区域在区位、人力、技术、资源四个方面的互补优势比较显著，但行政壁垒大大增加了三地在统一发展规划与具体政策上达成一致的难度，只是凭借省市领导开会达成原则性"共识"来加快京津冀体育产业发展进程的难度很大。由此不难得出，京津冀三地构建体育产业合作工作机构是十分必要的。

首先，要构建出科学可行的京津冀体育局局长联席会议制度。京津冀体育产业合作发展涉及三方发展利益，是一项尤为复杂的系统工程，必须确保京、津、冀三方高层领导及时沟通并达成共识。为此，笔者建议建立京津冀体育局局长联席会议制度，京津冀体育局局长应由京津冀三地体育局局长轮流担任，并定期召开联席会议。联席会议的主要任务是编制、审议、评估、落实办公室年度计划，研究、编制、审议和实施京津冀体育产业发展规划，从根本上解决京津冀体育产业一体化发展过程中产生的普遍性问题。

　　其次，构建专门工作办公室。京津冀体育产业专门工作办公室是在体育局局长联席会议领导下开展工作的。专门工作办公室主任由联席会议召集人所在的体育局主管相关业务的副局长担任，副主任由主管相关业务的负责人担任，成员为三地体育局业务处人员。专门工作办公室的主要职责是全面贯彻落实体育局局长联席会议关于体育产业工作的方针、政策，检查、指导和扎实推进各地的专项工作，对各个地区体育产业工作开展全方位、深层次的调查与研究，研究制定体育产业年度工作规划，高质量完成与体育产业一体化发展存在关联的日常工作档案的收集工作、整理工作以及保管工作。

　　最后，组建京津冀体育产业行业联合会。对于京津冀三地政府来说，笔者建议协商组建京津冀体育产业行业联合会。体育产业行业联合会借助会员企业协同制定行规行约，共同维护市场秩序，共同协商处理相关事宜，具体宗旨是遵守宪法、法律法规，遵守社会道德风尚，全面贯彻落实党与政府关于体育产业的方针政策，为会员企业合法利益提供全方位保障，有效协调各个企业之间的关系，推动中国体育市场更加繁荣。

　　（2）发挥"区位优势"，确立各地区的主导产业

　　在京津冀体育产业一体化发展的过程中，各地政府一定要严格遵循"抓住重点、统筹兼顾、发挥优势、形成支柱"的发展原则，参照各地区突出优势来精准定位与各地对应的主导产业，由此形成达到合理性要求的分工布局，最终顺利达到错位发展的目标。

　　由于北京市在科技、人才、经济、市场等方面占据显著优势，同时基于北京要建设成为宜居城市的目标，北京的体育产业应当朝着高端化方向发展。对于天津的体育产业来说，天津应当在京津共赢的关系中将自身优势充分挖掘出来，尽可能和北京实现错位互补发展。河北在自然资源、土地以及劳动力等方面拥有显著优势，河北应当把服务配套京津的体育产业设定为立足点，同时积极和京津实现人才层面、技术层面以及金融层面的对接，为京津冀体育产业结构升级注入推动力。

（3）整合人才市场，提高体育产业人才水平

对于区域经济与社会发展来说，人力资源发挥着动力性作用，能够对区域产业合作发展产生深远影响。区域高素质人才对区域内部生产率水平以及科研水平的提升都有显著的推进作用，此外能对区域经济可持续发展进程产生推动力。京津冀地区拥有的高素质人才很多，但不足之处是分布失衡，绝大多数高素质人才都集聚在京津地区，这无疑会对京津冀体育产业一体化发展产生负面影响。由此不难发现，整合京津冀体育人才市场、从根本上提高体育产业人才素养势在必行。

在剖析近些年实际情况的基础上，绝大部分学者指出"产学研教"一体化的区域人才培养模式是提高体育产业人才素养的最佳方式。在区域合作模式下，区域的研发机构和高等院校能够和企业开展全方位合作，合作的途径与机会都会出现大幅度增长。各院校之间、各企业之间、各研发机构之间可进行知识交流或是技术交流；研发机构和企业的合作属于知识生产；高等院校和企业的合作属于知识运用；高等院校和研发机构之间的合作属于知识的实践。京津冀三地在培养体育人才的过程中一定要大力支持高校和体育企业、研发机构密切协作，共同探索出"产学研教"一体化的区域人才培养模式，集中多方力量来培养体育研发人才、赛事运营人才、体育营销人才等。

## （三）京津冀体育产业一体化发展的建议

### 1. 建立京津冀体育产业发展新模式

京津冀地区应建立体育产业投融资平台，推动体育产业人才、项目、资本、市场等资源要素持续集聚、流动，加快推进项目的交流、洽谈，加快推进高新技术成果的商品化进程与产业化进程。对于京津冀体育产业一体化发展来说，开放的经济环境、共同的技术研发平台以及富有创新意识的管理手段都是不可或缺的元素。

### 2. 加强区域整合，形成集群优势

尽管京津冀三地都或多或少完成了有关体育产业的规划发展工作，但其并未立足于全局来规划布局，如此势必会出现资源未被充分利用的问题，同时会出现因为资源比较独立而造成效能整合不足的问题，这会加重体育产业结构同构的程度，对生产要素跨地区整合以及区域产业集群发展产生消极影响。在未来京津冀三方应当坚决摒弃独立发展的思路，把京津冀区域整体竞争设定为立足点，从根本上推动京津冀体育产业集群发展的进程。为此，京津冀三方政府

应当适度加大合作力度，保证规划与布局达到严谨性要求和科学性要求，从而为体育产业集聚优势的形成提供便利，促使京津冀区域的经济效益与社会效益都获得质的飞跃。

3. 发挥区位优势，优化体育产业结构

目前，京津冀三地各自的体育产业结构已经大体形成，但产业结构需要优化与升级之处还有很多。京津冀区域内的各个地区应当参照当地资源要素禀赋来深化产业分工，由此为合力产业结构的产生提供便利。在区域经济发展的历程中，各个地区一定要全面兼顾自身要素禀赋优势以及协同发展的指导思想，积极主动地跳出行政区划的限制，科学、精准地定位优势产业，在立足于全局的基础上完成各项规划工作，保证空间布局达到合理性要求，由此将整体区域产业结构逐步调整至最佳状态。

4. 利用产业差异性和互补性，规划体育产业合作项目

京津冀三地间隔距离较短，交通四通八达，生产要素资源互补性十分显著，为京津冀体育产业一体化发展奠定良好基础。北京与天津作为我国人力资源和科技资源都尤为丰富的地区，在体育产业的管理方面、营销方面以及技术研发方面都拥有多重优势。河北省在劳动力资源、土地资源以及旅游资源等方面同样具备得天独厚的优势，这些优势为体育用品制造业和体育旅游业的发展奠定了相对稳固的基础。人文景观是北京与天津旅游资源中的主要部分，而自然景观则是河北旅游资源中的主要部分，为此笔者建议三地合作发展，汇聚多方力量打造精品体育旅游线路。除此之外，北京与天津可以将低端体育产业转移至河北发展，同时为河北提供智力支持与资金支持。

5. 构建体育产业协调发展机制，推动体育市场体系建设

在体育产业一体化发展的过程中，京津冀体育产业相继出现产业同构、区域发展失衡、市场体系有待健全等现象，这些现象和京津冀区域体育经济管理存在很大联系。京津冀三地要想缩小区域经济差距，尽快达到区域协调发展的目标，一定要构建出达到科学性要求和合理性要求的体育产业协调发展机制。该机制可推动体育市场体系朝着更加优化的方向发展，促使体育产业管理水平得到大幅度提升，推动京津冀体育产业朝着可持续发展的方向发展。针对京津冀体育产业一体化发展的目标，相关人士和相关部门应当尽快完成以下三方面的推进工作。

首先，推进京津冀区域体育产业价值链的建立与完善。对于京津冀体育产

业政策框架，国家应当制定并执行鼓励政策和扶持政策，把体育产业一体化的结构、组织、布局以及技术等环节定位成着手点，合理有效地完成关于京津冀体育产业价值链的设计与打造。国家应当立足于人才培养、经费支持、科技攻关、沟通协调等多个层面，设法增强京津冀体育产业集聚的吸引力，推动京津冀体育产业一体化发展进入良性循环的发展轨道。

其次，推进体育产业价值链的专业化建设。京津冀三地一定要分析并联系当地在地理、体育资源以及环境三方面的优势，将北京、天津、河北分别设定为龙头、中心、落脚点，设计并打造出有助于京津冀体育产业发展的专业化产业价值链，采取科学手段将体育产业结构分布调整至最佳状态，促使体育市场元素的流通发生根本性改变，从而让体育市场元素流通逐步从无序过渡到有序。

最后，推进物流产业与供应链的建设和发展。体育产业链的形成并非单一市场元素的横向联系，同样不是体育资源的纵向叠拼，相反是交通、物流和体育产品跨时空、跨地域的立体化、多元化的交汇与流通。体育产业物流与供应链的建设和发展不但能进一步夯实京津冀体育产业一体化发展的基础，而且能为一体化发展发挥保障性作用。

# 第三节　京津冀一体化环境下体育人才的培养

## 一、体育人才成长的分期

由于各种体育人才的性质、特点不一样，因此人才成长的各阶段时间长短也不同，但人才成长的各阶段的任务基本是相同的。明确人才成长各阶段要完成的具体任务，有利于加快人的成才速度。

### （一）培育期

培育期，指人才在开始接受专业培养之前，进行基础文化知识学习和基本身体锻炼的阶段。这时候的知识区别于体育专业知识，人才主要学习各类学科的基础知识，主要培养基本的计算能力、写作能力、观察能力、协调能力等。培育期为人才发展打下坚实的身体基础和良好的智力基础，培育期的文化知识的掌握程度将直接影响提高期或者创造期的人才发展，身体锻炼基础也直接影响未来的成才方向。对于不同的体育人才来说，培育期的时间长短也不相同。

例如，体育科技人才的培育期包括中小学阶段，甚至包括大学阶段；对于竞技体育人才来说，运动员普遍从事体育运动较早，他们的培育期也许只包括中小学阶段，甚至只有小学阶段。

### （二）提高期

提高期，指人比较系统地学习应用日常知识之后，到创造才能萌发的开始，是为成才打下专业基础的阶段。提高期阶段是智力和各项素质发展的适宜年龄阶段，因此人要不失时机地抓紧这一阶段的时间，注意开发智力和发展各项运动素质。这一时期人应特别注意发现自己的才能特点，区别最佳才能、次佳才能和一般才能，根据自己的智力和生理素质的发展情况确定成才的目标，搞好成才设计。

对体育竞技人才而言，他们要全面发展，不断提高身体素质和身体机能，掌握专项技术和一般体育基础科学理论，为创造更高成绩做准备。

### （三）创造期

创造期，指从萌发创造才能开始到创造出对社会有益的最佳成绩阶段，即到创造的巅峰阶段。主要是用已积累的知识和技术完成成才目标的时间过程。此阶段是人才发展的最佳年龄阶段，是人才由"潜"到"显"的转化过程。这一时期是人干出一番成就的黄金时期，是人事业发展的巅峰期。在人发展的创造期，人最需要奋斗精神。创造是最艰苦、最复杂的劳动，创造性劳动需要人付出极大的心血和牺牲。无论是搞体育科学的人，还是搞运动训练和教书育人的人都要努力奋斗，珍惜人生这一"黄金季节"。人在这一阶段要发挥最佳创造才能，努力延长创造期，提高自身社会价值，争取为社会主义体育事业做出更大贡献。

### （四）高原期

高原期源于运动训练学中的"高原"现象。在运动技能形成过程中，练习中期会出现暂时停顿现象，称为"高原"现象，表现为技能水平在一段时间呈现一定程度的不再上升。也就是说人才发展到一定水平后，在一定阶段中，不管自己如何努力都不能再提高。人才进入高原期后，如果能够凭着坚强的意志突破"高原"现象，便可以进入更高阶段的创造期，如果没有突破"高原"现象，便会进入衰退期。

"高原"现象产生的原因，第一是理论知识、专业技能的提高需要人才改变旧的知识结构和完成方法，在人才没有完成这一改造过程之前，理论知识、专业技能的进步就会处于暂时停顿状态。第二是人自身的理论基础和专业知识不足，不能满足人才所从事的工作对能力的要求。第三可能是人才对所从事工作的兴趣降低或身体状态不良等原因导致自身不再进步。

### （五）衰退期

任何生物的机能素质都有发展与衰退的过程。人才的创造力、工作能力和身体素质到一定年龄后会随着身体机能的衰退而出现递减现象，这是不以人的意志为转移的客观规律。从递减现象出现开始，人才便步入衰退期。

根据美国巴特尔纪念研究所的研究成果可知，技术人才的技术能力在45岁以前以5%的速度递增，45岁以后出现递减趋势，60岁以后急剧下降。但运动能力和技术能力有所不同。竞技体育人才的高水平运动能力持续时间较短，不少运动项目的运动员在25—30岁时就表现出了运动能力明显下降的趋势。因此，竞技体育人才的衰退期出现较早。但这里必须指出的是竞技才能衰退期的出现，并不意味着整个人才发展的结束。对竞技体育人才而言，技术能力的衰退往往是另一个成才目标创造期的开始。所以，体育竞技人才切不可因竞技能力的衰退而自暴自弃，要充分认识到人的才能是多样性的。所有的竞技人才在竞技能力衰退时，最重要的是调节和重新选择成才目标。作为人才的培养者也应该了解人才，细心观察每个运动员的才能发展特点，发现他们的最佳才能，帮助他们搞好职业转向，使他们的才能得到充分发挥。各类人才都应力争延长创造期，延缓衰退期的到来。

## 二、不同成长时期体育人才培养的重点

### （一）培育期的重点

培育期是人才学习基础知识、拓宽知识面的阶段，是人才发展的基础，在很大程度上决定着人才的未来发展方向。人才的基础知识越牢固，对问题的理解也就越深刻；人才的知识面越广，思维就越全面。基础知识是人才发展的根基，根基是否扎实将决定人才发展前景有多大。

### （二）提高期的重点

人才由一般学习阶段转入专业学习阶段时就进入了提高期。提高期的主要培育任务就是提高人才的专业知识和专业技能，补漏在培育期人才没有掌握的基础知识，为人才进一步提高提供专业理论或者专业技能的支持。例如，运动

员在培育期需要学习基本知识、基本技术、基本技能，体育科研人员需要学习基本的研究方法等都是为了提高专业能力。提高期也是准人才期，是成为人才的必经阶段，也是能否成为人才的最关键阶段。

### （三）创造期的重点

创造期是人才发挥自己能力为社会做贡献的阶段，是人才发挥自身价值的阶段。这时候人才进入自己的事业巅峰期，随着经济水平和社会地位的提高，人才的道德素质得到了考验。

当各类体育人才进入创造期的时候，我们对人才的培育重点应该由培育能力转向提高人才道德素质。体育人才的道德素质提高后，他们可以更好地发挥自身的才能，为社会创造价值。

### （四）高原期的重点

高原期是人才进步的必经阶段，每个人才都会遇到自己的事业瓶颈。人才遇到"高原"后的选择有两种，要么努力突破瓶颈，登上新的巅峰，要么从此走向衰退。高原期对人才意志的考验要远大于对人才能力的考验，所以强化人才的意志品质是高原期的培养重点。

### （五）衰退期的重点

衰退期是人才由巅峰开始衰落的阶段，随着人才能力的衰退，人才自身的情绪也随之变得低落，这是人才在衰退期遇到的最大问题。其实即使是到了衰退期，也不等于就不能再做贡献了，才能递减并不等于没有才能，老年人也应该放出自己全部的余热，做一些力所能及的工作。因此，培育者在衰退期的培育重点在于调整人才心态，使其适应角色的转换，重新找到生活的希望和乐趣。

## 三、京津冀体育人才的成长途径

随着社会的发展，体育事业也进入了高速发展的阶段，京津冀一体化背景下体育人才的成才途径也是多种多样的，有专业教育成才、自学成才、业余研究成才、"半路出家"成才等。人不论走哪一条成才的途径，也不论是在怎样的条件下成才，都需要艰苦奋斗。关键是人要根据社会的需要，根据自己的实际情况，合理地利用环境，选择适合自己特点的成长途径。

### （一）专业教育成才

专业教育成才，指一个人通过进入专业学校（主要是中等专业学校和高等学校），经过系统的理论学习和严格的技能训练而成才的途径。在现代社会里，人通过接受学校教育走上成才之路是最可靠的途径。对于科学技术领域里的杰出人才，更需要专业教育的途径培养。诺贝尔奖获得者中，几乎全都接受过各种高等专业教育；我国科学院的学部委员中，绝大多数受过专业教育。专业教育之所以能够成为人才成长的主要途径，是因为进行专业教育的学校具有人才成长的良好环境和条件。

应该指出，受过专业教育的人不一定能够成才。同学于寒窗之下，毕业后有的在事业上成绩显著，有的则平平庸庸，甚至一事无成。这样的现象在现实生活中并不少见。良好的专业教育条件无疑是成才的重要外在因素，但是，如果主观上不努力，或者不善于利用有利环境，也是难以成才的。因此，对于获得专业教育的大学生来说，他们也同样面临着如何成才的问题。

### （二）自学成才

自学成才，指进入社会后，在待业中自学，或在工作中坚持自学成才。这是人才成长的另外一条重要途径。

俄国著名科学家罗蒙诺索夫说过："第一个教大学的，必定是没有上过大学的人。"世界上第一批大学虽然在十一二世纪就出现了，但是那时只能被有闲阶级当作一种奢侈品。它在培养人才中的作用只有到了资本主义的大工业兴起以后，才逐渐被人们所认识。

我国著名数学家华罗庚初中毕业后因家境贫寒失学，在小杂货店里当帮手，经过自己的不懈努力，最后成为世界著名的数学家。

### （三）业余研究成才

古今中外，有些人在本职工作上无所作为，而在业余研究上却不愧为人才；还有些人在本职工作上做出了贡献，在业余研究上也创造了更加光彩夺目的成果。这样的一条成才途径，我们称之为业余研究成才。

篮球运动的创始人奈史密斯原来只是一名教师，后成为篮球运动的发明者，被授予国际篮球联合会名誉主席；达尔文最初学习的是医学，后来又学习神学，最后成为生物学家。在科技发展史上，业余研究这一途径，造就了一批又一批的科学巨匠。随着社会的发展和科技的进步，虽然绝大多数人才是通过专业教育造就出来的，但是仍有不少人是通过业余研究而成才的。

许多事实告诉我们，工作之余的有限时间，我们只要加以充分利用，是完全可以大有作为的。业余研究成才，确是许多人走过的一条成功之路。

### （四）"半路出家"成才

由一个研究领域转向另一个研究领域而成才的现象，我们称之为"半路出家"成才。

历史的潮流，社会的需要，使一些人"半路出家"，从而加速了人才的成长。我们知道，一个人目标的选择和确立，除了个人的意愿之外，还必然受到时代和社会的影响与制约。历史上，有不少人为祖国和人类的需要，毅然改换专业，去从事新的事业。这种顺应历史潮流的"半路出家"，常常把一些人造就成杰出的人才。

"半路出家"还有一个有利因素，就是容易摆脱原来职业狭隘界限的束缚，以敏锐的眼光，抓住其他领域中问题的真谛，进而有所作为、做出贡献。一个人发挥自己的所长，最容易取得成功。往往人们选择的自己的第一条成功之路不一定是最适合自己发展的，人们通过对其他领域的了解和对自己的了解，选择最利于自己发展的方向，"半路出家"同样可以取得辉煌成就。

## 四、京津冀体育人才培养的原则

### （一）因材施教原则

因材施教，指根据人才特点，扬长避短地进行培养。扬长避短可以使短处转化成长处，使劣势转化成优势；可以增加成才的有利因素，减少成才的消极因素。运用因材施教原则，可提高人的成才率。

俗话说："金无足赤，人无完人。"每个人都有优势，也有其劣势。如果能发扬长处，补偿短处或能回避短处，人就能充分发挥自己的才能优势，这有利于人成才。因此，善于运用因材施教规律的培养者更容易培养出优秀的人才。

因材施教包括两方面的工作：一是培养者在为人才设计成才目标时，要分析人才的生理因素和心理因素，扬长避短，认清人才的个性特点，制定适宜人才发展的目标；二是体育管理工作者在人事安排和工作安排上，尽可能发挥人才的优势，提高职业的主导力，缩小"不对口夹角"，使人才能以其长处发挥更大作用，促进人才发展，从而使他们能在自己的工作岗位上做出较大的贡献。

### （二）继续学习原则

继续学习，指人在成长过程中，不断地刻苦学习，吸取各种新的知识。善于继续学习的人容易成才。

立志成才者要成才，首先必须学习，特别是学习一些与成才目标关系密切的学科知识，只有满足了成才目标的知识需要，人才能成才。一切想成才的人都必须经历持续学习的过程，即便是接受过高等教育的人，要想成才也得继续学习。高等教育只不过是给成才打下基础，并不是大学毕业就能成才。特别是在当前科学技术迅猛发展、知识的陈旧率不断提高的情况下，立志成才者只有不断更新知识，才能做出较大贡献。

如今我国体育人才的知识水平整体不高，若要肩负起体育事业发展的重任，他们需要有刻苦学习的意识，并以此来丰满自己的羽翼，从而成为更高级的人才。

### （三）社会需要原则

体育人才的培养要遵循社会需要的原则，竞技人才要有再就业的能力；教育人才要接受先进专业知识，不断提高教学能力；管理人才要有多学科的理论知识作为基础；科技人才要与世界最新研究方向接轨，不断提高自己的科研能力和创新能力；体育媒体人才要充分发挥自己的行业特点，为体育文化的传播贡献力量。

近年来，退役运动员失业情况严重，很多运动员退役后生活堪忧。运动员退役后如何适应社会成为社会越来越关注的问题。体育院校的毕业生的就业问题日趋严峻，不光是因为就业岗位不足，培养出的体育人才不能胜任岗位工作也是影响体育人才就业的因素。不难看出，人才培养与社会发展之间的矛盾越来越严重，它将成为我国体育事业继续发展的障碍，也是我国亟待解决的社会问题之一。

因此，体育人才的培养一定要顺应社会的发展趋势，实现自然科学与社会科学的有机融合。培育者应拓宽体育人才的知识面，丰富体育人才的知识结构，开阔体育人才的视野，使我国的体育人才站得更高、望得更远，使我国的体育事业平稳快速地发展。

# 第五章　京津冀青少年体育协同发展

## 第一节　协同理论

### 一、协同理论的基本要义

作为一种理论体系，协同理论是由理论物理学家赫尔曼·哈肯于 20 世纪 70 年代创立的。

在他的著作里，他系统地阐述了协同思想。他认为，在一个开放的整个系统内，无论是有序的还是无序的，都是多种因素共同作用的结果。系统如果呈现混沌状态，说明系统内各子系统之间相互耦合得不够密切；如果系统呈现良性有序的状态，说明各子系统之间充分发挥了协同效应。协同学就是研究系统中各子系统之间相互协调作用的科学。从本质上看，系统的协同作用，是子系统之间自动调节彼此客观价值关系，力图使系统趋于平衡的内在自组织过程。因此，哈肯将协同效应阐述为"是协同作用的结果，是复杂开放的系统中大量子系统相互作用而产生的整体效应或集体效应"。

### 二、协同机制

竞争、合作是协同学的基本概念，也可以视为协同的基本运行机制。协同理论不仅包括各子系统在演变过程中的协同（合作）需求，还包括各子系统为达到协同而进行的各种资源竞争。但是在协同学中，赫尔曼·哈肯主要强调了合作机制。所谓协同，按照赫尔曼·哈肯的观点，就是系统中诸多子系统的相互协调的、合作的或同步的联合作用、集体行为。

赫尔曼·哈肯教授称他的理论为"协同学"，这个词源于希腊语，本意是合作，也为协同作用。他将"协同学"解释为"Working together"，意为共同工作。他认为协同学即"协同合作之学"。在一定意义上，可以把协同学看作一门在普遍规律支配下有序的、自组织的集体行为的科学。它强调研究的是"集体行为"，是"人们的那些似乎是相互约定的行动"。集体行为形成一种自动反应，使个体不可能逃脱它的摆布。做出决定并非是出于好意或恶意，而是集体形成的条件。因此，可以看出，在协同视角下，集体行为起着决定性作用。

实际上，竞争是协同的基本前提和条件，是系统演化最活跃的动力。因为系统内部子系统或系统之间，在协同过程中必须满足特定的基本条件。当基本条件不具备时，系统内外的自组织过程中就会一直存在竞争。而竞争最终导致了系统永久存在内部与外界的差异，那么这个系统就一直处在不断的竞争和演化中。系统不停地进行自组织运动，即使出现协同效应时，也会为出现更强的协同效应而运动，推动系统实现更高有序。

后来，赫尔曼·哈肯对协同论进行深入研究，进一步提出了协同现象存在于各个领域之中，并系统地论述了协同理论。

## 三、简评

通过梳理协同理论、协同机制的既有研究，可以发现，大家对协同的基本要义和基本机制已达成共识。即从一般意义上而言，协同指的是构成系统的各个要素通过协调合作，达到系统整体功能大于各个要素功能之和的一种系统结构状态。即实现"众人拾柴火焰高""1+1>2"的功效。它既反映了系统发展的协调合作过程，又反映了系统通过这一过程所达到的结构状态优化的结果。

事实上，协同作为一切领域中普遍存在的现象，是一切系统演化发展的必然趋势。在自然界和人类社会这一复杂系统中，事物之间的联系与发展常常以无序或有序的现象呈现出来；无序反映混沌，有序体现协同；在一定条件下，二者互相转化。系统内各个要素之间不能很好地协同起来，系统就必然呈现出混沌无序状态，系统的整体功能也就不可能得到充分发挥；系统内各个要素之间相互协同，形成合力，便会产生协同效应，系统就会形成超越各个要素自身功能之和的新的整体功能。

协同从狭义角度来理解，就是与竞争对手相对立的合作、协作、互助和同步等；从广义角度来理解，既包括合作，也包括竞争。从系统科学的角度宏观定性地看，在复杂系统中存在着各种错综复杂的关系和相互作用，这种相互作用往往是非线性的，它使各要素、各子系统之间的功能在作用过程中不是简单地数量叠加，而是耦合成为全新的整体功能。任何系统保持整体性协同后，可以发挥出它的整体性功能，这一整体性功能，远超出各要素（或子系统）功能之和。整体协同产生了各子系统所不具有的新的系统功能，从而使系统在运动演化中保持良性循环。也就是说协同作为一种过程，从微观上是通过协调对象组织、对象本身、对象交互控制这种合作行为，进而来达到合作的目的的。

协同学作为研究开放系统在保证与外界有物质、能量和信息交换的条件下，如何自发地产生有序结构的理论，它运用协同效应原理科学地、全面地说明了系统的有序性，描述了各种系统从无序到有序转变的共同规律。其核心是探求描述系统行为与自组织程度的一个或几个序参量、研究序参量和子系统之间的相互作用以及各序参量之间的协作与竞争，进而运用序参量的变化来揭示系统从无序到有序的转化。协同学理论认为，虽然各种系统千差万别，性质不同，但它们从无序到有序转变的机制是类似的，甚至是相同的。即在一定的外界环境条件下，系统从无序到有序都是系统内部各要素、各子系统之间的协同作用。也就是说，这种协同作用是形成开放系统有序结构的动因。开放系统形成有序结构的共同规律：第一，只有当某个外参量达到一定阈值时，新的有序结构才能产生，而且其具有突变性；第二，新的有序结构一旦出现，即具有一定的稳定性，它不会因外界环境条件发生微小的变化而消失；第三，新的有序结构只有不断地从外界获得能量、物质和信息，才能维持下去。

总之，作为一种理论体系，协同学是研究开放系统内部各子系统之间通过非线性相互作用产生协同效应，从而系统从混沌状态向有序状态、从低级有序向高级有序，以及从有序又转化为混沌的具体机理和共同规律的综合性理论。

协同理论揭示了系统本质的"整体性原则"。对于理解系统的整体效应、领会系统整体大于各部分之和，具有重要意义。同时，协同理论还体现了系统的"最优化原则"，表明客观系统都存在着一种自然状态下的最优化潜力。生物系统的优化是自然选择的结果，非生物系统的优化，则可以用结构的相对稳定性和有序性来解释。一切系统都是以一定条件下的最稳定的结构和最好的组织化程度而存在着的，否则要么被淘汰，要么就会通过系统的不断调整与自适应而向新的阶段演化。总之，从有机整体的角度来理解协同理论，有利于我们更好地推动协同理论在社会科学中的应用。

# 第二节　京津冀青少年体育协同发展的背景与意义

## 一、京津冀青少年体育协同发展的背景

### （一）京津冀协同发展机遇

#### 1.政策机遇

尽管我国整体上呈现出经济持续发展的态势，但是不同地区之间由于地理条件以及发展状况的差异，而存在一定程度的发展不平衡，对此，我国提出了多地区协同发展战略，希望能够革新城市发展理念，加强城市之间的交流与沟通，使城市之间能够形成一种相互扶持与促进的关系，实现经济的共同发展。京津冀协同发展就是其中一项非常重要的政策，该政策同样体现在青少年体育赛事发展中。青少年体育赛事的协同发展不仅能够促进我国体育产业的发展，同时还能够发挥三地的区位优势，加强三地的交流合作，实现共同发展。在京津冀协同发展战略提出之后，很多学校就成立了京津冀体育协同发展中心，目的就在于搭建体育协同发展与交流的平台，实现三地体育资源的整合，培养出更加优秀的体育人才，推动三地体育事业以及文化事业的发展。自 2017 年三地联合编制《京津冀体育产业协同发展规划》之后，三地更是提出打造 20 项以上体育赛事、30 项以上品牌业余赛事等想法，同时也在推进青少年联赛的组织，创建了京津冀冰雪体育赛事体系。

#### 2.经济机遇

京津冀本身就是我国北方经济发展的重心，地区经济发展较快，但是却存在严重的发展失衡问题。协同发展的政策能够实现三地优势资源的整合与分享，这样就能够实现三地互补与共同进步，解决发展不均的问题。京津冀协同发展是促进京津冀经济发展的重要战略，京津冀为我国其他城市协同发展起到表率作用。经过对京津冀三地经济发展情况的统计对比能够知道，近年来北京、天津经济增速差异不大，河北与其他两地相比呈现出一定的差距，这就更加坚定了城市协同发展的想法，只有实现优势互补才能够实现共同发展。

### （二）京津冀城市群建设背景

与长三角、珠三角城市群相比，京津冀城市群建设起步相对较晚，合作的方式与内容也比较单一，几乎所有的政策实施都主要依赖高层推动，并没有完

全发挥市场化运作的作用。这种情况的出现与京津冀三者之间的关系密不可分，京津冀三地的政治地位、经济地位均不对等，这些因素会给未来市场化运作带来不利影响，因此，要实现京津冀城市群的协同发展，首先就必须要了解三地之间的合作需求以及制约因素，只有在甘愿互为补充、互相协同的前提下，才能消除三地之间的制度壁垒以及文化差异带来的不利影响，缓解由于京津冀地区之间经济发展不均衡而出现的"空吸"现象，只有真正实现了三地之间的协同发展，才能发挥出京津两地的辐射作用。

### （三）青少年体育发展背景

青少年体育发展是当地政府的重要职责，我国早在 2010 年就成立了青少年体育司，目的就是推动青少年体育发展，促进我国青少年的健康成长。就目前的情况来看，我国各级政府都非常重视青少年体育事业的发展，积极举办竞技性赛事，体现出独特的地域特征，并不断创新青少年体育赛事的内容与形式，促进青少年的发展。随着我国城市协同发展政策的提出，各城市群紧抓青少年体育赛事协同发展的机遇，在城市协同发展的基础上建立青少年体育交流平台，培养青少年的体育兴趣，促进青少年健康成长。

## 二、京津冀青少年体育协同发展的意义

少年强则中国强，体育强则中国强，推动我国体育事业不断发展是中华民族伟大复兴事业的重要组成部分。青少年是祖国的未来，是民族的希望，是实现中华民族伟大复兴的重要力量。青少年体育是我国体育事业的重要组成部分，青少年是建设体育强国所需要的主要人力资源支撑。青少年体育的发展关乎我国体育强国梦的实现，青少年是推动体育产业发展的重要动力，是我国体育事业可持续发展的重要后备力量。

### （一）青少年时期是树立终身体育意识、形成终身体育习惯的重要时期

青少年人群在我国正处于中学阶段，接受了学校体育的熏陶，学校体育对加强青少年体育兴趣的培养起到了至关重要的作用，只有建立起青少年对体育的浓厚兴趣，才能使青少年自发地、积极主动地参与到体育运动中来。随着时间的推移，体育行为一旦养成，必将潜移默化地促进青少年的身体健康水平的提高。青少年体育运动习惯也会为终身体育观念的培养提供帮助。青少年时期是形成终身体育观念的重要时期，学校是连接家庭和社会的纽带，发挥学校体育教育的作用，激发学生体育运动潜能，提高学生阶段体育锻炼水平，将有利

于增强全民族体质健康，提升国民整体素养。

### （二）体育内部的协同发展是实现体育强国梦想的必要途径

青少年体育发展是体育强国建设中的重要组成部分，它既是群众体育发展的前提保障，又是学校体育教育工作的中心环节。学校体育、竞技体育、群众体育属于体育的三种形态，要想实现体育强国梦就必须全员参与体育运动，人人参与体育运动，实现学校体育、群众体育和竞技体育的协同发展，三者相互促进、互为补充、共同进步，三者缺一不可。学校体育为青少年学习传统的运动知识、运动技能打下基础，培养青少年的运动兴趣，随着运动水平的不断提高部分人群将向竞技体育分流，去参加更高水平的比赛或表演；竞技体育所展现出的力量、速度、耐力、力与美的结合又会感染和带动更多喜欢体育的人参与到体育运动中来；群众体育作为学校之外的体育运动，是普通民众自愿参加的，以强身健体、休闲娱乐、社交等为目的。学校体育是基础，它在很大程度上促进了群众体育的发展，学校体育的归宿是群众体育。群众体育的参与者同样也包括青少年，校外体育运动场所也是学生课余活动的重要场所。

### （三）青少年体育的发展能够促进体育产业的发展

高水平的体育比赛带给人们的是一种享受，是一种精神上的升华，因此体育赛事作为一种竞赛表演出现了。青少年作为高水平竞技比赛的后备力量，青少年体育的发展状况直接影响着体育产业的发展。青少年不仅是表演者还是观众，是追捧体育比赛的受众群体；青少年体育爱好者也是体育健身娱乐业和体育旅游业的重要参与者。伴随着体育核心产业的开发，体育用品业、体育彩票业、体育传媒业、体育食品饮料业等相关产业也得到了快速发展，然而所有的这些青少年的参与都是必不可少的。无论是从体育产品的创造还是从体育产品的消费来说，青少年都起到了重要作用。

# 第三节　京津冀青少年体育赛事协同发展

## 一、京津冀青少年体育赛事协同发展现状

### （一）京津冀青少年体育赛事协同发展组织机构现状

组织机构是保持组织有效运行，实现组织发展目标的体制基础。体育赛事组织是赛事管理活动能够实现有序运行的体制保障，为赛事的成功开展提供着

最为完善的服务支持，体育赛事组织机构的设置有着自己独特的模式。一般赛事组织机构的设置分为项目型、智能型以及矩阵型三种模式。

在三地举办的京津冀青少年体育赛事，主要是由一方体育部门或者项目协会邀请另外两地体育部门或项目协会来共同作为主办单位，以团体的形式让运动员参与到比赛过程中去。在赛事的执行层面，则由其中的一方来承办赛事，承办方具体负责赛事的各项工作，如竞赛活动策划、人员邀约、场地工作、新闻宣传等，这种临时性的赛事组织机构，能够以最少的资源实现赛事的正常运行。但这种临时性的组织机构，在赛事过程中，会出现赛事信息传达不畅通、决策难以及时地传达到另外两方的问题。

### （二）京津冀青少年体育赛事协同发展竞赛现状

1.京津冀青少年体育赛事数量统计

由于三地政府部门的大力推动，自2014年"京津冀协同发展"战略提出以来，从各地体育部门到各单项体育协会其举办京津冀体育赛事的主动性加大，三地相继举办了若干场京津冀青少年体育赛事。

（1）北京市京津冀青少年体育赛事发展

2016—2018年，在政策引导下，北京市体育局联合天津市体育局、河北省体育局以及各单项体育协会相继举办了20场京津冀青少年体育赛事（如表5-1）。赛事项目主要包括足球、篮球、排球、滑雪、滑冰、冰球、游泳、田径、网球、武术、柔道、击剑，这些项目都是有着一定群众基础的项目，开展较为容易，提升了青少年主动参与体育赛事的热情。

表5-1　2016—2018年北京市举办京津冀青少年体育赛事统计

| 序号 | 赛事名称 | 举办时间 | 举办地 |
|---|---|---|---|
| 1 | "奥运城市杯"京津冀校园足球邀请赛 | 2016.8.8 | 北京奥体中心 |
| 2 | 京津冀青少年柔道邀请赛 | 2016.9.3 | 首都体育学院凤凰岭校区 |
| 3 | 全国少儿游泳分区赛暨京津冀青少年游泳比赛 | 2016.12.17 | 北京英东游泳馆 |
| 4 | "联盟杯"京津冀中小学生足球邀请赛 | 2017.7.13 | 北京大兴 |
| 5 | 首届"东方剑杰杯"京津冀地区青少年击剑邀请赛 | 2017.1.1 | 北京昌平东方剑杰击剑俱乐部 |
| 6 | 北京市青少年室内田径锦标赛暨京津冀青少年室内田径赛 | 2017.1.31 | 北京市先农坛体育运动技术学校 |
| 7 | 首届京津冀青少年夏季滑雪挑战赛 | 2017.7.31 | 北京奥林匹克森林公园尖锋旱雪四季滑雪场 |

| 8 | "奥林城市杯"京津冀校园足球邀请赛 | 2017.8.8 | 北京奥体中心 |
|---|---|---|---|
| 9 | 京津冀青少年篮、排球赛 | 2017.8.21 | 通州区 OD 篮球运动馆 |
| 10 | "东方剑杰杯"第二届京津冀地区青少年击剑邀请赛 | 2017.8.26 | 北京昌平东方剑杰击剑俱乐部 |
| 11 | 北京市业余体校锦标赛暨京津冀青少年游泳赛 | 2017.12.16 | 北京英东游泳馆 |
| 12 | 京津冀第一届青少年滑雪比赛暨北京市第二届青少年滑雪赛 | 2017.12.29 | 北京平谷渔阳国际滑雪场 |
| 13 | 北京市青少年室内田径锦标赛暨京津冀青少年室内田径赛 | 2018.1.27 | 北京市先农坛体校 |
| 14 | 首届京津冀"乐园杯"校园足球邀请赛 | 2018.4.29 | 大厂回族自治县 |
| 15 | 京津冀青少年冰球邀请赛 | 2018.5.7 | 北京朝阳凯文学校 |
| 16 | 全国青少年夏季滑雪挑战赛(华北赛区)暨第二届京津冀青少年夏季滑雪挑战赛 | 2018.7.31 | 北京奥林匹克森林公园 |
| 17 | "奥运城市杯"京津冀校园足球邀请赛 | 2018.8.8 | 北京奥体中心 |
| 18 | "东方剑杰杯"第三届京津冀地区青少年击剑邀请赛 | 2018.9.22 | 昌平区体育馆 |
| 19 | 京津冀青少年柔道邀请赛 | 2018.10.13 | 首都体育学院凤凰岭校区 |
| 20 | 首届京津冀青少年网球123分级赛 | 2018.11.23 | 北京祥云气膜馆 |

（2）天津市京津冀青少年体育赛事发展

2011 年 8 月天津获得第十三届全运会承办权之后，天津的体育事业得到了快速发展，群众体育赛事参与热情高涨。为在全运会取得优秀成绩，天津市对竞技体育后备人才的培养力度提高，青少年体育赛事得到快速发展。天津在2017 年举办了"京津冀青少年体育协同发展研讨会"，其对于落实"京津冀协同发展"战略，提升自身体育实力具有极高积极性。2016—2018 年天津市举办的京津冀青少年体育赛事如表 5-2 所示。

表 5-2　2016—2018 年天津市举办京津冀青少年体育赛事统计

| 序号 | 赛事名称 | 举办时间 | 举办地 |
|---|---|---|---|
| 1 | 京津冀青少年篮球排球比赛 | 2016.8.5 | 天津市体工大队 |
| 2 | "联盟杯"京津冀中小学校园足球邀请赛 | 2016.10.15 | 天津北辰区 |
| 3 | 首届"芦台春"杯京津冀青少年足球友谊交流赛 | 2017.2.14 | 西青区李七庄鹏程足球场 |

| 4 | 京津冀校园足球邀请赛 | 2017.8.2 | 天津中体奥成足球俱乐部 |
| 5 | 京津冀青少年柔道邀请赛 | 2017.9.14 | 天津市付村体育训练基地 |
| 6 | 京津冀青少年国际象棋交流赛 | 2017.11.26 | 天津青少年活动中心 |
| 7 | "我要上冬奥"京津冀青少年短道速滑公开赛 | 2017.12.9 | 华星天津滑冰馆 |
| 8 | 首届"和平杯"京津冀青少年足球、乒乓球邀请赛 | 2018.8.11 | 天津市和平区 |
| 9 | 京津冀青少年高尔夫球公开赛 | 2018.10.20 | 天津华纳高尔夫俱乐部 |
| 10 | "京津冀"青少年国际象棋交流赛 | 2018.12.7 | 天津青少年活动中心 |
| 11 | 京津冀青少年柔道邀请赛暨2018年天津市首届大众柔道团体赛 | 2018.12.9 | 中国民航大学 |
| 12 | "乔丹杯"京津冀青少年室内田径赛 | 2018.12.12 | 天津市静海区团泊体育中心 |
| 13 | 宝坻区青少年跆拳道精英赛暨京津冀青少年跆拳道邀请赛 | 2018.12.20 | 宝坻区体育馆 |

（3）河北省京津冀青少年体育赛事发展

河北省区域内体育赛事的开展呈现不均衡现状，省会石家庄市，沿海经济发展较好的秦皇岛市，靠近北京、天津的廊坊市等由于经济发展良好，体育事业发展快速，开展体育赛事较多。随着2022年北京—张家口冬奥会的申办成功，北部地区的张家口市、承德市也开始大力推进体育赛事的举办，特别是举办一些冬季赛事，通过引进国际体育赛事和举办群众体育赛事、青少年体育赛事，大力提高冬奥项目在社会的普及程度，抓住冬奥会的机遇积极融入"京津冀协同发展"的国家战略中，从而实现本地区经济社会的转型升级。

从"京津冀协同发展"战略的提出开始，河北省就率先抢抓机遇，在教育、人才、科研等方面主动对接北京市。在体育方面，联合北京、天津举办了京津冀体育产业大会，参与了一系列的京津冀体育赛事。在青少年体育方面，更是举办了众多的京津冀青少年体育赛事（如表5-3）。

表5-3 2015—2018年河北省举办京津冀青少年体育赛事统计

| 序号 | 赛事名称 | 举办时间 | 举办地 |
| --- | --- | --- | --- |
| 1 | 京津冀青少年篮球、排球赛 | 2015.10.1 | 秦皇岛体育中心 |
| 2 | "京津冀"青少年高尔夫精英挑战赛 | 2016.8.9 | 河北京南乡村高尔夫俱乐部 |
| 3 | 京津冀青少年男子足球赛 | 2017.4.27 | 河北省张家口市 |

| 4 | 首届京津冀青少年夏季滑雪挑战赛决赛 | 2017.11.11 | 崇礼万龙滑雪场 |
|---|---|---|---|
| 5 | 京津冀青少年跆拳道邀请赛 | 2018.4.29 | 香河天下第一城 |
| 6 | 京津冀青少年男子五人制足球赛 | 2018.5.9 | 张家口市怀安县 |
| 7 | 京津冀青少年篮球排球赛 | 2018.6.16 | 廊坊市 |
| 8 | "联盟杯"京津冀中小学校园足球邀请赛 | 2018.7.10 | 廊坊四中 |
| 9 | 第一届京津冀全国青少年校园足球试点县（区）校园足球"争霸赛" | 2018.10.26 | 河北省曲周县 |

2. 创新了竞赛举办形式，形成了良好的发展模式

为了主动衔接京津冀青少年体育的协同发展，赛事组织机构充分发挥现有资源优势，结合各地区已经举办的青少年赛事，借鉴相对成熟的运行管理机制，推出了更符合实际情况的冠名"京津冀"的青少年体育赛事，在充分利用现有赛事资源的基础上，助力京津冀青少年体育赛事的发展。

研究京津冀目前已经连续多年开展的赛事可知，赛事从创办到发展，延续了每年举办一届的趋势，或者是在京津冀地区轮流举办的模式，或者是先举办分站赛，最后举办总决赛的模式。京津冀较为稳定的办赛模式，推动了青少年体育赛事的发展壮大，有利于赛事的稳定发展。

### （三）京津冀青少年体育赛事协同发展市场开发现状

青少年体育赛事由于青少年人群的特殊性，因此无论是参赛人数、观众人数、赛事精彩程度，还是媒体报道、消费者购买力、招商赞助等方面较其他赛事的开展都更为滞后，赛事开展经济效益较低，导致赛事的市场化水平低，从而形成青少年体育赛事发展的恶性循环。政府单一主体办赛，行政色彩浓厚，只注重竞技成绩，参与青少年人群较少。京津冀青少年体育赛事的发展亦是如此。目前京津冀体育赛事市场开发还处于探索阶段，赛事的资金投入、赛事组织策划、参赛人员的邀请、赛事新闻宣传等都没有形成固定的机制，因此无法形成常态化的办赛趋势。

### （四）京津冀青少年体育赛事协同发展文化建设现状

京津冀地区文化起源早，文化底蕴深厚，但随着经济发展差距的拉大，三地文化开始出现参差不齐、难以协同发展的局面，河北展示出燕赵文化，天津属于津门文化，而北京则立足于首都，属于京派文化，使得同属于京津冀文化圈的三者在文化上出现裂痕。当前，三地文化认同的问题，正在成为制约京津

冀协同发展的重要问题之一。在京津冀青少年体育赛事协同发展的过程中，这种阻隔也存在。在所举办的京津冀青少年体育赛事中，赛事组委会没有针对赛事设计统一的赛事标志、赛事口号等，赛事举办也没有体现出鲜明的主题特色，同时，更没有通过创作歌曲、发放宣传海报等形式来传播赛事理念、赛事精神文化，赛事缺乏文化气息，忽视了文化建设。我们知道，体育赛事文化建设是赛事的核心与灵魂，一项赛事深得人心必然是因为其有着丰富的赛事物质文化、灿烂的精神文化以及历久弥新的制度文化。

## 二、京津冀青少年体育赛事协同发展路径

### （一）北京、天津及河北体育赛事子系统发展方面

#### 1.加强政府及市场多元资金投入，提高协同体育赛事数量与质量

政府财政拨款能够很好地对体育赛事多元投入起到引导与促进的作用。一方面，政府要进一步增加对体育赛事的拨款，建立体育赛事发展专项基金。另一方面，对企业资金投入进行鼓励，提高企业对体育赛事投入的积极性。例如，对企业办赛进行补贴，对办赛企业免税或者减税。

在多元投入的前提下，京津冀要提高体育赛事举办的数量，特别是要重视协同举办体育赛事的数量。各地政府要出台相关政策，给予协同举办体育赛事相关的便利条件，快速提高协同举办体育赛事数量占总体体育赛事数量的比例。不仅如此，各地要鼓励群众参与协同举办的体育赛事，提高办赛规模；还要注重媒体宣传，因地制宜地培育具有当地特色、有影响力、协同举办的体育赛事著名品牌。

#### 2.培育良好发展环境，注重提高发展潜力

良好的体育赛事发展环境是不断促进三地体育赛事有序发展的有力保证。良好的体育赛事发展环境不仅体现在要有相关的政策、法律法规环境，还体现在举办体育赛事要有良好的自然资源环境、便利的交通环境以及参赛的便利环境等，这就需要当地政府多部门以及企业多方位地合作。

体育赛事的有序发展是长远的，并不是一朝一夕就能发展良好，特别是体育赛事涉及的影响因素非常之多。因此，政府要高度重视体育赛事发展，而且要不断提高体育赛事的发展潜力。其发展潜力间接相关因素要侧重于人均可支配收入、人均体育消费、体育人口数、教育资金投入等方面来提高；直接相关因素要侧重于政府、企业资金的投入增长率以及体育赛事举办数量、参与人数等方面来提高。

## （二）京津冀整体体育赛事协同发展方面

### 1. 宏观层面——做好京津体育赛事协同发展的顶层设计

顶层设计是统筹全局、长远发展的前提。因此，政府要做好京津冀体育赛事协同发展的顶层设计，其目标与宗旨不仅仅是促进地方体育赛事的发展，更是京津冀全区域体育赛事共同发展。

### （1）完善京津冀体育赛事协同发展的相关政策法规

政策为京津冀体育赛事协同发展提供了有力支持，在政府层面为赛事发展指明了方向，为京津冀体育赛事协同发展提供了基本遵循，是京津冀体育赛事协同发展的依托。体育赛事相关方面的法律法规是体育赛事协同发展的保障，为京津冀体育赛事协同发展明确了政府、企业以及群众的权利义务关系，为京津冀体育赛事协同发展提供法律层面的保护。

### （2）做好京津冀体育赛事协同发展的战略规划

做好规划是实施的前提，战略规划为发展明确了方向。京津冀体育赛事协同发展的战略规划应当由赛事协同发展管理平台进行设计。京津冀体育赛事协同发展应当遵循国家政策以及法律法规。政府应从京津冀全局考虑体育赛事的发展，因地制宜，做到提前预判有据可依，将体育赛事协同发展融入京津冀体育协同发展当中。

### 2. 中观层面——建立与优化京津冀体育赛事协同发展平台，加强京津冀体育赛事文化建设

### （1）建立京津冀体育赛事协同发展的管理平台

基于京津冀协同发展的共同目标，根据当前京津冀体育赛事发展的基本现实情况，在广泛调研与市场分析的基础上，由北京市、天津市和河北省政府主导，京津冀专业体育院校参与，联合广大业界、学界高端专业人士，共同打造服务京津冀体育赛事协同发展的管理平台，如图 5-1 所示。该平台主要包括决策层、执行层、承办方以及咨询服务四个方面，其中决策层包括国家体育总局、京津冀体育赛事协同发展委员会、京津冀体育赛事各项目联席会议。执行层以京津冀体育赛事协同发展办公室为执行单位，下设市场部、法律及监管部、后勤保障部、网络信息部以及财务处等相关执行部门。京津冀体育赛事协同发展委员会的主要职责：一是要做好体育赛事发展的顶层设计、战略规划部署；二是要处理好各项政策的协调关系以及完善体育赛事协同发展的政策；三是要成立京津冀体育赛事协同发展的仲裁机构，处理体育赛事利益主体间的矛盾冲突。京津冀体育赛事各项目联席会议的主要职责：一是定期召开各项目的联席会议，平等协商、共谋发展；二是起草相关的发展合同、协议，使发展有据可依且规

范有序。京津冀体育赛事协同发展办公室的主要职责：一是要做好政策落地的工作，政策不是一个口号，执行部门要将政策内容变成社会需要的实实在在的东西；二是要做好规划对接，执行部门不偏不倚、按部就班地将规划执行下去是规划设计的初衷，也是实现发展目标的前提。承办方主要是国内的体育赛事运营企业。咨询服务，也就是北京、天津以及河北地区的专业体育院校，为决策层、执行层及承办方提供很好的信息服务。

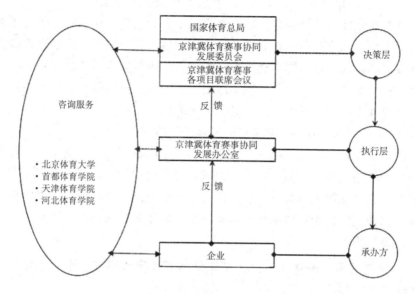

图 5-1　京津冀体育赛事协同发展管理平台

（2）优化京津冀体育赛事协同发展的资源统筹共享平台

京津冀体育赛事协同发展的核心是人才、赛事、场地等要素的共享与协调配合。因此，优化体育赛事协同发展的资源统筹共享平台，不仅有利于打破京津冀行政壁垒，更能减少体育赛事资源的浪费，促进体育赛事协同发展。2014年京津冀协同发展上升为国家重大发展战略，北京产权交易所联合华奥星空便建立了体育产业资源交易平台，该平台是独立于买方、卖方以及中介的第四方机构。体育赛事是体育产业的重要组成部分，因此，笔者认为在京津冀体育产业资源交易平台下应该建立体育赛事专属平台，使体育赛事资源在市场充分流动，扩大资源的共享。在此基础上，各地政府应加强京津冀地区体育赛事统一基础设施的建设，并加强京津冀地区体育赛事相关人才的培养。

（3）加强京津冀体育赛事协同发展的文化建设

文化是发展的软实力，体育赛事的文化建设能够为体育文化的发展起到促进作用，反过来，体育文化能够提高体育赛事的举办效果。因此，京津冀应当重视体育赛事的文化建设，树立赛事体育文化观念。体育赛事文化主要包括体育赛事物质文化以及体育赛事精神文化。

首先，体育赛事物质文化。体育赛事的物质文化内容丰富、形式多样。体育赛事物质文化的表现形式独特，能够给参赛者很强的视觉冲击以及好的参赛体验，对体育赛事的举办效果具有很强的附带效应。体育赛事的物质文化大到场馆的造型设计、赛道的规划，小到体育赛事服装的设计、赛事标志的设计、吉祥物以及纪念品的造型设计等，都能够为参赛者、观众提供很好的视觉享受以及良好的参赛体验。

其次，体育赛事精神文化。精神文化是人们意识形态的集合，在比赛中，参与者所体现的顽强拼搏、尊重对手、尊重裁判的精神本身就具有很强的教育意义。并且，植根于参赛者以及观众心中的精神文化会引领体育赛事向正确的方向发展。因此，京津冀体育赛事要充分重视精神文化的建设，通过制定体育赛事标语、记录体育赛事精彩瞬间、制定体育赛事规章制度、出版体育赛事相关书籍等，进一步巩固、加强以及共享京津冀体育赛事精神文化，使广大人民群众认识、认可、维系、创造体育赛事精神文化，并能积极投入体育赛事中。

3. 微观层面——做好优化与提升工作，促进体育赛事协同发展

（1）探索京津冀体育赛事人才联合培养新模式

体育赛事人才是京津冀体育赛事协同发展的最重要保障，随着体育赛事的不断发展，对相关人才的数量要求越来越多，质量要求越来越高。因此，京津冀体育赛事的协同发展不仅仅要依靠高校培养的体育赛事人才，还要创新其他人才培养模式为京津冀体育赛事协同发展服务。结合体育赛事的特点，在遵守国家法律法规的前提下，有学者提出了以体育赛事为中心的校企协同培养模式。

体育赛事相关人才的培养要以体育赛事为中心，以院校、企业为依托。院校、企业对体育赛事人才的培养不是孤立存在的，两者之间是互相交流、反馈以及合作的关系。不仅如此，院校、企业在培养体育赛事人才方面是围绕体育赛事展开的，并且双方在人才培养方面以体育赛事为中介，双方之间融合交叉、互为一体。此培养模式既注重体育赛事人才对理论知识的掌握，又能突出体育赛事相关人才的实践性特点，可培养适合市场需求、应用型的体育健身休闲人才。

院校、企业应建立双方共同遵守的规章制度。其内容包括明确体育赛事相关人才培养预期要达到的目标、实现的路径，双方各自的任务以及利益关系。双方共同建立体育赛事相关人才的培养标准。

在人才培养过程中，企业要以体育赛事为核心，紧跟赛事发展动态，挖掘体育赛事相关的实践经验，将实践经验反馈给相关高校；高校应当加强体育赛

事方面的理论研究，创新体育赛事方面的知识，将其反馈给企业。企业理论结合实际，优化体育赛事人才培训方法以及优化体育赛事组织体系。双方要建立很好的体育赛事相关人才的联合培养机制，在以体育赛事为中心的前提下做好体育赛事相关人才的互换。在高校方面，应当加强体育赛事人才的理论性学习，使体育赛事人才掌握体育赛事相关的理论知识。在企业方面，应当强化体育赛事相关人才的实践经验，使体育赛事人才掌握丰富的实际操作技术。高校、企业应当加强师资和管理者之间的交流学习。高校教师可以深入体育赛事企业，了解企业的发展动态以及运行模式，当然也可以跟随企业了解体育赛事的具体流程、组织方式。高校教师企业管理者也应当定期进入高校学习，巩固自身体育赛事方面的理论知识，掌握相关研究的最新动态，为更好地培养体育赛事相关人才、满足广大群众需求、组织更好的体育赛事夯实理论基础。

在人才培养质量保障上，双方应建立科学有效的评价机制，并引入第三方评估机构，对双方体育赛事相关人才培养的质量进行有效把关。

（2）拓宽京津冀体育赛事协同发展的融资渠道

目前京津冀体育赛事的发展还处于初级阶段，因此，强大的资金支持是体育赛事协同发展的重要保障。京津冀应拓宽体育赛事的资金来源渠道，通过政府、企业、公益组织等来获得资金。

首先，国家财政拨款。特别是体育赛事发展初级阶段，国家财政引导资金对体育赛事的发展十分重要。目前国内体育赛事运营公司盈利困难的问题是体育赛事进一步发展的最主要障碍，这时政府就应该发挥其主导作用，加大对体育赛事的资金投入，使体育赛事的发展得到资金保障。

其次，企业提高自营性收入。企业一方面要创新运作模式，减少运营成本。另一方面企业要加强宣传，扩大赛事的规模以及提高赛事的知名度，使赛事运营方能够获得更多的版权费以及赞助费。

再次，设立体育赛事发展基金。由国家体育总局发起，联合北京、天津、河北地方体育局设立体育赛事发展基金，其面向企事业单位、社会组织、社会公众公开募集资金，募集的专项资金主要用于京津冀体育赛事的品牌建设、赛事推广、人才培养、基础设施建设、网络信息化平台建设等方面。

最后，加大体育彩票资金对体育赛事投入的倾斜。体育彩票是经国务院批准，隶属于国家体育总局，在全国范围发布合法彩票来募集体育事业发展基金的。体育赛事作为体育事业的核心组成部分，起着联动全局、融合发展的重要作用。因此，体育彩票在体育事业发展的投入上要向体育赛事倾斜，助力体育赛事发展，促进体育事业全面发展。

# 参考文献

[1] 孔琳，汪晓赞，徐勤萍，等．体教融合背景下中国儿童青少年体育发展的现实困境及解决路径 [J]. 中国体育科技，2020，56（10）：29-35.

[2] 李永平．健康中国视域下青少年体育发展策略 [J]. 大众标准化，2020（12）：106-107.

[3] 杨磊．青少年体育发展有赖于全社会体育意识提升 [J]. 清风，2020（10）：11-12.

[4] 聂上伟．论现阶段青少年体育健身培训服务体系的改革发展研究 [J]. 体育风尚，2020（6）：233.

[5] 杨建辉．基于多主体协同的青少年体育发展模式研究 [J]. 体育研究与教育，2020，35（2）：33-37.

[6] 肖钧舰，孙晋海．体育强国建设中青少年体育发展方略 [J]. 文体用品与科技，2019（23）：51-52.

[7] 胡秉娇，晁岳刚，孟焕，等．"健康中国"视域下青少年体育创新发展研究 [J]. 青少年体育，2019（9）：106-107.

[8] 王一．青少年体育发展困境与可持续发展策略研究 [J]. 青少年体育，2019（7）：59-60.

[9] 赵雨．早期专项化培养模式与多元化青少年体育发展的探究 [J]. 当代体育科技，2019，9（21）：231-232.

[10] 何静．学校体育与青少年体育俱乐部融合发展研究 [J]. 青少年体育，2019（5）：122-124.

[11] 李艳．我国青少年体育政策发展研究 [J]. 安徽工业大学学报（社会科学版），2018，35（6）：109-110.

[12] 郭凌彤．浅析我国青少年体育发展的困难及措施 [J]. 智富时代，2018（12）：246.

[13] 王煜. 青少年体育发展外部环境的优化分析 [J]. 体育风尚, 2018（12）: 10-11.

[14] 高国军. 全民健身国家战略背景下我国学校青少年体育发展研究 [J]. 青少年体育, 2018（11）: 26-27.

[15] 司慧君. 健康中国视域下我国青少年体育发展的探讨 [J]. 学园, 2018, 11（20）: 135-136.

[16] 田丰. 发达国家青少年体育发展的经验梳理及启示 [J]. 中国青年研究, 2017（12）: 26-32.

[17] 王志学, 刘连发, 张勇. 我国青少年体育发展的时代特征与治理体系探究 [J]. 体育与科学, 2017, 38（5）: 69-75.

[18] 章茹. 青少年体育发展困境与可持续发展研究 [J]. 江苏理工学院学报, 2017, 23（4）: 67-71.

[19] 李景. 全民健身国家战略背景下我国学校青少年体育发展研究 [J]. 青少年体育, 2017（7）: 32-34.

[20] 曹峰. 我国青少年体育发展与竞技体育后备人才培养研究 [J]. 经济研究导刊, 2017（12）: 155-156.

[21] 彭磊, 刘洋, 柯威. 京津冀民族体育赛事协同发展机制研究 [J]. 保定学院学报, 2021, 34（4）: 13-17.

[22] 曲鲁平, 杨元博, 王健. 京津冀学校体育现代化建设评价指标体系的构建 [J]. 体育研究与教育, 2021, 36（3）: 49-56.

[23] 吴志敏, 张澄, 庞晓洁, 等. 京津冀协同发展下河北省城乡体育场地设施建设的提升策略 [J]. 哈尔滨体育学院学报, 2020, 38（5）: 52-57.

[24] 刘壮, 张明. 京津冀协同发展下公共体育服务发展体系构建研究 [J]. 安徽体育科技, 2020, 41（4）: 14-17.

[25] 高亚坤, 李相如. 新时代京津冀地区体育产业协同发展路径研究 [J]. 当代体育科技, 2020, 10（2）: 178.

[26] 李欣, 刘振卿, 吴勇, 等. 京津冀协同发展战略下的高校冰雪体育教育研究 [J]. 体育世界（学术版）, 2019（11）: 25.

[27] 李燕, 骆秉全. 京津冀体育旅游全产业链协同发展的路径及措施 [J]. 首都体育学院学报, 2019, 31（4）: 305-310.